中国公認会計士の戦略

(2005年～2014年)

李　文忠　著
Ri　Bunchu

青山社

目　次

略語一覧表 x

序　章 1
第 1 節　問題の提起 1
第 2 節　本書の構成 2

第 1 章　会計人材育成戦略 7
第 1 節　本章の課題 7
第 2 節　次世代の会計教育 8
　　（1）先行研究 8
　　（2）人材育成戦略実施前の状況 9
　　（3）中国公認会計士試験制度の改革と継続的専門教育 15
　　（4）中国次世代リーダー会計人養成プログラムの誕生 17
第 3 節　中国リーダー会計人養成プログラムの内容 18
　　（1）CPA コースの選抜条件 18
　　（2）合格率・合格者の構成と資質基準 20
　　（3）国内研修目標・内容・担当講師 20
　　（4）研修スタイルと現場重視 24
　　（5）初期の実績評価と波及効果 24
　　（6）中国リーダー会計人の定義 26
第 4 節　会計人材育成戦略の拡大と創新 27
　　（1）財政部「会計改革発展"十二五"規制綱要」（2011 年～ 2015 年） 27
　　（2）中国公認会計士協会の人材育成計画（2011 年～ 2015 年） 28
　　（3）中国リーダー会計人の特別助成プログラム 29
第 5 節　中国会計人材育成モデルの特徴と意義 30
　　（1）中国政府の目的と独創性 30
　　（2）新たな中国会計教育モデルの特徴 31
第 6 節　要約と展望 33

第 2 章　中国における監査基準のコンバージェンス戦略——初期 37
第 1 節　コンバージェンスをめぐる動向 37
　　（1）国際会計基準委員会（IASC）から国際会計基準審議会（IASB）へ 37
　　（2）EU における会計・監査基準コンバージェンスの動向 38
　　（3）日中韓会計基準設定機構会議 41
　　（4）IFAC の研究報告及び中国の動向 43

(5) 日本の動向及び監査基準のコンバージェンス（2001年～2008年） 45
第2節　コンバージェンスの理念と原則 49
　　　(1) コンバージェンスの意味 49
　　　(2) 国際的コンバージェンスのあるべき共通理念 ──「求同存異」................. 51
　　　(3) 中国におけるコンバージェンスの理念と原則 52
第3節　中国における監査基準コンバージェンス 53
　　　(1) 中国における監査基準コンバージェンスの構想 53
　　　(2) 中国財政部・IAASB の共同宣言 57
　　　(3) 中国監査基準・保証業務基準の体系 60
　　　(4) 中国監査基準の設定プロセス 61
　　　(5) 中国監査基準と国際監査基準・保証基準との異同 62
第4節　要約と展望 66

第3章　中国の監査基準コンバージェンス戦略
──明瞭性プロジェクト 69

第1節　2007年基準実施後の動向と同等性評価 69
　　　(1) 初期コンバージェンス後の動向 69
　　　(2) IOSCO と IAASB との共同声明及び中国の対応 71
　　　(3) 中国上場会社における 2007 年基準実施結果の分析報告 73
第2節　クラリティ・プロジェクト以降における継続的コンバージェンス 76
　　　(1) 基準改訂のプロセス 76
　　　(2) 国際監査基準実施状況──IFAC の報告 76
第3節　中国 2012 年監査基準の改訂内容と特徴 77
　　　(1) 2012 年監査基準の改訂内容と特徴 77
　　　(2) 中国監査基準コンバージェンスの成果と課題 80
　　　(3) 企業内部統制基本規範（基準）及びその他の基準のコンバージェンス 83
第4節　EU による中国監査制度及び監査監督体制の同等性評価 85
　　　(1) EU における会計・監査の監督体制 85
　　　(2) EU の第3国監査制度及び監査監督体制の同等性評価 85
　　　(3) 中国政治と外交努力 86
　　　(4) EU による中国の監査制度及び監査監督体制の同等性評価の意義 86
第5節　中国監査基準コンバージェンス戦略の成果 87
　　　(1) 政府が主導する基準制定機関 87
　　　(2) エリートと強力なリーダーシップの存在 88
　　　(3) 理念と原則，そして長期戦略 88
　　　(4) 積極的な政治外交で同等性評価を求める 89
　　　(5) 新基準の普及に必要な会計教育機関 89
第6節　展望と課題 89

第4章　中国における会計事務所の強大化・国際化戦略 91
第1節　会計事務所の強大化・国際化戦略誕生の背景 91
　　(1) 中国公認会計士協会第3回フォーラム 91
　　(2) 中国企業の海外投資増加 92
　　(3) 財政部の意見書から国務院の国策へ 93
第2節　強大化・国際化戦略推進の目的と目標 94
　　(1) 中国における公認会計士制度の発達史に関する区分 94
　　(2) 会計事務所の強大化・国際化を求める理由 95
　　(3) 会計事務所の強大化・国際化の数値目標と内部管理体制の強化 96
　　(4) 会計事務所の強大化・国際化戦略と他の戦略との関係 97
第3節　会計事務所の強大化・国際化の戦略——ビッグ4の中国本土化 97
　　(1) 国内会計事務所の強大化 97
　　(2) 世界ビッグ4の「特殊普通社員制」 99
第4節　会計事務所の強大化・国際化の戦略——政策合併 105
　　(1) 中国における会計事務所総合評価ランキング 105
　　(2) 会計事務所の合併拡大 113
第5節　会計事務所の強大化・国際化戦略の目的，特徴及び意義 115
第6節　展望と課題 117

第5章　公認会計士業界における情報化戦略 121
第1節　公認会計士業界における情報化戦略の背景 121
第2節　公認会計士業界における情報化の全面構築案の内容 122
　　(1) 公認会計士業界における情報化の意義 122
　　(2) 公認会計士協会における情報化の構築 122
　　(3) 大型会計事務所と中小会計事務所の情報化の構築 123
　　(4) 情報化構築のロードマップ 123
　　(5) 会計事務所における情報化戦略の役割分担 125
第3節　公認会計士業界における情報化の対策と成果 126
第4節　XBRL誕生の背景及び中国における普及措置 127
　　(1) XBRL誕生の背景 127
　　(2) 中国財政部によるXBRLの推進 128
　　(3) CICPAによるXBRLの研究と推進 129
第5節　展望と課題 132

第6章　新保証業務の開発と展開戦略 135
第1節　新保証業務の開発と展開戦略の背景 135
第2節　新保証業務の開発と展開戦略と中国財政部省令の内容 136
　　(1) 新保証業務の開発と展開戦略のスタート 136
　　(2) 中国財政部意見書の内容 136

第3節　公認会計士業界における新保証業務開発と展開戦略の実施意見 138
　　　(1) 公認会計士業務指導目録 138
　　　(2) 指導目録の改訂 139
　第4節　中国会計士業界における5カ年計画の内容 141
　第5節　新保証業務の開発と展開戦略の推進 142
　　　(1) 新保証業務の開発と展開戦略としてのモデル基地の構築 142
　　　(2) モデル基地の評価 143
　　　(3) モデル基地の事例と目的 145
　第6節　新保証業務開発と展開戦略の目標と実績 147
　　　(1) 戦略目標の実現可能性 147
　　　(2) 戦略実績（2014年末現在） 148
　第7節　展望と課題 150

第7章　5大戦略と共産党組織の役割 153

　第1節　共産党組織力強化の背景 153
　第2節　2009年度の重点課題「体制建設年」................ 154
　第3節　2010年度の重点課題「機能建設年」................ 156
　第4節　2011年度の重点課題「制度建設年」................ 158
　第5節　2012年度の重点課題「情報化建設年」................ 159
　第6節　2013年の重点課題「誠信文化建設年」................ 160
　　　(1) 中国公認会計士協会共産党5カ年計画（2013年～2017年） 160
　　　(2)「誠信文化建設年」の目的と役割 160
　第7節　2014年度の重点課題「人材部隊建設年」................ 163
　第8節　2015年度の重点課題「国際化建設年」................ 164
　第9節　中国公認会計士協会における共産党組織の役割 165

第8章　中国公認会計士の競争優位戦略 169

　第1節　本章の目的 169
　第2節　国際監査基準作りにおける各国の競争優位 170
　　　(1) 先行研究と競争優位理論 170
　　　(2) 仮説―中国型ダイヤモンドモデル 171
　第3節　競争優位分析の内容 174
　　　(1) 国際会計基準・監査基準作りにおける各国の攻防 174
　　　(2) 中国政府が主導する5大戦略 178
　第4節　分析結果と要約 179
　　　(1) 中国型ダイヤモンドモデルと支配的決定要因 179
　　　(2) 仮説の分析結果と要約 180
　第5節　展望と課題 183

第9章　公認会計士制度の社会的依存性 187
第1節　問題の提起 187
第2節　日本の監査制度における歴史的先進国依存性 187
　　（1）日本の監査制度における歴史的先進国依存性 187
　　（2）分析結果の要約 192
第3節　中国の監査制度における歴史的政治依存性 192
　　（1）中国における監査制度発展の歴史の時期区分 193
　　（2）先行研究と仮説の設定 194
　　（3）分析データ 198
　　（4）仮説の検証と分析 200
　　（5）分析結果と要約 203
第4節　本章の結論と課題 205

初出一覧 207
あとがき 209
付録　中国公認会計士年表（2005年～2014年）.............................. 213

【図表目次】

図表1-1	全国修士課程人数統計表	10
図表1-2	2004年全国MPAcc募集人数と実際志願者統計表	10
図表1-3	全国博士課程募集・修了・在学人数統計表	11
図表1-4	2004年度公認会計士資格試験状況統計表	12
図表1-5	2004年度全国会計専門技術資格初級資格試験統計表	13
図表1-6	2004年度全国会計専門技術資格中級資格試験統計表	13
図表1-7	2004年度高級会計師資格試験状況統計表	13
図表1-8	中国2004年度会計教育・会計資格取得者に関する分析	15
図表1-9	中国公認会計士資格受験申込者数、会計士総数、実務従事者数（2004年～2014年）	16
図表1-10	中国リーダー会計人材養成コース選抜条件	19
図表1-11	全国次世代リーダー会計人養成合宿研修プログラム	21
図表1-12	企業コース1期生の1日の研修プログラム	24
図表1-13	中国会計人材教育のピラミッド	25
図表1-14	2005年～2014年中国リーダー会計人養成コースの開講状況	26
図表1-15	人材育成戦略の目標	28
図表1-16	中国リーダー会計人養成プログラム―継続人材開発プログラム	30

図表 1-17	財政部の主導する中国次世代リーダー会計人育成戦略	32
図表 2-1	欧州連盟会計基準同等性評価認定プログラム	40
図表 2-2	日本の監査基準と国際監査基準の比較表	48
図表 2-3	中国公認会計士監査・保証基準のコンバージェンス計画	55
図表 2-4	中国監査基準・保証基準体系	60
図表 2-5	中国公認会計士協会監査基準の設定プロセス（2012年基準）	62
図表 2-6	中国監査基準と国際監査基準・保証基準との対照表	64
図表 3-1	2007年企業会計準則の実施企業（上場会社）に関する監査結果（2007年～2009年）	74
図表 3-2	2007年度～2010年度中国上場企業に関する監査意見	75
図表 3-3	国際監査・保証基準の実施状況	77
図表 3-4	クラリティ・プロジェクト実施後の中国監査基準と国際監査基準の対照表	78
図表 4-1	2003年～2006年中国対外直接投資状況	92
図表 4-2	大中型会計事務所の規模・社員要件・管理監督	99
図表 4-3	世界ビッグ4関連中外合作会計事務所の状況表	101
図表 4-4	中外合作会計事務所における企業統治	102
図表 4-5	新設世界ビッグ4関連会計事務所（特殊普通パートナー法人）	104
図表 4-6	2006年度中国会計事務所総合評価情報（上位14）	107
図表 4-7	2015年会計士事務所総合評価上位100法人情報	110
図表 4-8	2006年度～2013年度まで上位100会計事務所に関連した合併	113
図表 4-9	中国会計監査市場の売上高と分析（2002年～2014年）	114
図表 4-10	中国会計事務所数・年間売上高（2004年～2014年）	116
図表 4-11	2012年度世界主要会計事務所の売上高ランキング（上位10）	116
図表 5-1	中国公認会計士協会情報化の構築図	123
図表 5-2	大会計事務所情報化の構築図	124
図表 5-3	情報化構築のロードマップ	124
図表 5-4	会計事務所における情報化戦略の役割分担	125
図表 5-5	東京証券取引所「XBRLのメリット―財界データの統合―」	127
図表 5-6	監査情報（IT）化システムの機能構造	130
図表 5-7	監査情報（IT）化システムの応用イメージ	131

図表 6-1	公認会計士業務指導目録 2010 年項目と 2014 年項目の比較	140
図表 6-2	会計サービス業務モデル基地評価表（試行）	144
図表 6-3	1999 年〜2009 年までの全業界の売上高	147
図表 6-4	2011 年〜2020 年公認会計士業界売上高伸び率予測表	148
図表 6-5	2011 年〜2014 年の業界売上高と売上高伸び率	149
図表 6-6	2012 年度国際会計事務所売上高ランキング	150
図表 7-1	中国公認会計士協会共産党組織及び政府機関内の党組織	156
図表 7-2	2014 年度中国公認会計士協会研修計画	164
図表 7-3	2009 年〜2014 年党組織及び党員人数の推移	165
図表 7-4	中国公認会計士協会の 5 大戦略と党委員会重点課題との関係	166
図表 8-1	ポーターのダイヤモンドモデル（産業と企業）	172
図表 8-2	中国型ダイヤモンドモデル（会計業界の競争優位）	174
図表 8-3	会計・監査基準作りの三極	178
図表 8-4	政府が主導する中国会計士 5 大戦略	179
図表 8-5	中国財政部，公認会計士協会のリーダーの専門性評価	183
図表 9-1	日本のコンバージェンス開始から現在までの米国依存性	191
図表 9-2	中国公認会計士発展歴史の時期区分	198
図表 9-3	日中公認会計士制度の発展に関連する法規及び歴史事件の発生年度	199
図表 9-4	中国公認会計士制度に対する 5 要件の評価	204

略語一覧表

略語	中国語または欧文	和文
AAF	Accounting Advising Forum	会計諮問フォーラム
ASBJ	Accounting Standards Board of Japan	企業会計基準委員会
CICPA	中国注冊会計師協会	中国公認会計士協会
CSA	China Standards on Auditing	中国監査基準
EU	European Union	欧州連合
FASB	Financial Accounting Standards Board	米国財務会計基準審議会
IAS	International Accounting Standards	国際会計基準
IAASB	International Auditing and Assurance Standards Board	国際監査・保証基準審議会
IASB	International Accounting Standards Board	国際会計基準審議会
IASC	International Accounting Standards Committee	国際会計基準委員会
IFAC	International Federation of Accountants	国際会計士連盟
IFRS	International Financial Reporting Standards	国際財務報告基準
IOSCO	International Organization of Securities Commissions	証券監督者国際機構
PCAOB	Public Company Accounting Oversight Board	公開会社会計監査委員会
SEC	U.S. Securities and Exchange Commission	米国証券取引委員会
XBRL	eXtensible Business Reporting Language	拡張可能な事業報告言語
会協［〇〇〇〇］〇〇号	中国注冊会計師協会［〇〇〇〇］年〇〇号通知	中国公認会計士協会〇〇〇年〇〇号通達
財会［〇〇〇〇］〇〇号	財政部［〇〇〇〇］年〇〇号通知	財政部［〇〇〇〇］年〇〇号通達
会行党［〇〇〇〇］〇〇号	注冊会計師行業(協会)党組織［〇〇〇〇］年〇〇号通知	公認会計士業界党組織［〇〇〇〇］年〇〇号通達
浦府［〇〇〇〇］〇〇号	浦東新区政府［〇〇〇〇］年〇〇号通知	浦東新区政府［〇〇〇〇］年〇〇号通達
組通字［〇〇〇〇］〇〇号	中国共産党中央組織部［〇〇〇〇］年〇〇号通知	中国共産党中央組織部［〇〇〇〇］年〇〇号通達

序 章

第 1 節　問題の提起

　人類の歴史を鑑みて，世界における会計制度というものは常に一元的なものではない。必ず多元的に存在している。その理由は文明，宗教，言語や，主義，理念，原則，哲学などが常に多元的に存在しているためである。

　一方，現代公認会計士制度（監査制度）はイギリスで誕生し，アメリカに渡って発展し成熟してきた。そして，中国では 1970 年代後半，改革開放政策の実施に伴い公認会計士[1]制度が 1980 年代本格的に導入されて以来，公認会計士人数は 500 人前後から今日の 20 万人になり，とりわけ 2005 年から 2014 年までの 10 年間は，毎年約 1 万 5 千人のペースで公認会計士が増え続けている。会計事務所数，売上高などの指標もこの三十数年間で凄まじい発展を遂げてきた。

　とりわけ，中国公認会計士協会は，直近 10 年間において 2005 年の「人材育成戦略」，2007 年の「監査基準コンバージェンス戦略」，「会計事務所の強大化・国際化戦略」，2009 年「公認会計士業界における情報化戦略」，「新保証業務の開発と展開戦略」などの 5 大戦略及び公認会計士業界における共産党組織の新設とその役割発揮を通して画期的な発展を成し遂げた。そのようないわゆる中国現象ともいえる公認会計士制度の形成過程と特徴を明らかにする必要がある。

　本書では，中国公認会計士協会が実行した 5 大戦略の歴史的背景，現状，成果などを明らかにする。もし 1980 年から 2004 年までの時期を中国公認会計士制度の回復，発展，成長の時期として分類するならば，この 10 年間は成熟期といえる。その根拠として，中国公認会計士は国内市場規模のみならず，海外にも進出し監査

基準も国際監査基準とコンバージェンスを完成し，さらに継続的にコンバージェンスを行っている。そして，国際基準作りの組織において発言権，存在感などを増して，これまでない地位を獲得した。すでに，欧米先進国と肩をならべて議論と自己主張することができる状態になっている。

本書は学術的に，まず中国公認会計士の5大戦略を検証しながら，ポーターの競争優位理論などをもって分析し，そしてポーターの競争優位のダイヤモンドモデルを発展させて，中国独自の「中国型ダイヤモンドモデル」が形成されたことを示唆している。次に欧米発の監査制度は，特定の国に導入された場合，その国の歴史，政治，社会文化の特徴に依存しながら，自己形成し，成長，成熟していく独自の歴史経路を有することを明らかにする。結論としては，中国の公認会計士制度は欧米から導入したものであるが，決して欧米の監査制度と同じ制度にはならないことを示唆した。今後，各国の間で公認会計士制度の相互承認にあたって，欧米先進諸国と新興国，発展途上国の間では制度の異なるところを認めながら制度の「同等性評価」を相互承認する以外に道はないのである。

第2節 本書の構成

本書は2005年から2014年まで中国公認会計士の戦略を中心に検証して，その歴史的に形成された監査制度の特徴を分析し総括することを目的としている。

2003年12月19日から20日にかけて，中国共産党中央委員会，政府国務院は北京において初の「全国人材工作会議」を開いて「人材強国戦略」の方針を固めた。その背景には経済のグローバル化，日進月歩の科学技術の発展につれて，人的資源が最も重要な「戦略的資源」（第一資源）という認識が形成されたからである。それに基づいて2005年6月8日，中国公認会計協会は「会計士業界における人材育成プロジェクトを強化する意見」を公表し，その後，一連の人材育成プログラムを創り出した。第1章ではこの人材育成戦略の背景，特徴，成果などを検討して明らかにする。

2001年4月に国際会計基準委員会（IASC）が国際会計基準理事会（IASB）に改組した後，IASBがコンバージェンスのプロジェクトを推進していた。日本では，本格的にそれが始動したのは，2002年10月にIASBとアメリカ財務会計基準審議会（FASB）は相互に会計基準のコンバージェンスを目指す「ノーウォーク合意」を公表した時である。その約3年後，2005年1月に欧州連合（EU）の地域内において上場

企業，つまり国際基準の強制適用及び資金調達を行っている企業に対して，2009年から国際基準またはこれと同等の会計基準の適用を義務づけ，同等性を持つか否かは欧州側が評価する方針を打ち出した。それに対し中国もその影響を受けて，2005年に本格的に取り組み，コンバージェンス戦略を実施した。その後，2006年2月15日に中国財政部は，これまでの会計基準と監査基準を改訂し，38の会計基準と48の監査基準を一斉に公表した。そこで中国政府がIASBとIAASBの協力を受けて，会計基準と監査基準の国際的なコンバージェンスを完成したと世界に向けて宣言した。第2章ではこの戦略を主題とする。

　2008年9月に，アメリカ大手投資銀行の破綻を契機として，世界的な金融危機が拡大していった。アメリカ，ヨーロッパだけでなく，新興国へと広がっている。同年11月，主要20カ国・地域首脳会議（G20）がワシントンで行われた。さらに金融安定理事会（FSB, Financial Stability Board）ではじめてIASBの組織改革と高品質の国際会計基準作りが提案された。中国財政部はG20とFSBの提案に呼応して，2009年9月に中国コンバージェンスのロードマップを発表した。それによると，2009年2月27日に国際監査・保証基準審議会（IAASB）は国際監査基準クラリティ・プロジェクト（明瞭性プロジェクト）が完了したことにより，中国政府はいち早く全面協力の姿勢を示し，継続的コンバージェンスを行っている。そこで，2010年10月31日に改定された監査基準は中国監査基準委員会に承認され，財政部が公表した（2012年1月1日実施，以下2012監査基準と称す）。第3章では，国際監査基準クラリティ・プロジェクト以降，中国2012年監査基準の改定プロセス，とりわけ改定後，中国政府が政治外交を通して，国際的に承認を求める動向，そして2012年監査基準の特徴及び今後の課題を中心に考察しながら，政府が主導する中国監査基準コンバージェンス戦略の成功要因を分析し明らかにしたい。

　2006年に中国公認会計士協会の実施計画として，会計事務所（監査法人）の内部管理監督制度及び会計事務所の「做大做強（Become Big and Strong）」がはじめて示された。続いて5月29日，北京で開催された中国公認会計士第3回フォーラムの統一論題は「中国会計士業界の強大化（做大做強）」である。国際会計士連盟会長などの9名の来賓による講演も行われた。同年9月28日に中国公認会計協会は「会計事務所の強大化戦略に関する意見（公開草案）」を公表した。これは公認会計士協会が打ち出した人材戦略，監査基準のコンバージェンス戦略の次の第3の戦略，すなわち会計事務所強大化・国際化戦略の始まりであるといえる。

この戦略を公式に世界に披露したのは2007年5月26日である。その日，中国公認会計士協会は「会計事務所の強大化・国際化戦略に関する意見」及び「会計士事務所内部管理指南」の発表会，並びに記者会見会を開いた。これまでの2大戦略に会計事務所(監査法人)強大化・国際化戦略を加えて，いわゆる中国会計士制度の発展に関する「3大戦略」がスタートしたことを示した。第4章では，中国公認会計士協会がこれまで実行してきた会計事務所の強大化・国際化戦略の歴史的背景，現状を中心に考察した上で，中国公認会計士協会によるこの戦略の特徴，目的と意義を明らかにする。そして今日のグローバル化した世界では，政府が主導する発展モデルの競争優位性を示唆している。

　中国公認会計士協会の2008年の総括では，「人材育成戦略」，「コンバージェンス戦略」，「会計事務所強大化・国際化戦略」，「業界信用・情報管理システムの建設」，「業界の発展と協会の建設を全面推進」，すなわち「3大戦略，2大建設」を今後の業界戦略とした。2010年「中国会計士業種発展規劃（2011～2015）」を起草，2011年2月23日に中国公認会計士協会がはじめての業界情報化に関する会議を開き，中国の「2006-2020年国家情報化（IT化）発展戦略」に基づいて，2009年，国務院（総理府）は56号府令を下し，財政部の会計士業界発展に関する「若干意見」を各部門に転送した。つまり公認会計士業界ではこれまで実施してきた3大戦略のほかに情報化戦略の推進が言及された。2011年11月に中国会計士協会第5回全国会員代表会が開催され，会議では今後5年の会計士業界における5大発展戦略を打ち出した。会計士業界の情報化戦略はそのなかの1つである。中国公認会計士協会は2011年12月9日に「中国会計士業界における情報化全面構築計画」に関する通達を各省，自治区，直轄市の公認会計士協会に下した。第5章では，この会計士業界における情報化戦略を主題とする。

　一方，2008年国際金融危機の影響で，中国会計士業界の売上高伸び率は2007年まで毎年20％前後から2008年の12％に下がり，2009年には2.5％の伸び率しかなかった。2009年10月3日に中国国務院弁公庁（内閣事務局に相当）が財政省令「我が国公認会計士業界の加速発展に関する若干意見」（以下，「若干意見」と略称）を伝達，内閣の通達（国弁発[2009]56号通達，略して56号通達）として各省，自治区，直轄市，国務院各省庁，各中央直轄機構に下した。この56号通達は，政府レベルで2005年から中国公認会計士協会が実行してきた一連の戦略，すなわち会計事務所国際化・拡大戦略，監査基準国際コンバージェンス戦略，人材育成戦略，会計士

業界IT化戦略に加えて，新保証業務の開発と展開戦略をもって公認会計士業界の5大戦略の1つとして確立された。第6章ではこの戦略を検討する。

　2009年9月には中国共産党第17回中央委員会第4次会議が開催された。この会議は中国共産党が設立88年，改革開放30年，中華人民共和国設立60周年の直前という時期であった。中国国内ではいわゆる経済的不平等で貧富の格差が拡大され，30年間改革開放政策の実施の結果，ごく一部の人が豊かになった。その反面，拝金主義による社会的風潮によって，多くの共産党員が従来すべて民のためという従来の理念も喪失し，お金の虜になり，共産党官僚の腐敗が蔓延している。共産党組織は弱体化し，国民からの信用が失われ，共産党が統治政党として危機の状態に瀕している。このような状況において，この会議では「中国共産党中央委員会新情勢下における党の建設に関する若干重大問題の決定」（以下，「党の若干重大問題の決定」と称する）が承認された。第7章ではこの党の若干重大問題の決定を検討し，そして中国公認会計士協会における共産党組織の建設（以下，「党建」と略称）及び共産党組織が会計事務所の新設について述べる。この党組織の新設は世界中の監査制度のなかではほとんどないできごとなので，独創的で，戦略ともいえるほどのもので，その役割も無視できない。そこで，中国公認会計士組織のなかで，共産党組織の果たした機能と役割を明らかにする。

　続く第8章では，欧米公認会計士制度を導入した中国，そして中国政府が主導して実施してきた5大戦略とその形成過程と成果に対して，ポーターの競争優位理論による「競争優位のダイヤモンドモデル」を取り上げて展開し，中国独自の「中国型ダイヤモンドモデル」の実在及び複数以上の決定要因のなかで支配的な決定要因の存在を示唆している。

　最後に第9章では，中国公認会計士制度の特徴及びその社会的依存性を立証するために，まずいち早く欧米監査制度を導入した日本監査制度の歴史を概観して，日本の公認会計士制度は歴史的先進国依存性がその特徴であること明らかにする。次に中国公認会計士制度発展の歴史，すなわち制度の誕生，成長，成熟の歴史を5つの要件を用いて，本書全体のデータに基づいて検証を行い，その結果，1980年以前中国公認会計士制度が存在しなかったという結論に至ったことについて述べる。また，中国では中華民国時代に1918年に初めての会計士が誕生した当初，いまだ農業を中心とした経済であったため，制度的にニーズがなく，あまり成長しないまま，1949年に中華人民共和国となり，社会主義計画経済に移り替わり，制度が廃

止された。その後，1980年代の改革開放政策の実施によって社会主義市場経済に移行したため，公認会計士制度が再び必要とされた。このように，中国では国内で政治的事件が頻繁に起こり，イデオロギーに左右されやすい歴史の道を歩んできた。さらに歴史的に中央集権政治であるゆえに，中国監査制度は歴史的政治依存性が強いという特徴があることを明らかにする。

■注

1) 中国では，歴史上日本で公認会計士と称する専門職を「会計師」と称し，1949年から1978年まで「会計師」という名称は企業などの経理課に努める技術資格(国営企業の場合，企業財務責任者の役職)として広く知られていた。1980年12月23日に財政部が「関于成立会計顧問処的暫行規定」を公表し，その第一条は「会計顧問処由注冊会計師組成(会計事務所は公認会計士が組織される)」及び第二条は「注冊会計師在執行任務時，一律注冊会計師称号(公認会計士は業務を行う時，一律公認会計士という固有名称を用いること)」と定められていた。以降，日本でいう公認会計士は中国では「注冊会計師」として称された(中国会計学会編[2009] 94)。中国語の「注冊」を直訳すると，「登録」という意味で，時々「注冊会計師」を「登録会計士」と訳す場合もある。本稿では，1980年をさかいに，1980年以前には中国の「会計師」を「会計士」と称し，1980年以降には中国の「注冊会計師」を「公認会計士」と称する。

第1章

会計人材育成戦略

第1節　本章の課題

　会計領域では，2001年4月，国際会計基準委員会（IASC）が国際会計基準審議会（IASB）に改組したことを契機に，EUは国際会計基準及び監査基準づくりの主導権を握り，新興国等に対して国際会計基準・監査基準のコンバージェンスを積極的に推進し，その結果，今日まで世界に国際財務報告基準（IFRS）を導入する国は100カ国以上にのぼっている。また，国際会計士連合会（IFAC）の報告書によると，国際監査基準（IAS）をコンバージェンスまたはアドプションする国と地域は126にのぼっている[1]。

　このように会計・監査基準コンバージェンスの潮流のなかで，中国政府がIASBとIAASBを支持し，国内では積極的かつ迅速的にあらゆる資源を集中して打ち出した一連の会計戦略及びその成功実績は注目すべきであろう。その成功事例は多くの発展途上国にとってモデルケースとなる。とりわけ政府が主導する会計・監査基準コンバージェンスのケースとして，すなわち公的機関による会計基準制定モデルが成立しつつある。

　一方，この一連の会計戦略のなかで，会計人材育成の面では，中国財政部は2005年から全国の各会計部門（大学研究者部門，公認会計士部門，企業会計部門，中央，地方行政会計部門など）の会計人を対象に，中国リーダー会計人（次世代）開発プログラム（National TOP CFO Executive development Program（Reserve Talents），略してNTCTPまたは中国リーダー会計人）[2]を創出して各部門のリーダー的な会計人材を開発しようとしている。今日，各国で課題となっている大学会

計教育，会計専門職教育，継続的専門教育（CPE：continuing professional education），IFRS 教育に対して大きな示唆となりうる。

本章は中国リーダー会計人（次世代）開発プログラムを中心に，その背景，計画，実施プログラム，評価，実績などを明らかにする。そして 2005 年 6 月に中国公認会計協会（CICPA）は「会計士業界における人材開発プロジェクトを強化する意見」の公表を契機に，その後，財政部は全国に人材養成戦略を展開してきた。本章の最後に，この中国リーダー会計人開発プログラムの会計人育成戦略における位置づけ及び特徴を分析したうえで，この創造的な会計教育システムの意義と波及効果，将来の展望を明らかにする。

第 2 節　次世代の会計教育

(1) 先行研究

近年の国際会計基準・監査基準コンバージェンス潮流の中で，国際会計士連盟（IFAC）は高品質な国際会計教育を実現するために 2004 年から 8 号の国際会計教育基準（IESPA：International Education Standards for Professional Accountants）を公表し加盟国へ遵守を要求している[3]。そして 2009 年 3 月には国際監査基準審議会（IAASB）がクラリティ・プロジェクト（明瞭性プロジェクト）に基づいて国際監査基準を改定したことに応じて現在，国際会計教育基準審議会（IAESB：International Education Standards Board）も改定手続きを進め，「2015 年教育ハンドブック」が新たに改訂され，国際教育基準（IES），IES1 ～ 6 を含めて，再起草の IES7，IES8 が公表されている。加盟諸国にとっては，これまでの会計教育とは別に，国際財務報告基準（IFRS）と国際監査基準（IASB）の普及教育とともに，自国会計思想・慣習と外国基準との調和が喫緊の課題となっている。

日本における会計教育に関する先行研究には藤田幸男が編著した『21 世紀の会計教育』（藤田［1998］）があるが，それはアメリカにおける大学会計教育を中心に，とりわけアメリカ会計学会が 1986 年に公表した『ベドフォード委員会報告書』をめぐる研究であり，その内容もアメリカと日本における大学会計教育の現状を分析したにとどまる。次世代の会計教育について，日本会計研究学会長平松一夫氏は「会計学界・会計学者の課題と展望」（平松［2010］）において，学術的に日本会計学者の地位が極めて低いこと，とりわけ人材不足などの現状を指摘したが，どのような解決

策を講じるべきかについては言及されていない。また，脇田良一らが参加した「監査業界は次世代の公認会計士をどう教育するか」と「公認会計士養成における会計大学院の役割」（脇田 [2010]）と題された座談会や特別計画「我が国公認会計士試験・資格制度の今後の展望」（平松・増田・町田 [2010]）においても会計専門職大学院と継続的専門教育を中心とする議論にとどまっている。さらに，監査法人トーマツ人材養成本部長吉田修己は，「リーダー養成 LCSP 養成研修」（吉田 [2010] 49-50）でプログラムを紹介している。本書にとって意義がある見解だが，具体的な内容については充分ではない。

一方，中国では 1996 年末，当時の国家教育委員会高等教育司（局に相当）の委託研究課題を受けて閻達五が編著した研究報告書『面向 21 世紀会計学類系列課程及其教学内容改革的研究』（閻 [2000]）を公開した。その研究も中国及び各国の大学における会計教育カリキュラムの比較研究にとどまっている。また，中国の会計監査制度を支える教育について，筆者は大学会計教育，国家資格試験，社会人会計教育など詳しく検証している。さらに，会計士の継続的専門教育は財政部直轄の 3 つ国家会計学院において行われていたと明らかにした（李 [2005] 293-295）。

しかしながら，会計教育及び人材育成について諸外国では，大学，監査法人，企業等の組織に委ねるのが一般的である。中国では政府が主導し 2005 年に国家戦略として中国リーダー会計人開発プログラムを創設した。このプログラムは 10 年間実施されており，修了者も輩出したものの，その実態と成果は明らかにされていない。

(2) 人材育成戦略実施前の状況

1993 年に中国ではじめて新会計制度が実施された。当初，大学教員，会計士，企業，行政などにおいて会計に携わる約 1,000 万人のなかで，高級会計人材（博士課程修了者，公認会計士，高級会計資格者）はわずか 0.4％（約 4 万人）しかおらず，しかもその多くは高齢であった。2001 年 11 月 10 日に中国が WTO に加盟した後，多くの外国企業，会計事務所などの中国市場への参入が拡大し，中国企業，会計事務所の国際化に伴い，会計人材不足の問題は顕著となったため，大学では会計専攻学部学科が整備・統合・増設を経て，その定員は増加し続けた（中国会計報 [2011] 4）。

① **大学会計教育**

 2004年当初，4年次大学において会計専攻を有する学校は336校で，在学生は153,619人であった。また，3年次大学会計専攻を有する学校は641校で，在学生182,041人であった（財政部主管[2005] 271）。2004年度にそれらの大学（教育機関）は約5万人の卒業生を社会に排出している。そのほかには会計関連の専門学校卒業生などが存在している。

図表1-1　全国修士課程人数統計表　　　単位：人

年　度	2004年	2005年	2006年
志願者	3,772	4,445	4,453
合格者	1,990	2,004	1,954
合格率	52.8%	45.1%	43.9%

出所：財政部主管[2007] 374

 2004年度大学院修士課程の状況は**図表1-1**で示すように，毎年約2,000人が入学し修了していた。また，**図表1-2**で示すように，大学院修士課程における会計専攻を強化するために，2003年末，国務院学位委員会は会計学修士学位 MPAcc (Master of Professional Accounting)の学位認定制度（会計専門職大学院）を導入し，初期に認定された22の大学，学院，研究所は**図表1-2**のとおりであり，その募集人数は1,720人であった（財政部主管[2006] 302-303）。1994年から2008年にかけて，22の大学などにおいて9,534人の公認会計士コース（会計専門職大学院）の卒業生，在学生7,652人（2008年4月現在）が存在している[4]。

図表1-2　2004年全国MPAcc募集人数と実際志願者統計表　　　単位：人

学　校　名	計画募集人数	実際志願者	2006年募集定員	備　考
北京大学	50	97	自主	
中国人民大学	100	368		
清華大学（北京国家会計学院を含む）	90	215		
中央財経大学	80	146		
南開大学	60	130		
天津財経大学	80	100		実際志願者100未満
東北財経大学	100	180		
復旦大学	60	111		
上海交通大学	50	80		

上海財経大学	100	292		
上海国家会計学院	50	103		
南京大学	50	293		
厦門大学（厦門国家会計学院を含む）	150	350		
武漢大学	100	200		
中南財経政法律大学	100	230		
湖南大学	50	110		
中山大学	100	217		
曁南大学	100	200		
重慶大学	50	80		
西南財経大学	100	150		
西南交通大学	100	120		
財政部財政科学研究所	50	40		40未満
合　　計	1,720	3,812		

出所：財政部主管［2006］302-303より筆者集計

大学院博士課程における募集人数，修了人数，在学生人数は**図表1-3**で示すように，修了者数は2001年から2004年にかけてそれぞれ47人，58人，72人，91人であり，年々増加する傾向にある。

図表1-3　全国博士課程募集・修了・在学人数統計表

単位：人

年　度	2001年	2002年	2003年	2004年
募集人数	141	236	242	250
修了人数	47	58	72	91
在学人数	343	534	656	803

出所：財政部主管［2006］303

② 公認会計士資格試験

1992年4月，当時の朱鎔基副総理と中国会計士協会の役員との会合において，シンガポール前総理呉慶瑞（ゴチンルイ）は中国市場経済をより発展させるためには30万人の会計士，30万人の弁護士，30万人の税理士が必要であるという提言を行った（丁［2008］5）。それに従う形で中国政府は30万人の公認会計士という目標を目指している。1991年に公認会計士資格試験が開始され，かつ全国22の大学で公認会計士専攻学部学科を許可し，10年で約8千人の卒業生を送り出した。

2004年公認会計士資格の受験状況は，**図表1-4**で示すように，試験科目は会計学，監査論，財務原価管理，経済法（会社法），税法の5科目であり，受験者人数は

延べ 315,083 人である。各科目の合格率は 10.0％から 12.7％の間であった。5 科目一括合格者は 6 名に過ぎず合格率は 0.11％（約千分の一超）であった。2004 年度には 5,256 人の公認会計士が公認会計士協会に登録された（財政部主管[2005]160）。

図表 1-4　2004 年度公認会計士資格試験状況統計表

単位：人

項　目	人　数	試　験　科　目						5 科目合格
		会計学	監査論	財務原価管理	経済法	税　法		
受験者	315,083	161,332	69,391	87,441	116,528	128,499		5,396
合格者	52,091	16,642	6,967	11,024	14,780	14,983		6
合格率	16.5％	10.3％	10.0％	12.6％	12.7％	11.7％		0.11％

出所：財政部主管 [2005] 574
注：人数欄に記載する受験者（1 科目以上），合格者（1 科目以上）はすべて延べ人数であり，合格率は延べ合格率である。試験科目欄は試験科目別のデータである。

③ 会計専門技術資格

　会計資格試験は，会計法に基づいて 1992 年から財政部が主催する国家試験であり，受験者は学歴，実務経験などの受験制限があった（李 [2005] 266）。1999 年会計法の改正に伴い，財政部・人事部の財会 [2000] 11 号通達により「会計専業技術資格試験暫行規定」が改定され，公表された。この資格検定は財政部・人事部が主催する国家試験である。受験資格としては一定期間の実務経験が必要となり，1 種の職務等級資格である。すなわち，中国企業，行政機関等の組織における会計実務従事者に対して「会計師，助理会計師，会計員」という職務等級別会計技術資格を付与するものである。その資格を有するものは企業などの経理部門に就任し，負うべき会計責任が会計法の第 5 章で明記されている。すなわち，企業は経理（会計）事務に関する職務別責任規定を定めることによって，職務別に総会計師（CFO に相当，高級会計士資格）の責任，経理部長（中級会計資格以上）の責任，経理課長（中級会計資格以上）の責任，経理係（初級会計資格以上）の責任を明確にし，それぞれの責任を負う（立信会計編[2013]6, 14, 61-66）。

　図表 1-5 の会計専門技術初級資格の受験科目は 2004 年当初「経済法基礎」，「初級会計実務」の 2 科目であった。「経済法基礎」1 科目の合格者は 152,657 人，合格率 46.5％であり，「初級会計実務」1 科目の合格者は 94,670 人，合格率 29.7％であり，初級 2 科目合格者は 85,740 人，合格率 27.0％である。

図表 1-5　2004 年度全国会計専門技術資格初級資格試験統計表

単位：人

試験科目	経済法基礎			初級会計実務			初級2科目合格者		
受験状況	受験者	合格者	合格率	受験者	合格者	合格率	受験者	合格者	合格率
受験結果	328,068	152,657	46.5%	318,243	94,670	29.7%	317,624	85,740	27.0%

出所：財政部主管 [2005] 569

　会計専門技術中級資格の，受験科目は2004年当初「財務管理」，「経済法」，「中級実務Ⅰ」，「中級実務Ⅱ」の4科目であった（**図表1-6**）。それぞれの合格者と合格率は「財務管理」1科目の合格者は124,415人，合格率50.2%であり，「経済法基礎」1科目の合格者は115,918人，合格率41.0%であり，「中級実務Ⅰ」合格者は161,198人，合格率45.3%であり，「中級実務Ⅱ」1科目の合格者は133,945人，合格率53.7%であり，中級4科目合格者は28,645人，合格率23.7%である。

図表 1-6　2004 年度全国会計専門技術資格中級資格試験統計表

単位：人

試験科目	財務管理			経済法			中級実務Ⅰ		
受験状況	受験者	合格者	合格率	受験者	合格者	合格率	受験者	合格者	合格率
受験結果	247,775	124,415	50.2%	282,955	115,918	41.0%	356,128	161,198	45.3%

中級実務Ⅱ			中級4科目合格者			中級累計合格者	
受験者	合格者	合格率	受験者	合格者	合格率	最終合格者	総合格者
249,604	133,945	53.7%	120,821	28,645	23.7%	74,900	103,545

出所：財政部主管 [2005] 570-571
注：4科目合格者と最終合格者と合わせて総合格者となる。

　高級会計師資格は会計師資格を有するほか，「高級会計実務」試験(案例分析)及び実績評価(著書，論文，実務経歴，社会貢献など)に基づいて，評価し合否判定される。**図表1-7**では2004年度高級会計師資格の受験状況であり，合格率は60.95%である。

図表 1-7　2004 年度高級会計師資格試験状況統計表

単位：人

項　目	志願者数	受験者	合格者	合格率
合　計	35,819	24,091	14,684	60.95%

出所：財政部主管 [2005] 572

④ 大学会計教育に携わる人材資源

中国では，1993年に会計学オーバードクターという研究者養成プロジェクトが開始した。1994年国家教育委員会と財政部の認可により，中国人民大学等7つの会計学大学院博士課程学位の授与資格を有する大学に公認会計士専攻の設置が認められ募集が始まった。1995年に，このような大学の数は22大学に拡大された。また，財政部は毎年それらの大学における資金援助及び教育の質の監視評価を中国公認会計士協会に委ねた(財政部主管[2009]15)。

2004年現在，中国大学会計教育の人材資源については，100大学に対する調査によると，1つの専攻・学科では約30人の会計教員が所属しているのが平均である。そのうち，博士学位所持者4.76人(16%)，修士学位所持者14.59人(49%)，学士学位所持者9.67人(32%)であり，その学位はほとんど国内大学から授与されたものであった。また，24校の会計教育を重点とする大学では，その教授職，副教授職，講師職の構成比率としてそれぞれ30%，42%，23%を占めており，学位所持者の構成比としては，博士学位は55%，修士学位は25%，学士学位は20%を占めている(財政部主管[2006]300)。

⑤ 人材養成戦略誕生前の現状分析

図表1-8で示すように，2004年度大学から社会へと排出された会計人材は約52,091人であり，各種国家会計資格試験の合格者数は約209,225人である。そのうち，いわゆる高級会計人材について博士課程修了者は全体の0.03%を，公認会計士は2.01%を，高級会計師は5.62%をそれぞれ占めているが，それと合わせても7.66%程度である。毎年の卒業生数は2000年の約4万人から2007年度の約8.4万人となり，毎年約5,500人ずつ卒業生が増えていることになる。

それにもかかわらず，**図表1-3**で示したように，大学会計学の教員資源（博士課程）としてはそれほど増加しておらず，また，会計士資格者の数についても，もし2005年の英国の人口に占める会計士の割合を中国に置き換えると，中国では530万人の会計士が必要であるという計算になるが，2011年時点で中国会計士数は約14万人であり，1992年に中国政府が設定した30万人の目標にすらほど遠い（張・陳[2011]）。とりわけ各会計専門領域において，会計に携わる人が1,000万人以上いるが，世界会計領域で活躍する中国人の会計リーダーが欠如している。このような背

景のもとで，国際会計ルールを策定する国際組織の場における発言力強化のためにも，次世代リーダー会計人養成が中国にとって喫緊の課題となっていたのである。

図表1-8　中国2004年度会計教育・会計資格取得者に関する分析　　単位：人

卒業・修了・資格取得	人数	構成比率	高級会計人材
博士課程修了者	91	0.03%	0.03%
修士課程修了者	2,000	0.76%	
学部卒業者＊	50,000	19.13%	
大学教育小計	52,091	19.93%	
公認会計士資格	5,256	2.01%	2.01%
高級会計資格	14,684	5.62%	5.62%
中級会計資格	103,545	39.62%	
初級会計資格	85,740	32.81%	
資格試験小計	209,225	80.07%	
合　　計	261,316	100.00%	7.66%

出所：財政部主管［2009］17より筆者作成
注：大学卒業者数5万人について，そのうち4年大学34,458人，そのほか3年大学（短大）卒業である。
　　修士課程の修了者も2千人弱である。

(3) 中国公認会計士試験制度の改革と継続的専門教育

　中国公認会計士協会は1991年から2008年まで計17回会計士試験を行い，累計14万人超の受験者が合格した。しかし，会計士業界における会計・監査基準の統合，会計教育と業務の国際化，IT化により，会計人に要求される能力の変化に応じて，CICPAは2009年に公認会計士資格制度を改訂した。従来試験科目である会計学，監査論，財務原価管理，経済法，税法の5科目を整理して，1科目を増やし6科目となった。さらに試験は一次試験と二次試験に分けられ，一次試験は専門知識を中心に会計学，監査論，財務原価管理，企業戦略とリスク管理，経済法，税法の6科目を課す。一次試験ではすべての科目が合格した後，はじめて二次試験に参加ができる。二次試験は「総合」という科目を課し，試験内容は受験生の実務能力を中心に職業倫理道徳などが含まれる。毎年一次試験と二次試験はそれぞれ行う。単科合格科目は5年間有効である。一次試験は5年間で連続合格した受験生に対して，一次試験合格証書をあたえる。一次試験の合格者が5年以内に二次試験を受験し合格しなければならない。二次試験の合格者に対して全科目合格証書をあたえる(CICPA［2009］2号13-18)。

図表 1-9 で示すように，中国公認会計士資格試験について 2004 年から 2014 年までに毎年約 60 万人が受験している。会計士総数は 2004 年の 113,759 人（そのうち実務従事者 58,586 人）から増え続け，2014 年末までに 202,611 人（そのうち，実務従事者 99,045 人）となり，10 年間で 88,852 人増加しており，毎年約 8,885 人の会計士が増えている計算である。

とりわけ，中国公認会計士協会において，毎年 9 千人弱が会計士資格に合格し，2014 年末現在 20 万人に達した。しかしながら 30 万人の目標に対してはまだ 10 万ほど不足している。

継続的専門教育については，2008 年までの直近十数年の間，全国協会，地方協会，会計士事務所の三位一体で 3 つの国家会計学院を中心に継続専門再教育を行い，毎年延べ 7 万人が研修を受けた。財政部直轄の 3 つの国家会計学院では，5 年間で，延べ 3 万人の研修を行った[4]。また，陳によると，2005 年から 2010 年までの 6 年間で，公認会計士の延べ 50 万人に対して研修を行った。毎年平均 8 万人以上の会計士が研修を受けて，会計士の約 7 割に順番に継続的専門教育が行われている(CICPA[2012]1 号 10-11)。

図表 1-9　中国公認会計士資格受験申込者数、会計士総数、実務従事者数
(2004 年〜 2014 年)

年	会計士受験申込人数（万人）	会計士総数（人）	実務従事者（人）
2004	60.55	113,759	58,586
2005	56.8	133,980	69,000
2006	55.98	141,596	71,596
2007	57	144,412	74,412
2008	57.33	161,654	83,252
2009	55.6	176,472	90,883
2010	52.8	182,847	96,498
2011	55.2	186,225	97,510
2012	54	197,174	99,085
2013	59	193,776	98,707
2014	63.25	202,611	99,045

出所：CICPA 公表データより筆者作成

(4) 中国次世代リーダー会計人養成プログラムの誕生

① 国家の人材強国戦略の一環

中国の人民日報[5]によると，2003年12月19日から20日にかけて，中国共産党中央，政府国務院は，北京において中国史上初の「全国人材工作(戦略)会議」を開いて「人材強国戦略」の方針を固めた。その背景は経済のグローバル化，日進月歩の科学技術の発展に伴って，人的資源が最も重要な「戦略的資源」（第一資源）として再認識されたためである。

2005年6月8日に中国公認会計協会（CICPA）はいち早く「会計士業界における人材養成プロジェクトを強化する意見」（以下，人材育成30条と略称）を公表した（CICPA [2005] 6号19-22）。この意見は全文30条文があるため，中国では人材育成30条と通称されている。この人材育成30条は会計士業界における人材育成の基本となり，のちに中国全土における会計人材育成戦略の展開にあたって先駆的なプロジェクトとなっている。

会計士業界における人材養成30条の主な実施措置は，a.長期的なシステムを構築し継続的専門再教育を行う。b.人材育成プログラムを開拓しハイレベル会計人材を養成する。c.学校教育を重視し次世代会計人材を養成する。d.能力評価システムを構築し人材養成を指導する。e.新たな人材養成プログラムを創設し，実務のなかで追跡しながら養成していく。このe.の実施措置は，のちに中国リーダー会計人開発プログラムの原型となったと思われる。

② 財政部による会計人材育成戦略

2001年11月10日，中国がWTOに加盟した。その後，会計事務所の国際的業務の増加及び国際化に伴い，会計人材不足問題は益々顕著化しているといわれている。具体的に次のような方面で現われている。

a. 会計・監査基準のコンバージェンスにおいてリーダー会計人材が必要
b. 内部統制制度の実施においてリーダー会計人材が必要
c. XBRL分類基準の制定においてリーダー会計人材が必要
d. 企業改組などにおいてリーダー会計人材が必要
e. 金融制度改革にあたってリーダー会計人材が必要
f. 監査法人の国際化にあたってリーダー会計人材が必要

張・陳［2011］によると，2005年8月に「中国会計人材千人プロジェクト」は北京三里河の財政部オフィスにおいて醸成され完成された。もし，中国の会計人を雁の群れに例えるならば，会計人のリーダーは会計人の群れをリードしている先頭雁である。雁の群れは，晴れた空を飛んでV字型の編隊を組んで飛んでいく。このような雁行陣で飛ぶのは，空気の抵抗力を緩和することができるからである。V字型の編隊の先頭では，常に先頭の雁がリードして飛んでいる。先頭雁は最大の空気抵抗を受けながら，雁の群れの飛行速度を維持している。先頭雁は飛ぶ方向を認識し，リードして目的地まで飛ぶことができる。

　そしてこの創造的な人材開発プログラムにどのような名称を与えるのか，経済成長，会計事業の発展など，すべての要素資源のなかで，何よりも人材資源は第一資源であるため，会計「領軍人（リョウグンジン）」という名称と決まった。

　2005年9月1日に「先頭雁プロジェクト」と称される中国リーダー会計人開発プロジェクトが始動されたのである（張・陳［2011］6）。

　それを受けて2005年12月，上海国家会計学院では中国リーダー会計人企業コース所属の56名の研修がスタートした。2006年5月にCPAクラス第1期生38名が開講された。2007年に，これまでの実績に基づいて「全国次世代リーダー人材養成十年計画」（財会［2007］8号）を公表し，人材育成の目標，責任組織，選抜条件，養成組織，養成方式，淘汰方法などを明確にした。この計画は会計人（大学部門，公認会計士部門，企業会計部門，行政部門など）の中から，選抜試験で1,000人（千人計画）の候補者を選抜し，10年間で中国次世代リーダー会計人材を養成する。具体的には企業部門（大中企業，国内外上場企業等）から450名，行政事業部門（中央，地方政府）から100名，会計士部門（会計事務所等）350名，学術部門（大学，研究機関など）100名である。

第3節　中国リーダー会計人養成プログラムの内容

(1) CPAコースの選抜条件

　財政部は選抜方針として「四高，五歩驟（4つのハイレベル，5つのステップ）」すなわち，「高起点，高標準，高要求，高資質及び個人申請，所属組織の審議，筆記試験，業績評価，面接試験」という選抜プロセスである（中国会計報編輯部［2011］7）。

　図表1-10で示すようにCPAコース，企業コース，行政コース，学術コースの

4コースに関する選抜条件は多少異なるが，おおよそ年齢45歳未満，会計事務所の部門マネジャー以上，大学の准教授以上，企業と行政の高級会計師などの役職を有し，各組織のなかで中堅的な役割を果たしている者である。

とりわけ，CPAコースの選抜条件は，実務経験4年以上，人物として良好な職業倫理を有し4年間違法・処罰のないこと。年齢は45歳未満，外国語能力として，聞く，理解及び交流ができる英語能力，会計事務所の部門マネジャーまたは大企業監査業務の経験者が対象となる。試験は筆記試験（英語，総合能力，レポート等）と面接試験がある。筆記試験及び面接試験を通過した候補者を合格とする。選ばれた

図表1-10　中国リーダー会計人材養成コース選抜条件

管轄省庁&コース 選抜項目	中国会計士協会 CPA	財政部 企業	財政部 行政事業	中国会計学会 学術
①実務，教育・研究経歴	実務経験 4年以上	実務経験 5年以上	実務経験 5年以上	教育研究歴8年以上
②人物（道徳，賞罰等）	良好な職業倫理，4年間違法・処罰なし	会計法に遵守，誠実	会計法に遵守，誠実	思想・道徳良好，教育・研究専念
③役職	部門マネジャー以上または大型監査業務を担当	高級会計師資格または幹部	高級会計師資格または幹部	副教授以上または博士（経営管理）学位
④年齢	45歳以下	45歳以下	45歳以下	40歳以下
⑤研究業績				国家一級刊行物にて論文2本以上または単著1冊以上
⑥外国語能力	聞く，理解及び交流，表現できる英語能力	聞く，話す，読む，書く英語能力	聞く，話す，読む，書く英語能力	聞く，話す，読む，書く外国語能力又は1年以上外国滞在
⑦試験内容				
A 筆記試験		210分	210分	210分
a 英語	50点，現在100点	○	○	○
b 総合能力	100点	○	○	○
c その他	レポート提出	書類審査	書類審査	書類審査
B 面接試験	15分	20分	20分	20分
⑧学歴		大学以上	大学以上	
⑨クラス人数		50	50	30
⑩研修期間	6年	6年	6年	6年
淘汰率	約5～10%	約5～10%	約5～10%	約5～10%

出所：財政部財会[2006]5号，6号，財会[2007]8号通達等，公認会計士協会，会計学会通達により，中国会計報編部[2011]391-406より筆者作成

次世代リーダー会計人候補者を，初期研修，年度集中研修，海外研修，国内外会計フォーラムの参加，学会発表，論文発表，外国会計士資格の取得，香港・オーストラリア・イギリスの会計士協会と提携し人材養成委託プロジェクト等を通して，中間テストなどを含む選抜制で養成している。そして6年後に，最終テスト・評価によって最後に残った者が国家次世代リーダー会計人材バンクに登録される。CPAコースの第1期生は，全国各会計事務所700名の申込者のうち38名（29の会計事務所）が選ばれた。

(2) 合格率・合格者の構成と資質基準

4つのコースの第1期生の合格率は，次のように約5%から20%で平均合格率は約6.8%である。
　2005年第1期企業コースの選抜試験：合格率8%未満(合格者56／受験者730)
　2006年第1期CPAコースの選抜試験：合格率約5%(合格者38／受験者700)
　2006年第1期学術コースの選抜試験：合格率約6%(合格者25／受験者407)
　2006年第1期行政コースの選抜試験：合格率約20%(合格者40／受験者200)
　2010年12月現在，6年間で選ばれた次世代リーダー会計人候補者は733名（財政部主管[2009] 624-633）であり，平均年齢35歳，全員大学卒以上の学歴をもち，90%以上の候補者は修士課程以上の学位を有し，30%以上の人は国外に留学経験または実務経験があり，95%以上の人は高級会計師資格または会計士資格を有している。資質としては，高度な知識を有し，良好な言語能力，全面的な分析能力と判断力，適切・組織的な協調能力と危機対応能力，緻密・論理的な思考力と人間関係を調整する能力，正確な自己認知能力，適切な礼儀作法などを有することが求められる。すなわち，総合的な教養が選抜基準となっている。なお第1期CPAコースの合格者38名は平均年齢32歳，ほとんどが大会計事務所の社員または高級マネジャーである(中国会計報編輯部[2011] 157)。

(3) 国内研修目標・内容・担当講師
① 国内研修の特徴
研修のスタイルは，詰め込み式の教育をやめ，実務と研修，フォーラムなど，毎年1カ月集中研修で「他の分野の視点から会計を見る」，「名人と名師の知恵」，6年間「3段階の研修プログラムと評価システム」である。すなわち第1段階の知識開拓

段階(3年間)では,会計分野以外の知識を研修すること。第2段階の理論能力向上段階(2年間)では,ハイレベルの会計フォーラムなどで知識と理論をぶつけ合って,会計理論に対する理解を深めていく。第3段階の現場実務能力アップ段階(1年間)では,メンバーを現場特定の役職に推薦し登用させて実務のなかで鍛えつつ評価を行っている。

(A)研修内容 「他の分野の視点から会計を見る」

第1段階における研修内容は,**図表1-11**で示すような研修プログラムである。これは,2008年10月に北京国家会計学院における各コースの合宿研修プログラムである。研修内容は経済学,管理学,歴史,文学,哲学,軍事,芸術,宗教など,幅広い分野を取り入れている。講師は国内外における各分野の権威者である。まさしくリーダーになる人にとって能力と教養の面で必要な内容である。

図表 1-11　全国次世代リーダー会計人養成合宿研修プログラム

日　　程	講義者とテーマ	名前[注]
10月25日午前	主讲人：财政部副部长　主题：研经品典,取道启智	王军
10月25日午後	主讲人：清华大学校长　主题：科技发展与人才培养	顾秉林
10月25日夜	分组讨论	
10月26日午前	主讲人：北京大学教授　主题：说古道今谈改革	王天有
10月26日午後	主题：学员论坛	
10月26日夜	分组讨论	
10月27日午前	主讲人：中国中医科学院教授　主题：易经与养生	杨力
10月27日午後	主讲人：财政部部长助理　主题：美国次贷危机对世界经济的影响	朱光耀
10月27日夜	分组讨论	
10月28日午前	主讲人：海航集团董事长　主题：现代财务总监的品格培养	陈峰
10月28日午後	主题：学员论坛	
10月28日夜	分组讨论	
10月29日午前	主讲人：中央党校教授　主题：哲学认识与人类精神趋向	侯才
10月29日午後	主讲人：全国人大财经委副主任委员　主题：美国次贷危机对中国的影响	吴晓灵
10月29日夜	汇报晚会	

出所：北京国家会計学院 (http://www.nai.edu.cn/2008年10月23日)

注：名前欄の簡体字の「军,顾,杨,陈,灵」は,それぞれ繁体字の「軍,顧,楊,陳,靈」に対応する。
　なお,本書では便宜上,簡体字と繁体字とを混用しているので,例えば簡体字の「会计,企业,趋势」と繁体字の「会計,企業,趨勢」を混用し,両方とも同一人物を指し,または同じ意味を有する。

(B)「名師と名人の知恵」

図表 1-11 で示したように，次の 8 名の名師または名人による講演が行われていた。

王軍（オウグン）は 1958 年 11 月生まれ，北京大学政府管理政治学院において政治理論博士課程を修了し，法学博士学位を取得し 1987 年から 1992 年にかけて財政部の局長級幹部となった。1993 年から 1994 年にかけて CICPA 副事務局長，1994 年に財政部に戻り，2005 年 10 月から現職の財政部副部長に就任し財政部，中国公認会計士協会，北京，上海，アモイ国家会計学院などを主管する副部長である。講演テーマは「経典を研鑽し，智慧を得て行く道を選び（研经品典，取道启智）」である。

顧秉林（コヘイリン）は，中国科学院士，清華大学元学長，物理学者と材料科学者である。講演テーマは「科学発展と人材育成（科技发展与人才培养）」である。

王天有（オウテンユウ）氏は，北京大学歴史学科教授，歴史学者であり，中国古代史，政治制度史，明，清朝歴史の研究を中心としている。講演テーマは「歴史と現在から改革を見る（说古道今谈改革）」である。

杨力（ヨウリク）は，中国中医学者，中医学心血管，易学者，歴史文化学者であり，北京周易研究会会長，中国中医科学院大学院教授，中国作家学会会員である。講演テーマは「易経と養生（易经与养生）」である。

朱光耀（シュコウヨウ）は財政部副部長，北京工商大学を卒業，財政部財政科学研究所財政専攻修士学位（経済学）を取得し，財政部財政科学研究所大学院教授である。講演テーマは「アメリカサブプライムローン危機が世界経済に与える影響（美国次贷危机对世界经济的影响）」である。

陈峰（チンホウ）はオランダ・マスタリハト管理学院工商管理修士課程修了，中国民航局課長などを歴任，海航会社創始者，海航グループ取締役会会長，高級経済師でもある。講演テーマは「現代財務 CFO の品格養成（现代财务总监的品格培养）」である。

候才（コウサイ）は吉林大学哲学専攻を卒業，ドイツ・モニヒ大学の留学経験者，中国共産党中央大学校教授である。講演テーマは「認識哲学と人間精神のゆくえ（哲学认识与人类精神趋向）」

呉晓灵（ゴショウレイ）は，中国人民銀行元副行長（副頭取），国家外貨管理局元局長，経済学修士学位，中国人民銀行研究所研究員，「金融時報」社副編集長，清華大学五道口金融学院院長などを歴任した。講演テーマは「アメリカサブプライムロー

ン危機が中国に与える影響(美国次贷危机対中国的影响)」である。

② CPAコースの外国研修

2007年6月には，初めてのCPAコースの研修生に対する英国での研修が行われた。その後，各クラスの研修生は5回にわたって英国，フランス，オーストラリア，アメリカなどの国々で海外研修を行った。2010年企業コース2期生の例として，研修生15人がオーストラリアで21日(11月22日～12月12日)の研修を行った。その内容を次に示す。

a. 研修科目：企業投資とリスクマネジメント，オーストラリア法律と企業の社会的責任，オーストラリア会計と税務制度，企業管理体制及び財務管理役割の転換，2010年国際会計基準の改正とオーストラリアの対応，オーストラリア会計職業道徳準則，オーストラリア財務管理者の役割など7科目。

b. 訪問交流：監査法人（現地監査法人＆プライスウォートハウス現地事務所），財政局，証券取引所，オーストラリア銀行などを訪問し交流した(中国会計報[2011] 172)。

一方，中国公認会計士次世代リーダー会計人クラスの外国研修は次の9期[6]を行われた。

第1期 2007年6月21日から7月12日までイギリスへ24人。
第2期 2008年11月14日から12月4日まで，17人がイギリスで研修。
第3期 2009年6月19日から7月9日までイギリス研修。
第4期 2009年10月19日から11月4日まで，フランスで16人。
第5期 2010年10月31日から11月19日まで，アメリカで16人(会計主任班)。
第6期 2011年10月9日から10月29日まで22人，アメリカ研修。
第7期 2012年10月28日から11月17日まで23人，オーストラリア研修。
第8期 2013年8月25日から9月14日21人，アメリカ研修。
第9期 2014年8月17日から9月6日21人，イギリス研修。

2005年から2011年1月まで，会計士協会では7つの次世代リーダー会計人クラスを開講し，193人の会計士が選抜され，2006年から国外会計士協会と提携し国際的な会計人材養成を強化した。イングランド及びウェールズ特許会計士協会，香港会計士公会，オーストラリア会計士公会と協力し，イギリス特許会計士養成プログラム(ACA)，香港会計士公会資格プログラム(QP)，オーストラリア会計士公会

養成プログラム (PP) を実施し，多くの会計人材を養成した。2011年1月現在，累計96人の中国公認会計士が，その3国と地域の会計士資格を取得した（CICPA）[2011] 1号10）

(4) 研修スタイルと現場重視

研修スタイルとしては講義，読書，討論会，レポート・論文の発表などが行われている。**図表1-12** は企業コース1期生の1日の研修プログラムである。人材登用のキーワードは「現場起用主義」である。すなわち研修中の「リーダー会計人」は財政部企業会計準則委員会委員，内部統制委員会委員，大学会計学部長，所属組織の幹部などとして任命され，現場でその能力を鍛えられていることになる。

図表1-12　企業コース1期生の1日の研修プログラム

1日の時間管理	研修	備考欄
朝8時～夜22時	講演を聴講	
19時～22時	ディスカッション	
22時～深夜1時，2時	報告書を作成	朝8時まで前日レポートの提出
評価	報告書が評価される	最優秀報告書を選出する

出所：筆者作成

(5) 初期の実績評価と波及効果

2010年11月16日に，第1期企業コースリーダー会計人50人の修了式が行われた。第1期生は合計で学術論文338篇を発表し，会計基準プロジェクト54項目，内部統制基準プロジェクト35項目の議論及び提案に参加した。また，各地域の会計制度作りにあたって60超のプロジェクトにも参加し，各自の職場において指導者，組織者，推進者，講師などの役割を果たしている（CICPA [2010] 29）。

中国会計新聞（会計報）によると，中国リーダー会計人プログラムを受けた者は能力が高まったということである（中国会計報編輯部 [2011] 扉頁）。具体的には，以下のようなことである。

　　a. 2名が国家人事部人材プロジェクトに入った。
　　b. 6名は教育部「新世紀優秀人材支援計画」に選ばれた。
　　c. 20名は企業総会計師（CFO）に昇格した。
　　d. 12名は教授に昇格した。

e. 9名は博士指導教員に昇格した。
f. 10名は会計事務所の社員となった。
g. 9名は財政部企業内部統制基準諮問委員になった。
h. 62名は国際的に認められた専門資格を取得した。

とりわけ，張［2011］によると，立信大華会計事務所の社員張卓奇が2006年に中国リーダー会計人CPAクラスに合格した。彼は養成プログラムとしてオーストラリア会計士公会と中国公認会計士協会との国際研修プログラムに参加し，オーストラリア会計士試験を受けて資格を取得した。その後2009年，IFACがIAASB理事を公開招聘し，中国公認会計士協会は張卓奇を推薦したが，最終的にそのほかの国と地域から推薦された20数名の会計人との競争に勝ち残り，当選した。

波及効果としては，全国各地域（省市，大企業）において約1,660万人の会計に携わる人の間では読書，勉強，研究など自己資質の向上を目指す競争風土が生まれたことが挙げられる。そして現在，広西，江西，湖北，上海，新疆，雲南，山東，浙江，鉄道部，吉林などの地方では，地方レベルの次世代リーダー会計人開発プログラムも開始されている。

図表1-13で示すように，これまで会計教育といえば，下層部の高校，専門学校そして大学等の基礎会計教育，中層部の専門職大学院，大学院研究者，継続的専門教育等がある。中国では，2005年から2014年までにおいて，その最上層ピラミッ

図表1-13　中国会計人材教育のピラミッド

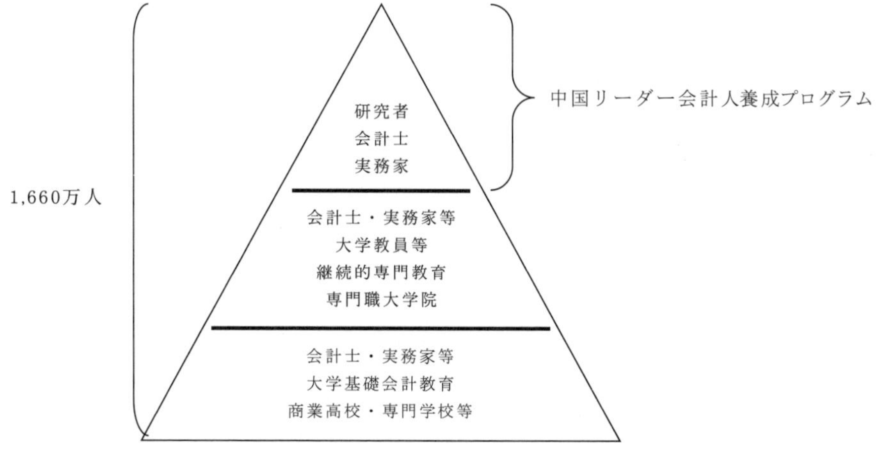

ピラミッド上層：研究者／会計士／実務家 ― 中国リーダー会計人養成プログラム
ピラミッド中層：会計士・実務家等／大学教員等／継続的専門教育／専門職大学院
ピラミッド下層：会計士・実務家等／大学基礎会計教育／商業高校・専門学校等
全体：1,660万人

ドに焦点を当てて大学研究者(学術コース)，公認会計士(CPA コース)，企業(実務家コース)，行政 (実務家コース) の 4 つの領域からリーダー会計人開発プログラムを打ち出して，いわゆる次世代リーダー会計人を養成しようとしている。また，**図表1-14**で示すように，2014 年末現在，開講した 28 期のうち，企業実務家から 475 人，行政実務家から 157 人，会計士から 277 人，大学教員から 108 人，合わせて 1,052 人を養成している。そのうち，2010 年から 2014 年までに 402 人が修了した。この 10 クラス 402 人の卒業生は，70％以上に職務の昇進があり，92 人は国際的な実務能力が認められている。彼らは学術論文 2,024 篇を発表し，国家研究課題 115 項目を取得した。また，財政部諮問機関の専門家，証券監督管理委員会の委員，業界諮問委員，国際組織と機構に任職，国際雑誌の編集委員など，国内外でその役割を果たしている[7]。

図表 1-14　2005 年～ 2014 年中国リーダー会計人養成コースの開講状況

単位：人

開講数	財政部			公認会計士協会	中国会計学会	合計	修了数
	企業	行政	会計クイズ班	CPA	学術		
1 期	56	38	35	35	32		50
2 期	47	37		25	24		109
3 期	45	42		28	26		61
4 期	45	40		27	26		182
5 期	46			29			
6 期	52			24			
7 期	59			23			
8 期	60			24			
9 期	65			30			
10 期				32			
合計	475	157	35	277	108	1,052	402[注]

出所：上海国家会計学院 (http://topcfo2.snai.edu/2015 年 6 月 16 日) により筆者作成
注：2010 年 11 月に企業 1 期生 50 人が修了，2012 年 12 月に CPA1 期生，企業 2 期生，学術 1 期生計 109 人が修了，2013 年 12 月に 61 人修了，2014 年 11 月に 182 人修了，合わせて 402 人が修了した。

(6) 中国リーダー会計人の定義

以上では中国次世代リーダー会計人養成プログラムの主旨，選抜条件，研修内容などを考察したがここでそれらの内容をまとめて，次のように定義してみる。中国リーダー会計人とは中国全土の会計に携わる 45 歳以下の大学教員，研究者，公認

会計士，企業会計，中央・地方行政における実務家の中から，所属組織の推薦により，特定の入学試験で選抜した会計人が，中国財政部が策定した6年間の研修プログラムを受けたのち審査に合格した者である。次世代リーダー会計人は，今後国内外の各会計領域においてリーダー的な役割を果たす会計人であり，高度な専門知識を有し，良好な言語能力，広範な分析能力と判断力，適切・組織的な協調能力と危機対応能力，緻密で論理的な思考力とコミュニケーション能力，正確な自己認知能力と一般常識を有する会計人である。

中国リーダー会計人養成プログラムは，中国政府が戦略的に会計・監査の理論研究，会計・監査基準作り，実務，教育などの領域において，リーダー的な人材を養成することを目指すプログラムである。

第4節　会計人材育成戦略の拡大と創新

(1) 財政部「会計改革発展"十二五"規制綱要」(2011年～2015年)

第11回5カ年計画時期 (2006年～2010年) において，中国政府が会計基準を改訂し，基本会計基準のほか，38の具体会計基準（細則）及び応用指南，解釈指針などを含めて，中国企業会計基準の体系が構築された。それと同時に，新たに制定した22の監査基準を含んだ合計48の監査基準 (2007年1月1日から実施) を公表した。公認会計士協会では，2010年末時点，会計士総数は17.8万人であり，そのうち9.8万人が監査実務に従事している。会計士事務所は7,800あり，約350万の企業などに対して監査等の業務を行っている。また，この時期，初級，中級，高級の会計専業技術資格試験が行われ，666.86万人が初級または中級試験を受験し84.27万人が合格，延べ17.66万人が高級資格試験を受験し，その合格者数は3.37万人である。その上，次世代リーダー会計人養成プロジェクトで18期生が募集され，733人がその一員となり，第1期生50人（開講56人，淘汰6人）が予定のプログラムを終えて修了した。

2010年に財政部副部長王軍の講話で示した緊急課題の1つ，2010年4月中国「国家中長期人材発展計画綱要 (2010-2020)」に基づいて，財務部が会計業界中長期人材養成計画 (2020年目標) を打ち出した。**図表1-15**で示すように，2010年9月21日付けの財務部通達（財政部[2010]）（財会[2010] 19号）すなわち前述した2005年に開始した「千人計画」に加え，2010年以降の10年間で2,600人の国際会計人材養成

figure 1-15 人材育成戦略の目標

1. 全国リーダー会計人材育成プログラム
・企業会計人 900 人、行政事業会計人 200 人、国際会計士 700 人、学術 200 人、計 2,000 人。

2. 会計士業界拡大人材育成プログラム
・国際的に認められる会計士 2,600 人（2015 年まで 600 人、その後 2,000 人）、その中の 50 人を国際会計組織に送る。

3. 大中企業・事業総会計士人材育成プログラム
・国際的に認められるハイレベル会計人材 60,000 人（2015 年まで 30,000 人、その後 30,000 人）。

4. 会計学術人材育成プログラム
・国際レベルの会計学術的リーダー会計人 100 人（2015 年まで 40 人、その後 60 人）。

5. 専門職会計学科人材育成プログラム

6. 農村会計人材育成プログラム

する戦略目標を設定した。この，中国次世代リーダー会計人材養成目標はさらに拡大している。2020 年の目標は，企業・行政部門において企業会計人 900 人，行政会計人 200 人，国際会計人 700 人，学術 200 人，合わせて 2,000 人となり，CPA 部門において国際的に認められる会計士 2,600 人（2015 年まで 600 人，その後 2,000 人），そのうち約 50 人を国際会計組織に派遣する構想である。また，大学研究機関において国際レベルの会計学術的な次世代リーダー会計人 100 人（2015 年まで 40 人，その後 60 人）を養成する目標が設定されている。

(2) 中国公認会計士協会の人材育成計画（2011 年〜 2015 年）

CICPA は，2011 年 9 月に国家中長期人材発展綱要（2010 年〜 2020 年），会計業界中長期人材発展計画，中国公認会計士業界発展計画に基づいて，「中国公認会計士業界人材発展計画（2011 年〜 2015 年）」（会協 [2011] 111 号通達）を作成した。2015 年までの目標として以下の項目を設定している。①会計士総数の増加及び質の保障，すなわち会員数約 25 万人，会計士実務従事者 12 万人を目指し，及び会計士継続教育システムを構築する。②国際的に認められる中国リーダー会計人 350 人（CPA クラス人材），国際的に認められる会計士 600 人，新保証業務領域における複合型中堅実務家 5,000 人の養成を目指す。③研修資源を統合し，その制

度を最適化する。会計士の職業能力の向上を巡って，人材養成に新たな選抜，研修，チェック，評価を創造して，業界人材の輩出，適材適所の社会的雰囲気を作る。

5年間の重点課題は，①会計事務所人材育成のモデル基地プログラム，②CPAリーダー会計人養成プログラム，③国際化人材養成プログラム，④産学研連携プログラムである(財政部主管[2012]586-589)。

これは，前述した財政部会計改革発展の5カ年計画の目標と一致している。

(3) 中国リーダー会計人の特別助成プログラム

このように，中国リーダー会計人養成プログラムは2020年までに2,000名の目標を目指して進んでいる。しかしながら，この人材育成モデルはとどまることなく，さらに進化し続けている。中国財政部は2013年5月25日に「全国リーダー会計人開発プログラム―継続レベルアッププログラム実施方案に関する通達(財会[2013] 6号通達)」を公表し，「全国リーダー会計人証書」を有する者に対して公募を行った結果，1期申込者16人に対して8人が選出された。続いて中国財政部は2014年5月25日に「2014年度全国リーダー会計人開発プログラム―特別助成プログラム研究者の選抜開始に関する通達(財会[2014]21号通達)」を公表し，2期目は申込者23人に対して9人が選出された。

図表1-16で示すように，6年間で中国リーダー会計人養成プログラムの修了者を対象に，さらに継続的な人材開発プログラムが創設された。申請者が個人申請と所属組織の推薦により，選抜条件を満たした上，専門家による面談の後，総合評価によって選出される。財政部が主導して役割を分担し，必要経費，指導教員と研究員との一対一の指導による開発プログラムである。

会計士部門では，2013年度信永中和会計事務所パートナー社員李杰(リジ)1名，及び2014年度致同会計士事務所パートナー社員邱連強(チュウレンキョウ)と天健会計士事務所パートナー社員毛育暉(モウイクフェイ)の2人が選ばれた。現時点でその養成プログラムは進行中である。

図表 1-16　中国リーダー会計人養成プログラム―継続人材開発プログラム

対象	中国リーダー会計人	備考
	選抜条件	
企業部門	本社副最高財務責任者(CFO)以上	
行政部門	局長代理以上	
学術部門	国家指定重点大学博士指導教授	国際重要雑誌で論文2本以上発表
会計士部門	総合ランキング評価トップ30番以内の会計事務所のパートナー社員	
外国語能力	熟練的に聞く，話す，読む，書く能力を有する	
申請手続	本人申請	
	所属組織推薦	
合否判定	専門家総合評価	職場意見聴取
養成期間3年	第1段階国外研修(国際組織)	6カ月～12カ月
	第2段階名家指導，実践，課題研究	24カ月～30カ月
役割分担	会計司，中国公認会計士協会，中国会計学会	会計司主導
必要経費	財政部国家会計学院が予算確保	不足部分所属組織負担
個人研究助成	60万元(約1,140万円)	個人別プログラム
修了後	会計領域関連の称号，名家，研究，試験委員，理事などすべて優先される。	

出所：筆者作成

第5節　中国会計人材育成モデルの特徴と意義

　以上，検討したように，中国では会計・監査に携わるすべての人々，すなわち企業会計実務家，行政会計実務家，公認会計士，大学・研究機関における教育者，研究者などなどの会計人の人数は1990年代の1,000万人から増加し続け，2014年までに1,660万人に達したといわれている。しかしながら，中国政府は，量的にはあるものの，その質は不十分で，また，グローバル競争に勝ち取るために中国のリーダー会計人がかなり不足していると認識しており，その結果，この会計人材育成戦略を実行したと考えられる。

(1) 中国政府の目的と独創性

　中国国内では，会計・監査基準のコンバージェンス，内部統制制度の構築，XBRL標準分類の実施，企業の改組合併，金融体制の改革と資本市場の管理，会計士の国際化戦略の実施などリーダー会計人が必要である(張・陳[2010])。つまり，

中国の目的は，経済の成長に伴って国際会計・監査ルール作りの分野でも自国利益を守りながら，発言権と決定権を増すために会計問題における国際政治外交の舞台において，これまでの欧米会計思想，理論が支配する局面を打破し，世界会計業界における中国独自の会計研究者を養成することである。

この中国リーダー会計人材養成プログラムは，前例のないものであり，中国が創設したモデルである。すなわち既存会計士，企業部門と行政部門のCFO，大学教授，准教授のなかから，エリートを選んでリーダーを養成することがその主旨であり，さらに中国リーダー会計人の有資格者から，エリートを選抜して継続的に養成するモデルである。まさしくトップリーダーを養成するプログラムである。

何よりも，すでに**図表1-13**で示したように，これまで諸外国で行われている会計教育の頂点にさらにピラミッド構造を加え，創設された世界初の会計教育モデルでもある。

(2) 新たな中国会計教育モデルの特徴

図表1-17で示すように，次世代リーダー会計人育成戦略は財政部が主導して，その下部組織である会計司が企業・行政実務家から養成者を選抜し，公認会計士協会は会計士から養成者を選抜し，中国会計学会は研究者から養成者を選抜する役割を分担している。

財政部によると，この人材養成プログラムの主な特徴[8]は次の通りである。
① トップダウンによる制度設計を重視
② 厳格な組織管理
　会計司による企業，行政の人材，公認会計士協会による会計士人材，中国会計学会による学術人材，北京，上海，アモイの国家会計学院による研修と管理，6年の期間及び3回のテスト評価
③ ハイレベルのリーダー会計人材育成
　具体的な研究方法として，以下の項目が挙げられる
　a. 試験選抜と組織推薦の結合
　b. 学校研修と現場追跡の結合
　c. 会計教育と能力開発の結合
　d. 案例教学と交流討論の結合
　e. 分類研修と連合研修の結合

図表 1-17　財政部の主導する中国次世代リーダー会計人育成戦略

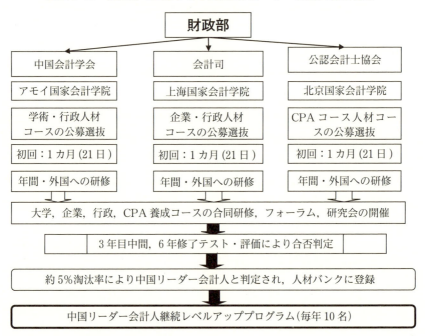

f. 人材使用と評価淘汰の結合

　この次世代リーダー会計人養成プログラムの特徴は，「官・学・産」が連携した三位一体のシステムであり，この戦略の総設計者は中国財政部である。何よりも，各コースの研修者が企業・会計事務所・行政事業・大学などの実務現場から選抜され実務現場で鍛えて，研修が修了したのちに，「官・学・産」の現場（国内・国際）に戻り，その役割を果たすことである。

　また，財政部は会計司（財務省会計局）会計・監査基準制定委員会，公認会計士協会，大学会計研究教育部門，国家会計学院，研究機関，会計事務所，企業などの人的資源，物的資源，知識資源，資本資源などあらゆる資源を集中させて，この戦略を実行している。北京国家会計学院においては清華大学の教員を主な講師としてCPAコースの人材養成を，上海国家会計学院においては上海財経大学の教員を主な講師として企業・行政人材コースの人材養成を，アモイ国家会計学院においてはアモイ大学の教員を主な講師として，学術・行政人材コースの人材養成という形

で役割を分担している。国家会計学院に対する投資総額は約21億元（土地を除く）にのぼる。その土地総面積は約82万㎡（建築面積は21万㎡），同時に3,000人以上（2004年現在）の研修生が合宿研修することが可能な規模である。これは政府主導によってしかできないことであるといえる。

第6節　要約と展望

　本章では，2005年から中国公認会計士協会が実施した人材育成戦略を中心に，とりわけ中国次世代リーダー会計人開発プログラムという人材育成モデルは世界で唯一の創造的なモデルであることを明らかにした。この人材育成戦略の原点は，2003年に開かれた中国共産党「人材工作会議」である。この会議で人材強国戦略が提起され，あらゆる分野で実行されてきた。その背景には，中国経済の発展に伴い，様々な領域における人材不足，とりわけ国際組織におけるルール作りにあたって，その発言権，決定権はほとんど欧米に独占されていたことが挙げられる。会計研究領域においても国際会計基準，監査基準作りの組織においても，中国の出身者はほとんど存在していない。とりわけ，ハイレベルの会計人材，すなわちリーダー的な会計人の不足が喫緊の課題である。そこで，中国公認会計士協会がいち早く人材育成30条を公表し，中国会計人材育成の先端で旗を振っている。その後，財政部が人材育成戦略の一環として中国次世代リーダー会計人養成プログラムを創設した。そして，このプログラムは決して頂点ではなく，さらに「全国リーダー会計人証書」を有する会計人に対して，継続的な人材養成プログラムを創設し，企業のCFO，行政の副局長以上，会計士事務所のパートナー社員，大学の博士指導教授のなかから，そのリーダー会計人を選抜し，継続的に養成していくこととなっている。その結果，多くの中国リーダー会計人が輩出され，そのなかの数名がIASBとIAASBの委員となった。

　中国リーダー会計人は，アメリカ・ハーバード大学商学院，コロンビア大学，ワシントン大学，イギリス・プリマス大学などで高く評価された。イギリスの「金融タイムズ」では中国リーダー会計人の状況が報道され，世界銀行，IMF，アジア開発銀行などの国際組織にも深い関心を持たれた[9]。

　また，公認会計士協会のみならず，何より重要なのは前述したように，人材育成戦略が中国における約1,660万人（2014年現在）の会計・監査の研究，教育，実務

などに携わる人たちに対して，勉強，研究，実務能力の向上などの競争意欲を喚起し，会計人全体の能力を向上させたことである。

周知のように，中国官吏登用法について，前漢では試験制度として地方（郷・里，日本の郡・村に相当）から推薦する「郷挙里選」と，魏の時代の「九品中正法」（等級に分けて推薦された）が知られている。その後，隋になって科挙試験が行われ，唐で始められ，のちに宋の皇帝が自ら行う「殿試」という人材選抜制度もあった。現代でいえば，人物推薦，筆記試験と面接試験を並行して人材を選出した方法である。中国リーダー会計人養成プログラムに参加する人々も，必ず本人申請，所属組織長の推薦，筆記試験を受けて最後に面接試験が必要であるから，この創造的な人材養成プログラムの原型は，中国の歴史の中にあるとも考えられる。

しかし，**図表1-9**で示したこの10年間で達した20万人会計士のなかで，中国リーダー会計人CPAクラス該当者はわずか277名であり，会計士総数の0.14％を占めているにすぎない。今後2020年までに700名の目標に達成するためには，毎年2つのクラス（70人）を開講しなければ達成ができない。また，その中の50人を国際会計組織に送り出すと計画されているが，それは毎年10名（企業，行政，会計事務所，大学）のトップクラスの人材養成プログラムをもって達成しようとしている。あと5年間，この目標の達成及び彼らの活躍を期待し見守りたい。

■注
1) IASB(http://www.iasb.org/home.htm/20111225)。
2) 中国リーダー会計人（次世代）開発プログラムの中国語は「全国会計領軍（後備）人材培養工程」であり，英語は"National TOP CFO Executive development Program（Reserve Talents）"である。英語からの直訳では「全国トップ最高財務責任者（次世代）開発プログラム」である。また，「会計領軍人」について，まず中国語の「領軍人」を理解しなければならない。「領軍人」のもとの意味は，軍を率いるリーダーのことである。「会計領軍人」とは会計領域のリーダー的な役割を果たす人である。さらに，中国では雁の群れの中の先頭雁を例えて「領軍人」と同意味である。日本では「中国次世代リーダー会計人」，「中国リーダー会計人」などと称しているが，本書は多くの場合，中国リーダー会計人と称する。
3) IFAC(http://www.ifac.org/education/20111225)。
国際会計教育基準の正式名称は「会計職業専門家のため国際教育基準」である。公表した8号の基準は次の通りである。
第1号「会計職業専門家教育プログラムを始めるための参加条件」
第2号「会計職業専門家教育プログラムにおける知識内容」
第3号「職業専門家としてのスキル」

第 4 号「職業専門家としての価値観，倫理及び心構え」
第 5 号「実務経験の用件」
第 6 号「職業専門家としての具備能力及び発揮能力の評価」
第 7 号「継続専門教育家の継続的な能力開発：生涯学習及び職業専門家の継続的能力開発のプログラム」
第 8 号「監査の職業専門家の発揮能力用件」

4) 中国公認会計士協会(http://www.cicpa.org/20101115)。
5) 人民日報社[2010]『人民日報』第 5 版 5 月 25 日と，人民日報社[2010]「中国注冊会計師"走出去"特刊」『人民日報海外版』10 月 11 日。
6) これらのデータは中国公認会計士協会（http://www.cicpa.org.cn/）のホームページ，(CICPA[2009]1 号 52)，(CICPA[2011]12 号 50)，(CICPA[2013]2 号 89)，(CICPA[2014]12 号 19)を参照したものである。
7) これらデータは上海国家会計学院(http://www.snai.edu/cn/)の「会計領軍人材」サイトから取得したものである。但し，財政部長助理余蔚平 2014 年 11 月 3 日の講話によると，すでに 32 期（クラス）を募集し計 1,132 名の学生がいる(CICPA[2015]1 月号 5-6)。また，財政部会計司ホームページ「全国会計領軍（後備）培養工程実施情況（2015 年 5 月 25 日）」によると，10 年間では 35 クラス 1,297 名の研修生，10 クラス計 402 名が修了した（http://www.mof.gov.cn/index.htm）。
8) これらの資料は財政部ホームページ(http://www.mof.gov.cn/index.htm)及び公認会計士協会ホームページ(http://www.cicpa.org.cn/)によるものである(2015 年 6 月 27 日))。
9) これらの内容は財政部ホームページ(http://www.mof.gov.cn/index.htm)で開示された会計司「全国会計領軍（後備）人材培養工程実施情況（2015 年 5 月 25 日）」によるものである。

■ 参考文献

閻達五編著[2000]『面向 21 世紀会計学類系列課程及其教学内容改革的研究』経済科学出版社
国務院弁公庁[2009]「関于加快発展我国注冊会計師行業的若干意見」通達(国弁発[2009]56 号)
企業二期赴奥大利亜培訓団[2010]「総結報告(2010 年)」
財務部会計司[2010]「会計行業中長期人材発展規劃 2010-2020 年」通達(財会[2010]19 号)
財政部会計司通達：財会[2007]8 号，各年度
中国会計報編輯部著[2011]『大領軍』立信会計出版社
中華人民共和国財政部主管(財政部主管)[2005]『中国会計年鑑』中国財政雑誌社編輯出版
中華人民共和国財政部主管(財政部主管)[2006]『中国会計年鑑』中国財政雑誌社編輯出版
中華人民共和国財政部主管(財政部主管)[2007]『中国会計年鑑』中国財政雑誌社編輯出版
中華人民共和国財政部主管(財政部主管)[2008]『中国会計年鑑』中国財政雑誌社編輯出版
中華人民共和国財政部主管(財政部主管)[2009]『中国会計年鑑』中国財政雑誌社編輯出版
中華人民共和国財政部主管(財政部主管)[2010]『中国会計年鑑』中国財政雑誌社編輯出版
中華人民共和国財政部主管(財政部主管)[2011]『中国会計年鑑』中国財政雑誌社編輯出版
中華人民共和国財政部主管(財政部主管)[2012]『中国会計年鑑』中国財政雑誌社編輯出版
中華人民共和国財政部主管(財政部主管)[2013]『中国会計年鑑』中国財政雑誌社編輯出版
中華人民共和国財政部主管(財政部主管)[2014]『中国会計年鑑』中国財政雑誌社編輯出版
中華人民共和国統計局編[2009]『中国統計年鑑』，中国統計出版社
中国注冊会計師協会(CICPA)[2005-2014]『中国注冊会計師』中国注冊会計師協会編輯部

張連起・陳清清[2011]「高飛的雁陳」中国会計報編輯部著[2011]『大領軍』立信会計出版社，pp.3-24
張瑶瑶[2011]「就這様入選世界会計"夢之隊"」中国会計報編輯部著[2011]『大領軍』立信会計出版社，pp.243-245
陳毓圭[2008]「中日公認会計士人材養成フォーラム」2008年4月11日，北京中央財経大学
丁平准[2008]『風雨兼程：中国注冊会計師之路（法制巻）』東北財経大学出版社
平松一夫[2010]「会計学界・会計学者の課題と展望」『企業会計』Vol.62 No.1，中央経済社
平松一夫・増田宏一・町田祥弘[2010]「我が国公認会計士試験・資格制度の今後の展望」『企業会計』Vol.62，No.12，中央経済社
藤田幸男編著[1998]『21世紀の会計教育』白桃書房
吉田修己 [2010]「監査業界は次世代の公認会計士どのように教育するか」『企業会計』Vol.62，No.9，中央経済社
脇田良一「監査業界は次世代の公認会計士をどう教育するか」「公認会計士養成における会計大学院の役割」『企業会計』Vol.62 No.9，No.10，中央経済社
李文忠[2009]「日本と中国における監査基準コンバージェンスの動向」『立命館経営学』第47巻第5号，pp.47-69
李文忠[2005]『中国監査制度論』中央経済社

第 2 章

中国における監査基準の
コンバージェンス戦略——初期

　本章では，中国における監査基準のコンバージェンス (convergence) 戦略を中心としているが，周知のようにコンバージェンスをめぐる議論は，会計基準のコンバージェンスを避けて通れないのである。そこで本章はまず，コンバージェンスをめぐる国際的な動向，コンバージェンスの理念と原則，中国における会計基準と監査基準のコンバージェンスの動向を明らかにする。次に，初期 (2001 年～ 2006 年) コンバージェンス戦略の結果，すなわち中国監査基準のコンバージェンスの内容を検討し，各国の基準と国際基準とは完全一致を求めることではなく，異なるところが常に存在する「求同存異(小異を残し大同につく)」というコンバージェンスの理念を提唱する。最後に，日本と中国における政治，外交などの面においての対応を比較しながら，世界における初期コンバージェンスの国際的な構図を示唆する。

第 1 節　コンバージェンスをめぐる動向

(1) 国際会計基準委員会 (IASC) から国際会計基準審議会 (IASB) へ

　1973 年にアメリカ，イギリス，西ドイツ，フランス，カナダ，オーストラリア，スペイン，オランダ，日本の 9 カ国の職業会計士団体によって国際会計基準委員会 (IASC) が設立された。IASC は 1976 年に第 1 号から，2000 年 3 月まで 41 の国際会計基準を発表した。但し，これは一部の国に限ったもので，制度化にするか否かについても明らかにされず，一種の参考になるものの，ただ研究者の間における研究課題のようなもので，国際会計実務のなかでは実施されていないため，本当の意味の国際会計基準にはならなかった。

今日，会計・監査基準の国際化がこのような早いスピードで進行している要因は，ディビット・トウィーデ(David Tweedie)によると，①経済のグローバル化。例えばグローバル企業がもし60カ国で子会社を設置する場合，会計士を雇い60種類の財務諸表を親会社の財務諸表に連結しなければならないため，それはまさに資源の浪費であるといえる。②20世紀，90年代後半のアジア金融危機。旧会計基準に基づいて作成された財務諸表から見ると，アジアの会社の財務状態は安全に見えたが，突然これらの会社が破産してしまったため，会計基準の問題が浮き彫りされた。③アメリカのエンロン事件の3つである(財政部会計司 [2003]68)。

とりわけ，2001年，アメリカでは，エンロン事件，ワールドコム事件などの不祥事の発覚を契機に，「企業改革法」(サーベインズ＝オクスリー法)が制定された。そして，名門アーサーアンダーセン監査法人は瞬く間に崩壊し，世界の大企業に対する監査をわずか4つの監査法人が独占する「ビッグ4」の時代となった。また，金融・資本市場のグローバル化が進む中，2001年4月に国際会計基準委員会が国際会計基準審議会に改組したことを契機に，これまで会計基準の設定をリードしていたアメリカFASB時代は終焉を告げた。

同年11月に中国がWTOに加盟したことは，その後の中国があらゆる国際機構におけるルール作りに参加し，発言権及び決定権を主張できるようになったことを意味している。とりわけ，会計基準と監査基準のコンバージェンスの領域でも中国は関連国際機構に加盟して，国際的な一員としての承認を求めつつ，同時に独自の戦略，国策，方針を打ち出し，ルール作りの発言権と決定権を求めることにもなった。

(2) EUにおける会計・監査基準コンバージェンスの動向

① EUによる国際コンバージェンス主導権の舵取り

汪等[2012]の研究によると，1990年，欧州連合は各国の異なる会計基準を協調するため，会計諮問フォーラム(Accounting Advising Forum, AAF)を設置した。AAFの目的は各国財務諸表の比較可能性，技術性，制度制における全部の障害を明らかにし，その上で会計協調を強化することである。AAFは，1995年に環境問題に関する財務報告，リース契約会計，政府補助金，為替取引などの会計問題，1997年にキャッシュフロー計算書問題を検討し，大量の会議記録とワーキング報告書が残されたが，とりわけ会計問題において統一した会計処理方法の面で，意見

が一致したことはなかった。かつ，これらの会議記録と報告書は何らの法的な拘束力はない。それゆえに，EUは新たな戦略を取ることになる。すなわちIASCと協力して地域的な会計協調方針を国際財務報告準則のコンバージェンス方針に切り替えたのである(汪[2012]41)。

　欧州連盟（EU）は1999年1月からの統一通貨ユーロの導入などを経て，世界最大の単一市場を形成することになったが，異なる会計基準に基づく財務数値の調整表を作成することなどが障害となった。その障害を取り除くため，2002年6月，欧州議会と欧州連盟委員会では「EU法令1606/2002―国際会計基準の適応について」が承認され，欧州上場会社の連結財務諸表は2005年1月1日から全面国際会計基準を採用すること（各国の状況により延期することができるが，遅れても2007年1月1日までに採用しなければならない）を義務付け，同時に欧州会計監督委員会を設置する令を下し，この委員会は欧州加盟国のメンバーと欧州連盟委員会主席から組織され，国際会計基準の批准と採用の責任を負うこととなった(汪[2012]42)。

　また，エンロン事件発生後，2002年に欧州委員会は「EUのエンロン事件に関連する政策課題に対する最初の応答（A First EU Response to Enron Related Policy Issues)」という報告を公表した。同年4月，スペインのオビエドにおける欧州連盟の財務大臣会議でこの報告が承認され，それをもとに2003年，欧州連盟が「欧州連盟の法定監査の強化（Reinforcing the Statutory Audit in the European Union)」という報告を公表し，欧州連盟各国が2005年から国際監査基準を採用すること，及びアメリカのサーベインズ＝オクスリー法案に関する相互承認問題を提起した。

　つづいて，2005年9月28日に欧州連盟議会（European Parliament）は監査業務に関する第8号指令（2006/43/EC）を改正し，欧州が国際監査基準を採用して監査を行うこととなった。同時に欧州連盟会計監視委員会（ARC）に類似する監査監視委員会を設立し，監査関連法規の改訂や，ISAの施行するための必要な措置を整備する役割を果たすこととなった。具体的な内容としては，次のようなことが挙げられる。①監査業界に対する公共監視監督並びに加盟国の間の協力システムを構築する。②監査人または会計士が同一会社に対する継続監査期間は，7年間ごとにローテーションしなければならない。③加盟国の監視監督者の間における有効的な協力基盤を提供し，並びにアメリカ公開会社会計監視委員会（PCAOB）を含むその他の国の監視機構との相互協力を図る。④上場会社に対して責務が明確な監査委員会または類似機構の設置を要請し，会計士の独立性を高める(汪等[2012]46-48)。

② EU による同等性評価

このように，EU はヨーロッパを統合するために，会計基準と監査基準の国際的統合が望まれており，いち早くコンバージェンスを推進する立場である。したがって何よりもコンバージェンス主導権の舵取りをし，より多くの国を EU の味方にすることが望まれている。汪等 [2012] によると，**図表 2-1** で示すように，2008 年 8 月に EU 第 1569/2007 号条例により，会計基準の同等性評価に関する認定手続の実施フレームワークが提出された。このフレームワークは申請と批准の 2 ステップを示した。第 1 段階は国家会計基準制定機関 (National Standard Setter, NSS)，すなわち第 3 国基準制定機構が EC に申請すること，第 2 段階は EC が次の 4 つの手続きを行うことである (汪等 [2012]138-139)。

a. EC は欧州連盟証券監視委員会 (CESR) による第 3 国の GAAP に対する同等性評価意見を受ける
b. CESR はリサーチをして意見書を提出する
c. EC は CESR の意見書と提案により同等性評価の決議をする
d. EP と欧州連盟理事会は修正後の「専門委員会コミトロジー手続 (Revised Comitology Procedure)」に基づいて最終指令を公表する

新興国の中国にとって，この同等性評価は国際会計基準作りの場における中国の地位の承認を意味しており，まさしく EU の戦略的なパートナーになりうるものといえる。そこで，EU，欧州証券規制当局委員会が行った，IFRS 以外の会計基準が IFRS と同等の内容のものかどうかを評価することである。つまり，EU の基

図表 2-1　欧州連盟会計基準同等性評価認定プログラム

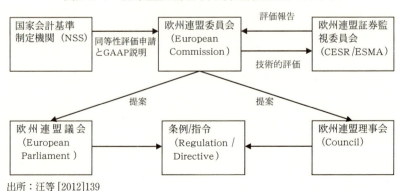

出所：汪等 [2012]139

準はIFRSの基準と同等であり，他国または地域の会計基準・監査基準などがEU域内の会計基準・監査基準とほぼ「同等」であることを同等性評価という。EUが打ち出した同等性評価は国際会計基準，監査基準作りの舵取りとなったと考えられる。なぜならば，第3国の会計基準に対してEUによる同等性評価というのは国際制度認定の面において主導権を握ったことになるからである。これは，ルール作りの主導権を取ったことを意味する。

(3) 日中韓会計基準設定機構会議

このような，世界的会計基準コンバージェンスの潮流のなかで，2002年10月14日から16日まで，中国財政部は北京において「中日韓会計基準設定機構会議」及び「会計基準国際フォーラム」を開催した。中国，日本，韓国の会計基準設定委員会の代表はもちろん，当時の国際会計基準審議会議長ディビット・トウィーデ(David Tweedie)，副会長トム・ジョーンス(Tom Jones)，委員山田辰己(Tatsumi Yamada)を招聘した。この会議は2002年2月，東京における初回会議から日中韓の3カ国は会計分野で毎年定期会談を行い，会計基準設定の動向について情報を交換し，かつ会計基準国際的なコンバージェンスの過程においての課題を検討することを目的としている(財政部会計司[2003]まえがき)。

フォーラムではディビット・トウィーデ(David Tweedie)が「会計基準のグローバル化—国際会計基準審議会の任務(Global Accounting Standards: the Role of the IASB)」というタイトルで講演した。その主な内容としては，我々は全く異なる文化と法律制度に対して如何に統一された国際会計基準を制定するかという課題を抱えて，過去15年間を費やし出てきた答えは全世界が認められる会計計算の根本的な基礎である概念フレームワークが形成されたということであった。1990年代，特定の取引に対して3，4種類の会計基準が適用され，3，4種類の会計処理方法があり，作成された財務諸表は不明瞭であり，利害関係者にとって何の参考にもならない。その当時，国際会計基準委員会は毎年3回の会議を行い，16の代表国家が参加したが，その委員会の役割はほぼイギリス，アメリカ，カナダ等の国の基準設定機関が，設定された基準をそのまま鵜呑みにする傾向にあった。それと同時にG4＋1グループが成長し，国際会計基準に多大な影響を与えていた。周知のようにG4＋1はイギリス，アメリカ，オーストラリアとカナダ，ニュージーランドなどの主要な基準設定機構から組織され3，4カ月ごとに会議が開催され共通の会計

問題に対して基準を見直して，この意味でG4＋1グループが実際に国際会計基準の設定委員会の役割を果たしていると思われがちである。この現状を変えるために，おおよそ10年前から国際会計基準委員会は改革を行わざるを得なかった。

1つの改革は，会計処理方法を研究し，複数の会計処理の中から最適な方法を選び出してその他の方法を淘汰することである。もう1つは，1995年に，国際会計基準委員会は証券監督者国際機構（International Organization of Securities Commissions，以下IOSCOと略称）との間で，1つの合意がなされたことである。それは，もし国際会計基準委員会が30の核心的基準（コア・スタンダード）を含む会計基準を設定し，かつ認められれば，これらの会計基準に基づいて作成された財務諸表は世界の全ての証券取引所でそのまま通用するという内容である。しかしながら，この2つの改革だけでは不十分であり，さらに国際会計基準委員会は組織的に改組し，19名の理事（北米6名，欧州6名，その他の国7名）を任命し，その理事会で14名の委員を任命して国際会計基準委員会（IASB）を組織したということであった（財政部会計司[2003]65-78，163-177）。つまり，ディビット・トウィーデは国際会計基準コンバージェンスの必要性及びその基準を作る国際機構の改革の必要性を再び強調した。

加えて，20世紀の後半，経済のグローバル化，国際投資，企業の国際的な合併，とりわけ大企業の資金調達など，各国の会計基準と監査基準が異なるため，国際経済の成長に対して大きな影響を与えた。典型的な例として，80年代ドイツのメルセデス・ベンツ社がアメリカの証券市場に上場をこころみた際に，当該会社の財務諸表をドイツ会計基準に基づいて作成したところ，1.68億ドルの営利であったのに，アメリカの会計基準に基づいて作成すると，10億ドルの損失となったため，ベンツはアメリカの上場を断念したことがあった。また，1997年，東南アジア金融危機後，各国で会計情報の不透明が危機をもたらす重要な原因の1つであり，会計・監査基準のコンバージェンスを推進するのは，経済と政治の課題であると認識された。さらに，エンロン事件後，2002年国際会計基準理事会（IASB）が証人となってアメリカの国会で「エンロンの教訓の1つとして，アメリカの会計基準は国際会計基準と異なるところは，アメリカが細則主義であるのに対して，国際会計基準が原則主義であり，会計情報の真実性と公正性の面において細則主義より原則主義のほうが良い」と示唆された（CICPA[2005]9号48-50）。

このように，東アジア地域でも先進国の日本と新興国の中国及び韓国の会計基準

設定機構は，会計基準のコンバージェンスの必要性及びそれを行う際，3カ国の協調が必要であるとの共通認識があった。

(4) IFACの研究報告及び中国の動向

2004年9月に，国際会計士連盟(IFAC)が国際財務報告準則と国際監査基準のコンバージェンスの過程のなかで「国際基準の執行にあたってもたらした挑戦及び取得した成果」という研究報告を公表し，高品質の国際会計基準と監査基準の必要性と重要性を明らかにした(CICPA[2005]9号52-57)。

それは「全世界では統一された財務システムを採用することは，コストの削減，効率が高まるだけではなく，公衆(利害関係者)に更なる保障を提供することができるが，世界各地の経済活動が統一，高品質の基準に拘束されることを公衆に信用させることができるからである。統一された会計，監査基準は投資者が財務情報に対する信用を強化することによって投資者の海外投資が促進される。それゆえに，国際会計基準審議会(IASB)と国際監査・保証基準審議会(IAASB)が公表された統一的な国際基準は最終的に全世界の経済発展を推進することができる」[1]というものであった。

また，証券監督者国際機構 (IOSCO)，WTO，G7などの，権威のある国際組織と指導者達の支持が会計・監査基準のコンバージェンスを推進する契機となったといわれている(CICPA[2005]9号50)。

以上のことを背景に，中国では，これまで国際基準，慣例に対して「接軌(transformation)」，「協調(harmonization)」などの言葉をもちいたが，はじめて会計と監査基準に対してコンバージェンス(趨同，convergence)というキーワードを提起したのは2003年10月，財政部長補佐の馮淑萍氏が上海国家会計学院第5回経済フォーラムにおける講演であった。その後，王軍が財政部長補佐を就任し，頻繁に会計基準・監査基準の「国際趨同(国際コンバージェンス)」をもちいて講演していた(汪[2006]121-122)。

2005年6月28日に，王軍がイングランド及びウェールズ特許会計士協会の年次大会で講演し，中国の会計監査基準の国際的コンバージェンス4原則を発表した(CICPA[2005]7号4-6)。

また，同年11月8日に中国財政部副部長，中国会計準則委員会秘書長王軍が国際会計基準審議会のDavid Tweedieと共同声明を発表し，中国会計基準と国際会

計基準へのコンバージェンスが実現したことを確認した。

　2005年11月に中国とEUは，会計基準の国際的なコンバージェンス及び双方協力の合同声明を発表した。

　2006年2月15日に中国財政部，中国公認会計士協会，会計検査院，証券取引管理委員会および国務院関係官庁の大臣などより「中国会計監査基準体系発表」という記者会見を行い，中国会計基準と監査基準のコンバージェンスが完了したことを世界に向けて宣言した[2]。

　同年10月24日，中国会計基準委員会とEU代表は双方の会計協力体制，EUが中国会計基準に対して第3国同等性（中国では「等効」という）の承認について検討した。会議では中国会計基準コンバージェンスの成果を鑑み，2009年までにEUが中国会計基準の同等性評価を承認すると検討したが，実績の検証ができないことを理由として承認を見送った。

　2007年12月6日，中国国内では香港特別区と会計・監査基準の同等性が相互承認された。2008年初め，中国財政部が新基準の実施された後，それを実績として同等性を立証した（新会計基準に基づいて作成された上場企業財務諸表の分析報告書）。

　これに対して，中国当局は1,570の上場会社に対する分析報告をまとめた。その報告を受けて，2008年4月22日に欧州委員会が2011年末まで中国会計基準の同等性を評価する正式報告を公表した（財政部会計準則委員会編[2008]134-138）。

　その他に，中国はアメリカ，オーストラリアとの会計基準コンバージェンスに関する同等性の承認について交渉している。2005年，財政部の代表団はロシア財政部と会計基準委員会を訪問し，双方の協力体制について検討した。

　会計基準及び監査基準のコンバージェンスの動きは一層加速し，各国は会計基準・監査基準の相互承認を目指している。さらに，内部統制システムの重要性がアメリカ社会に再認識され，その後制定された米国企業改革法は内部統制報告書を義務づけるとともに，公認会計士による内部統制監査も要求している。

　中国会計基準は2007年1月1日に施行された後，その実績検証として2008年1月に，中国会計基準委員会はIASBと「中国会計基準委員会—国際会計基準審議会継続的コンバージェンスの作業システムに関する備忘録」に署名した（財政部会計準則委員会編[2008]134）。

(5) 日本の動向及び監査基準のコンバージェンス（2001年～2008年）

　日本では，西武鉄道やカネボウなどの不祥事が相次ぎ，経営者及び監査法人の社会的責任が問われている。また，会計基準の国際的な調和を図るため，企業会計基準委員会（ASBJ）は，2001年設立以来，国内諸制度への対応と国際的なコンバージェンスに向けた対応を両輪として，国際会計基準審議会（IASB）と共同プロジェクトで国内会計基準の開発を行ってきた（西村［2007］）。このようなことを背景に監査基準が改訂され，新たに監査の品質管理基準も設定された。さらに当初，日本版SOX法も2008年度から実施されることをめどに，同時に内部統制監査制度の実行をめぐって企業と監査法人などにとって喫緊の課題となっていた。

① 日本におけるコンバージェンスの理念と原則

　日本におけるコンバージェンスの動向は，『企業会計』の特集「会計基準国際化と日本の対応」で詳しく述べられている。特に平松一夫が「会計基準国際化の歴史的経緯と今後の課題」という論文（平松［2008］18-24）でその歴史的経緯について，IASC／IASB，米国，EU，日本の活動を中心に述べている。それをまとめると次のようになる。

　　2001年4月，IASCが国際会計基準審議会（IASB）という新組織に生まれ変わった。

　　2001年7月，従来大蔵省（金融庁）の企業会計審議会が会計基準設定の役割を担ったが，民間財団法人財務会計基準機構が設置され，会計基準設定の役割が「企業会計基準委員会（ASBJ）」に委ねられた。

　　2002年9月にFASBとIASBが米国のノーウォークで米国会計基準と国際会計基準（IFRS）の統合を図る，いわゆる「ノーウォーク合意」を締結した。

　　2004年4月に日本経済団体連合会と欧州産業連盟が共同で「国際会計基準に関する共同声明」を発表した。

　　2004年6月に経済産業省は「企業会計の国際対応に関する研究会中間報告」を取りまとめた。その中で，当面の重要な目標としてEUとの相互承認が提案された。

　　2004年10月にASBJはIASBとの間で，コンバージェンスを最終目標とする現行基準の差異を可能な限り縮小する共同プロジェクトの立ち上げに向けた協議を開始した。

2006年7月31日には金融庁・企業会計審議会の企画調整部会が「会計基準のコンバージェンスに向けて（意見書）」を取りまとめた。
　2007年8月8日にASBJとIASBは「会計基準のコンバージェンスの加速化に向けた取り組みへの合意」（東京合意）を公表した。すなわち2005年7月に欧州証券規制当局委員会（CESR）から指摘された補正措置26項目についての差異を解消させることが合意された。

② **監査基準のコンバージェンス**
　日本の監査基準が設定されたのは，中国より遙かに早く，1950年7月14日であった。その後数年に1回部分改訂され，2002年全面改訂された。これまでの監査基準の構成は，「監査基準」，「監査実施準則」，「監査報告準則」であったが，2002年の改訂では，「諸外国のように各項目に個々の基準を設けるという形は採らず，一つの基準とする形式は維持することとしたが，『監査実施準則』及び『監査報告準則』を廃止し，監査基準という一つの枠組みの中で，一般基準，実施準則及び報告準則の区分とした。その上で，実施基準及び報告基準について基本原則を置くとともに，項目を区分して基準化する方法を採った」（企業会計審議会［2002］）。また，「監査実務の国際的な調和を図る」という文言を盛り込み，個々の項目をもって国際監査基準と個々の対応は日本公認会計士協会の実務指針に委ねている。したがって，外国から日本の監査基準のコンバージェンスの動向を見るとき，監査基準はもとより実務指針などを見ないとその体系がわからないのである。
　2005年，日本公認会計士協会は，国際監査基準の改訂スケジュールを見ながら，「監査基準委員会報告書の改正スケジュール（平成17年5月版）」は3段階に分けて示されている（加藤［2005］77-79）。なお，第1，2段階の改正スケジュールはほぼ完成された。第3段階（平成20年4月1以後開始事業年度から適用）の改正スケジュールはまだ完成されていない（平成19年10月時点）。
　本章で検討する監査基準は2005年10月に改訂されたものである。その改訂の経緯として不祥事の多発，リスク・アプローチ監査の改善が求められたからであり，そのため「中間監査基準」の改訂や，「監査に関する品質管理基準」の新設などに至った。今後も国際的な調和を図るため，継続的な監査基準の改訂を進めると思われる。

③ 監査基準・保証基準の体系

図表 2-2 は日本の監査基準と国際監査基準の比較表である。その表の左側は，日本の監査基準・保証基準の体系である。それは監査基準，中間監査基準，監査に関する品質管理基準など，及び日本公認会計士協会の実務指針などで構成される。そして，それらは右側の国際監査基準の個々の項目に対応する。

監査基準の性格は1950年に設定してから変化したことはない。すなわち「監査基準は，監査実務の中に慣習として発達したもののなかから，一般に妥当と認められたところを帰納予約した原則であって，職業的監査人は財務諸表の監査を行うに当たり，法令によって強制されなくとも，常にこれを遵守しなければならない」(企業会計審議会[2002])ということである。

④ 日本の監査基準・保守基準と国際監査基準・保証基準との異同

日本の監査基準・保守基準と国際監査基準・保証基準とは次のような異同がある。

a. 日本の監査基準（中間監査基準と監査に関する品質管理基準等を含む）は，個々の項目の主旨だけを基準に明記する。日本公認会計士協会がその項目に対応する実務指針等を作成し，監査基準と実務指針などが一体となって監査基準を構成している。メリットとして国際監査基準の改訂があった場合，監査基準を改訂せず，実務方針だけを改訂すれば済むことも可能である。デメリットとして諸外国と個々の項目の対応を比較する際，説明し難い。すなわち実務指針などを見ないと，国際監査基準との個々の対応が分からない。

b. 実務指針の体系は「監査実務指針の体系（監査基準委員会報告書第26号）(最終改訂2004年)」に示されているが，これからは国際的コンバージェンスのため，頻繁な改訂が予測される。整理番号は固定されたものの，委員会ごとの番号は固定せず，新旧番号が紛らわしい欠点がある。外国に対して説明しにくい。番号が固定し整理されるのが望ましい。

c. 日本は，アメリカと同様に基準作りの先進国である。たとえば，中間監査基準は，昭和52年(1977年)に設定された「中間財務諸表監査基準」が実施された後，20年を経て，平成10年(1998年)にさらに中間連結財務諸表監査を加えて「中間監査基準」に改正したものである。その後，平成14年度，平成17年度に監査基準改訂と監査品質管理基準等の新設などに合わせて改訂された。主に監査基準の作りの先進国アメリカの監査基準（SAS）の影響が大

図表 2-2　日本の監査基準と国際監査基準の比較表

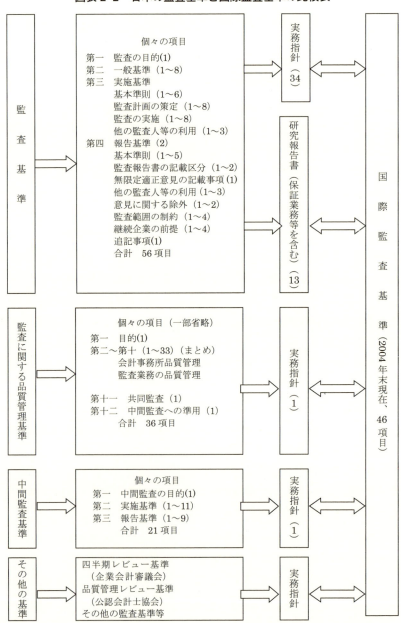

出所：日本公認会計士協会編 2008 年『監査小六法（平成 20 年度）』中央経済社，『監査実務指針ハンドブック（平成 20 年度）』中央経済社，2008 年等により筆者が作成。

きいと思われる。中間監査基準は2004年の国際監査基準に明記されていない項目である。
d. 国際監査基準と完全一致ではなく大同小異な部分もある。たとえば共同監査については日本の独自のものである。
e. 基準の改訂は途上国のように一斉に行うのではなく、1つ1つの項目に時間をかけて議論を重ねて行う特徴がある。たとえば、スケジュールによって「ISA 260 統治責任者とのコミュニケーション」、「ISA 800 特殊目的の監査契約の監査人の報告書」、「ISA 600 他の監査人の監査の利用」など約9項目のコンバージェンスが進行中である。

第2節 コンバージェンスの理念と原則

　会計基準・監査基準のコンバージェンスの発端は、2001年4月、国際会計基準委員会(IASC)が国際会計基準理事会(IASB)に改組した後、IASBがコンバージェンスのプロジェクトを推進したことである。日本で本格的に始動したのは、2002年10月にIASBはアメリカ財務会計基準審議会(FASB)が相互に会計基準のコンバージェンスを目指す「ノーウォーク合意」を公表した時である。その約2年後の2005年1月に、欧州連合(EU)の地域内において上場企業に国際基準の強制適用、及び資金調達の企業に対して2009年から国際基準またはこれと同等の会計基準の適用を義務づけ、同等か否かは欧州側が評価する方針を打ち出した[3]。それに対して中国も同様の影響を受けて、2005年に本格的に取り組み、2006年2月15日に中国財政部は、これまでの会計基準と監査基準を改訂し、38の会計基準と48の監査基準を一斉に公表した。そこで中国政府がIASBとIAASBの協力を受けて、会計基準と監査基準の国際的なコンバージェンスを完成したと世界に向けて宣言した。

(1) コンバージェンスの意味

　Convergence（コンバージェンス）の意味についてここで改めて確認しておくと、英語の原意は「一点に集中すること、集中性、集合点、収束、収斂、相近」[4]。すなわち、一点に集中して収斂していくという意味合いが強い。ある種の準拠基準（一点）があって、その他の基準はその一点に収斂していくということである。
　日本語では、「コンバージェンス」というキーワードを「日経テレコン21」で検

索すると，2002年度に「コンバージェンス」に関する報道は0件である。2003年度，日経4紙でいち早く取り上げたのが，2003年4月2日の「日経金融新聞」による「基準統合，日本は孤立」という報道である。コンバージェンスは「収れん」という意味で解釈している。その後，「国際基準への調和（コンバージェンス）」，「コンバージェンス（会計共通化）」，「コンバージェンス（共通化）」などの意味がある。日本語の「収斂」とは，広辞苑によれば「①収縮すること。⑤（convergence）生物進化の過程で，系統の異なる生物が，次第に形質が似てくること」[5]とある。したがって，日本では会計基準・監査基準の進化の過程によって国際会計基準と監査基準に形式と内容が近づいていくことであるといえるが，一方的ではなく，双方が相互に近づいてくることであるという解釈ができる。

中国では，"Convergence"を「趨同（qutong）」と訳した。「趨同」とは「物事はある方向へ発展していく。または物事の発展傾向を指す」[6]。収斂という言葉は中国にもある。中国語における「收斂」の意味は，「①収集，②外部の圧力により言行を慎む，③有機組織の収縮」[7]。しかしながら，中国では"Convergence"を「收斂」とは訳さなかった。中国で，コンバージェンスを「趨同」と訳したのは，物事の発展傾向を強調し，ある種の必然的な発展過程によって同一になるであろうという意味が含まれており，必ずしも同一とはならないのが前提となっているからである。すなわち，大筋は同じであるが，その国の政治，文化，社会，慣習などによって異なるところもあろうという大同小異の意味を「趨同」という言葉は含んでいるのである。

これまで中国では，国際会計基準・監査基準の制定にあたってよく"transformation"を使っていた。中国語で「接軌」，すなわち国際会計基準・監査基準が電車のレールと例えるならば，自国のレールの幅，規格なども国際的に合わせるという意味で主観的，積極的な行動である。"transformation"は日本語の意味は，「変化」，ないし「変換」である。その次に"adoption"という英語もよく使われている。"adoption"は「採用」という意味で主観的，積極的な行動であり，中国語と日本語との意味に大きな違いはないと思われる。さらによくつかわれる言葉は，"harmonization"である。日本語では「調和」ないし「協調」を意味するのに対して，中国語も「協調」（主観と客観の双方が積極的な姿勢）という意味合いが強い。

その他に，コンバージェンスの潮流のなかでよく使われる言葉は"equivalences"（同等物）と"incorporation"（混同，抱合，結合）などがある。

いずれにしても，やはりコンバージェンスという言葉の意味は，各国の独自の会

計制度と監査制度がその国の歴史，文化，政治などの社会的要因に依存して，社会的依存性（李，序2，336）によって発展してきたというものであるが故に異なるのは当然のことで，共通するのは，できれば相互に合わせようという意味である。しかし，市場経済のグローバル化によって，国際的に統一された会計基準と監査基準が求められている。そこで，各国の会計基準と監査基準は国際的なコンバージェンスの必要性が出てきたのである。また，コンバージェンスはある種の「過程」でもあり，その過程のなかで，国家間，国と地域の間，国とその他の非政府組織の間，等々，すべて協調的な姿勢がなければ，そして，他国の合理的と思われる基準を全部採用するか，ないし一部採用し自国の基準とのコンバージェンスによって結合した基準を制定する理念と原則が必要である。

(2) 国際的コンバージェンスのあるべき共通理念 ── 「求同存異」

「求同存異（小異を残し大同につく）」という言葉は，中国の故周恩来元総理が作りあげた言葉である。長い間，中国の外交政策の一つにもなっている。この外交政策の出発点は，1955年4月にインドネシアのバンドンで開催された第1回アジア・アフリカ会議（Asian-African Conference，バンドン会議もいう）において，はじめて提唱した外交政策である。その後，1965年3月23日の人民日報は「共同点是基本的，分岐是局部的，可以求同存异（共通点を基盤として，差異を部分的なものとして，求同存異を求めることはできる）」という記事を発表したことによって，「求同存異」という精神は中国全土に知られていた。

周恩来総理が提唱した「求同存異」思想のもとは，「和合（ワゴウ）思想」または「和合文化」から継承されてきたと思われる。「和合思想」は中国先秦時期の歴史書『国語・鄭語』に言及された。その後『論語・子路』では「君子和而不同，小人同而不和（君子は和して同ぜず，小人は同じて和せず）」という「和而不同」の思想が生まれた。「和而不同」の思想は相違点を認めながら，共通点を求める共存共生の世界を一緒に求めようという思想である。さらに「求同存異」の思想を展開すると，次の4つのポイントがあげられる。①「異中而求同（異の中から同を求める）」②「求同不求異（同を求めるが異を求めない）」③「求同又存異（同も求めるが異も残す）」④「存異以待同（異を残すが同への転換を待つ）ということである。

日本で「求同存異」という言葉がもっとも知られたのは，1972年の日中国交正常化の時であった。周恩来総理は日中両国における様々な異同について田中角栄総

理に提唱した思想である。最近には，2002年9月29日朝日新聞朝刊の社説「いま，再び求同存異を日中国交正常化30年」で再び言及された[8]。

今日，会計基準・監査基準の国際的コンバージェンスはこの「求同存異」思想を共通理念とすべきであると考えられる。世界の国々では歴史，政治，経済，文化など，それぞれ異なり，経済発展の段階も異なるため，完全統一された会計基準・監査基準はすべての国々の社会環境現実と適合していると思えない。会計基準・監査基準の共通理念は各国の「一時的」な相違点を認めながら，多くの共通点を求めることである。つまり，異同が常に存在することを認めることである。中国政府が示したコンバージェンス四原則の理念の根源はこの「求同存異」の思想であると考えられる。

(3) 中国におけるコンバージェンスの理念と原則

①中国におけるコンバージェンスの「四原則と三指導方針」

2005年初め，財政部長補佐の王軍（当時，財政部副部長，副大臣に相当）が初めて中国コンバージェンス四原則と三指導方針を提唱した（孫［2005］）。ここでは，2005年6月28日，同王軍財政部長補佐がロンドンにおいてイングランド＆ヴィルス特許会計士協会（ICAEW）が開いた研究会の講演で述べた概要を以下に示す（CICPA［2005］7号 4-6）。

　a. 中国のコンバージェンス四原則

　　a) コンバージェンスは進化であり，方向である。

　　　コンバージェンスは相互協調の強化であり，国際経済一体化への進化過程におけるニーズの表れである。いかなる組織でも国際市場から離脱したくなければ，基準の国際的コンバージェンスの発展傾向を無視することができない。これは共通の努力が必要で，できる限りの一致が求められる。

　　b) コンバージェンスは完全同一ではない。

　　　各国の経済環境，法律制度，文化理念及び管理水準，会計情報の利用者と会計人員の素質などそれぞれ程度の相違が存在し，各国の事情と会計発展の状況と環境の特徴を無視して，コンバージェンスの実現は出来ないであろう。

　　c) コンバージェンスは一つの過程である。

　　　各国事情の相違によって協調の自由参加を決める。積極的かつ絶えず新たな状況を分析し，問題を解決する。そして新たなメカニズムを創設し，国際的な効率，公平，主権と全世界の多様な発展に適応した新メカニズムを

求めることを努力する。

　d) コンバージェンスは相互の協調である。

　　コンバージェンスは一方的な行動の意味ではない。それは世界におけるそれぞれの国の間，及び各国と国際基準委員会の間，国際基準委員会と地域会計組織の間，多方面的のコミュニケーションであり，相互承認である。世界の多様な特徴がある故に，相互の国際的コンバージェンスは客観的な法則であり，それに従えば，より良い進化ができる。さもなければ，その効率ないし効果が低下していくと思われる。

b. 中国のコンバージェンスの三指導方針

　a)「尽力趨同」─可能な限りにコンバージェンスを推進すること。

　b)「允許差異」─相互に差異を認めること。

　c)「積極創新」─積極的にイノベーションをすること。

c. 中国におけるコンバージェンス四原則と三指導方針の源

　先述したように「求同存異」という理念は，中国の会計基準・監査基準の国際的コンバージェンスの原点と思われる。各国の基準と国際基準との間，または複数の国と地域の間における基準の相互承認ゲーム（コンバージェンス）は，この「求同存異」の思想は源である。それに基づいて「四原則と三指導方針」が出されて，中国におけるコンバージェンスの官民一致の行動綱領になる。また，国際舞台における会計基準・監査基準のコンバージェンスは政治的なゲームでもあり，「求同存異」の共通理念は不可欠と考えられる。

第3節　中国における監査基準コンバージェンス

(1) 中国における監査基準コンバージェンスの構想

　1993年10月31日に，第8回全国人民代表大会常務委員会第4次会議において『注冊会計師法（公認会計士法），以下中国会計士法と称する』が承認された。中国会計士法第35条に「中国公認会計士協会が法律に基づいて公認会計士監査・保証業務基準，規則を制定し，国務院財政部に報告しかつ批准した後施行する」と定められた。それに基づいて中国公認会計士協会は，1994年5月から「独立監査基準」を制定しはじめ，1995年6月に公開草案を公表し，1995年12月に最初の監査基準が制定された。その後，2003年から6回にわたって「独立監査基準」の見直し，並

びに新たな基準を制定した。合わせて48の監査基準を制定したのである。

それをもとに，2005年10月20日に中国公認会計士協会は「監査基準コンバージェンスの構想」を公表した。それによると，主に次のように構想されていた。

国際的な会計基準のコンバージェンス潮流のなかで，中国の会計基準のコンバージェンスも加速し多大な成果を得た。アメリカはエンロン事件後の2002年，サーベス法案の制定などの動きもあった。世界の会計士団体の国際組織である国際会計士連盟（IFAC）は，2002年4月にはIFACの組織改革のなかで，国際監査・保証基準審議会（IAASB）として再編された。IAASBは企業経営環境の変化がもたらした巨大な監査リスクに対して2003年末，4つの監査リスク基準を改訂し公表した。

CICPAは，国際コンバージェンスの基本原則に基づいて監査基準のコンバージェンスを推進し，監査基準の実施準則体系を完備する。2003年までの「独立監査基準」によると，独立監査一般準則，独立監査実施準則及び独立監査報告準則，実務指針の3つの層で構成されている（李[2005]133-136）。2005年，国際監査基準コンバージェンスに対応して「中国公認会計士独立監査基準体系をあらため，中国公認会計士実務準則体系とし公認会計士業務の多元化のニーズに対応する。実務準則体系は，公認会計士のすべての業務領域を包含し，監査準則，レビュー準則とその他の保証業務準則，及び関連サービス準則，さらに各業務品質を保証する会計士事務所品質管理準則を含んでいる。その中の監査準則は実務準則体系の核心的な内容であり，我々が国際コンバージェンスを努力する重点の所在である。公衆の理解を得るために，対外宣伝の際に，時々実務準則を監査準則（基準）と略称する」とした。また，実務（実施）準則体系のフレームワーク，実務（実施）準則の名称，ナンバーリングなどもコンバージェンスを行う（CICPA[2005]6, 10, 41）。

監査準則制定の目標と項目は，**図表2-3**で示すように，9の監査準則を改訂し，13の監査準則を起草した。そのうち，2005年末までに17項目の監査準則を改訂し公表した。5項目の公開草案を完成させて，これまで公表した実行中の26項目の有効準則を加えて，国際監査基準の46項目と対応して，中国会計士監査準則体系を形成させる。

図表 2-3 中国公認会計士監査・保証基準のコンバージェンス計画

全部監査基準 (CASs)	国際対応 有無		有, 継続 有効	有, 要改訂 公表時期(年)			無, 要起草 公表時期(年)		
	有	無		2005	2006	2007	2005	2006	2007
一, 監査, レビュー, その他の保証業務基準									
(一)監査基準	√			√					
1. 一般原則及び責任									
第 X 号―財務諸表監査の目的及び一般原則	√			√					
第 X 号―監査業務の約定項目	√			√					
第 X 号―監査調書	√			√					
第 X 号―財務諸表における不正に関する監査人の責任				√					
第 X 号―財務諸表における法令及び規則の検討	√		√						
第 X 号―統治責任者とのコミュニケーション(予定は 2006 年, 実際は 2005 年正式公表)	√			√					
第 X 号―前後任会計士間のコミュニケーション		√	√						
2. リスク評価及び評価されたリスクへの対応									
第 X 号―財務諸表の監査計画	√			√					
第 X 号―事業体及びその環境の理解を通じた重要な虚偽表示のリスクの識別と評価	√						√		
第 X 号―監査の重要性	√		√						
第 X 号―評価されたリスクへの監査人の対応	√						√		
第 X 号―受託会社を利用する事業体に関する監査上の考慮事項(予定は 2007 年, 2006 年正式公表を修正)	√						√		
3. 監査証拠									
第 X 号―監査証拠	√			√					
第 X 号―棚卸資産	√		√						
第 X 号―外部確認	√		√						
第 X 号―分析的手続	√		√						
第 X 号―サンプリング	√		√						
第 X 号―会計上の見積りの監査	√		√						
第 X 号―公正価値の測定及び開示に関する監査(予定は 2006 年, 実際は 2005 年正式公表)	√							√	

項目	1	2	3	4	5	6	7	8	9	10
第X号—期首残高	√		√							
第X号—関連当事者	√		√							
第X号—後発事象	√		√							
第X号—継続企業	√		√							
第X号—経営者の陳述	√		√							
4. 他の者の作業の利用										
第X号—他の監査人の作業の利用	√		√							
第X号—内部監査業務の検討	√		√							
第X号—専門家の作業の利用	√		√							
5. 監査の結論及び報告										
第X号—財務諸表に対する意見形成と監査報告	√		√							
第X号—比較情報	√						√			
第X号—監査済財務諸表を含む書類におけるその他の情報	√		√							
6. 特殊領域										
第X号—特殊目的の監査契約の監査人の報告書	√		√							
第X号—資本金払込の監査（験資）		√	√							
第X号—銀行間確認手続	√		√							
第X号—銀行監督当局と外部監査人との関係（予定は2007年，実際は2006年公表予定）	√							√		
第X号—銀行財務諸表の監査	√		√							
第X号—小規模事業体の監査における特別考慮事項	√		√							
第X号—財務諸表監査における環境問題の考慮	√									
第X号—デリバティブ金融商品の監査	√									
第X号—電子商取引—財務諸表監査への影響（予定は2007年，実際は2006年公表予定）	√									
第X号—国際財務報告基準に準拠した監査人の報告（予定は2006年，実際は2005年公表予定）	√						√			
（二）監査レビュー業務基準										
第X号—財務諸表レビュー業務	√		√							
（三）その他の保証業務監査基準										
第X号—監査，レビュー以外のその他の関連サービス業務（予定は2006年，実際は2005年公表予定）	√						√			

第X号—営利予測監査									
二，関連サービス業務基準									
第X号—財務諸表の代理作成（予定は2006年，実際は2005年公表予定）	√						√		
第X号—財務情報に対する執行プログラムの協議			√		√				
三，会計事務所品質管理基準									
第X号—会計事務所業務品質管理	√						√		
第X号—財務諸表監査の品質管理	√		√						
全部分類項目合計	46	2	26	9	0	0	8	5	0
全部分類項目総計	48				48				

出所：CICPA[2005]11号，45

(2) 中国財政部・IAASBの共同宣言

　2001年以降，中国会計基準・監査基準のコンバージェンスにあたって，IASB理事長を始め，理事などの専門家は度々中国を訪れ，基準のコンバージェンスに向けて，力を尽くした。2005年12月8日，中国監査基準委員会会長王軍（財政部副部長）と国際監査基準審議会（IAASB）議長ジョン・ケレス（John Kellas）が共同声明を発表し，中国監査基準の国際的コンバージェンスの必要性への認識で一致した（CICPA [2005] 12号 3）。その後2006年2月15日に中国財政部は，これまでの会計基準と監査基準を改訂し，38の会計基準と48の監査基準（この基準は2007年1月1日実施したため，以下，2007年監査基準と称する）を一斉に公表した。IASBとIAASBの協力で，政府主導によるコンバージェンスは非常に速い速度で進んだ。

　それにともなって，中国公認会計士協会は，監査基準コンバージェンスの計画を策定した。すなわち9項目を改訂し，13項目の公開草案を公表した。2005年までにその22項目のなかで，17項目を改訂または新たに制定し，5項目公開草案の意見聴取を完了した。2006年年始，「中国公認会計士独立監査基準」を「中国公認会計士監査・保証基準」にあらためて，公認会計士のすべての職域（保証業務）を包括した基準を制定した。その中には監査基準，監査レビュー業務基準，保証業務及び関連サービス基準などが含まれた。

　2006年2月15日に中国財政部，中国公認会計士協会，会計検査院，証券取引管

理委員会及び国務院関係官庁の大臣などが「中国会計監査基準体系発表」の記者会見を行い，中国会計基準と監査基準のコンバージェンスが完了したことを世界に向けて宣言した。このように，中国政府が中国の監査基準はほとんど国際監査基準と一致したと宣言し，中国監査・保証業務基準は制度の整備上，すなわち「一時的」に完全にコンバージェンスができたといえる。基準公表の記者会見において国際会計士連盟の主席ガレルム・オダも同席し，監査基準の国際的コンバージェンスに対する多大な貢献を高く評価し，第十六回世界会計士大会に主賓として出席した中国の朱鎔基首相（当時）が講演で提唱した公認会計士三大価値観「誠信」，「透明」，「プロ (Professional)」は，国際会計士連盟の三大価値観でもあると発言した[9]。

中国監査基準委員会主席と国際監査・保証基準審議会議長の共同声明

中国監査基準委員会と国際監査・保証基準理事会は，最近，中国監査基準の国際的コンバージェンスについて会談を行った。中華人民共和国財政部副部長，中国監査基準委員会主席の王軍先生が会議の発起人であり，国際会計士連盟の総裁 Ian Ball 先生と中国公認会計士協会の事務総長の陳毓圭先生は会談を積極的に促した。国際監査基準・保証基準審議会議長 John Kellas 先生，副議長 Denise Esdon 女史，技術総監督 James Sylph 先生，及び中国公認会計士協会の副事務総長楊志国先生らが会議に参加した。

双方は，全世界で公認される高品質を有する監査基準を作り上げるのは，経済グローバル化の発展に伴い必然的な要求である。全世界の範囲内にいて投資家の意思決定リスクを下げるため，更に効率的な資源配分を実現するため，経済発展と金融安定を維持することに対して重要な役割を発揮することができる認識が一致した。国際的コンバージェンスは，これからの方向であり，監査基準の国際的コンバージェンスを実現するのが国際監査基準・保証基準審議会と各国基準制定機関の重要な戦略目標である。同時に，国際的コンバージェンスは実現するプロセスが必要であり，国際監査基準・保証基準審議会と各国監査基準の制定機構との間，持続的な努力によって協力と相互的な行動を強化する必要がある。

中国監査基準委員会は，中国市場の経済発展の過程によって，経済のグローバル化と監査基準の国際的コンバージェンスの潮流に応じ，中国監査基準体系を見直して整え，国際監査基準とのコンバージェンスをいち早く実現することが中国の監査基準を制定する基本原則であると示唆する。

国際監査・保証基準審議会は，各国の基準設定機関が正式に国際的コンバージェンス政策を確立したことは監査基準の国際的コンバージェンス進展への支持であり，各国が合理的な期限内で自国基準と国際基準の相違を解消することに役立つと考える。

　過去の1年，中国は監査基準の国際的コンバージェンス政策を確定し，自国の監査基準体系を見直した。並びに国際的コンバージェンスの計画を策定した。現在，中国はすでに17の監査基準草案を公表し，近頃さらに5つの監査基準草案を発表する予定である。財政部と中国監査基準委員会は，これらの基準の公表及び引き続き有効とする26の基準は，中国経済体制の発展に適応し，国際的コンバージェンスの要求も認められる中国監査基準体系を構成している。国際監査基準・保証基準審議会は中国の国際的コンバージェンスにおける多大な努力及び取得した重大な成果を高く評価している。これらの努力と進化は発展途上国と経済改革を行う国のために手本を示した。

　国際コンバージェンスの過程のなかで，中国監査基準委員会は，国際監査基準をもとに必要と思われる補充をし，並びに若干国際監査基準が網羅していない基準を保留し，中国の独自の経済環境と監査業務のニーズに適応するためである。例えば，資本金払込監査基準，前後任会計士間のコミュニケーションに関する基準はそれに該当する。国際監査基準・保証基準審議会は，これらの補充に関する要求は必要かもしれない，かつそれらの存在は国際監査基準との抵触が発生したといえず，受け入れることができると認識している。現段階において中国監査基準と国際監査基準と存在している相違について，環境の変化につれて，財政部と中国監査基準委員会は努力して解消しようとする。その中，説明内容（解釈指針）に関する取扱について，国際監査基準はそれを不可欠な構成部分とする。但し，現在の中国法律フレームワークにおいて，これらの内容はすべて中国監査基準に盛り込むのが難しい。中国監査委員会は実務方針と解釈指針の形で国際監査基準の説明内容を示し，そして会員に周知し応用させて，それによって監査基準の整合性と実施効果を保障する。

　今回の会議は円満な成功を得た。中国監査基準委員会と国際監査基準・保証基準審議会は共同の認識に達して，今後双方は定期的に会談を継続的に行い，双方の交流と協力を強化する。

　　　王軍　　　　　　　　　　　　　　　　　　　　　　　　　John Kellas

出所：(CICPA[2005]12号，3)

(3) 中国監査基準・保証業務基準の体系

中国監査基準・保証基準体系は**図 2-4** で示すように「中国公認会計士保証業務基本准則（1 の基準）」を基本として，その下に監査基準（1101 号～ 1633 号 41 の基準），監査レビュー基準（2101 号 1 の基準），その他の保証業務基準（3101 号，31111 号 2 の基準），関連サービス保証基準（4101 号，4111 号 2 の基準），会計士事務所（監査法人）品質管理基準（5101 号 1 の基準）等，合わせて 48 の基準が含まれる。その他に「中国監査基準実務指南（指針）」約 100 万字がある。

図表 2-4　中国監査基準・保証基準体系

```
                中国公認会計士監査基準・保証基準体系
        ┌──────────────┬──────────────────────┬──────────────┐
   関連サービス保証基準    監査・レビュー及びその他の      監査法人品質管理准則(2)
        (2)              保証業務基準(44)
                              │
                      監査・保証業務基本准則(1)
                              │
                  ┌───────────┼───────────┐
              監査レビュー基準(1)  監査基準(40)  その他の保証基準(2)
                         ┌────┬────┬────┬────┬────┐
                        一般  リスク  監査  他の  監査  特殊
                        原則  評価と  証拠  監査法人 結論と 領域
                        と責任 リスク       の利用 報告
                              対応
                              │
                      実務指針（100 万字）
```

出所：馬・藩 [2008]2

(4) 中国監査基準の設定プロセス

　監査基準の設定法的プロセスについては、世界共通の手続の適正性として、いわゆるデュー・プロセス・オブ・ロー（due process of law）がよく言われている。デュー・プロセスがその略称であり、意味としては「法に基づく適正手続」のことである。

　中国の監査基準の法的位置づけについて、中国の「立法法」によると、中国の法律体系は4つのレベルに分けられる。すなわち①全国人民代表大会（衆議院に相当）が制定した法律、②国務院（総理府に相当）が公表した行政法規、③各部が制定し公表した部門法規（省令に相当）、④各主管部門が作成した規範文献（部門規則に相当）がある（王［2008］10）。したがって、中国の監査基準は公認会計士協会が設定し、財政部が承認した後、公表するものであるから、省令による部門法規となる。

　そのほかに、中国公認会計士協会が監査基準・保証基準に基づいて項目ごとに作成した監査基準実務指針（執務指南）は、会計士が監査基準を実務に適用するにあたって、項目ごとに詳細的に解釈し、その規範等を示したものである。

　CICPAでは公認会計士法35条に基づいて監査基準の制定が行われている。すなわち、基準の制定主体であるCICPAが監査基準委員会を招集し公開草案を策定し、続いて公開草案をCICPAホームページサイト、通達などのメディアを通して公開し、関連省庁、各地域公認会計士協会、証券会社、金融機関、研究機関、大学、会計事務所（監査法人）、会計実務家などから広く意見を徴収する。その後、監査基準委員会は、聴取した意見について議論し、必要に応じて数回の公開草案により制定プロセスを繰り返して、最終的に決定案を財政部に送付し財政部の審議により公表する（李［2005］148-151）。

　また、監査基準委員会規則によると、監査委員会委員は31名の委員により構成される。そのうち政府省庁関連は11名、会計士10名、CICPA事務局1名、証券業界1名、企業実務者1名、会計監査学者6名、法学専門家1名である。審議事項は委員定数の三分の二以上の委員が会議に出席し、半数以上の賛成を得て承認される（CICPA［2005］暫定規則）。この規則は2010年12月にCICPAの第5次大会において承認された（CICPA［2011］1号24-26）。

　以下**図表2-5**に、2009年2月27日に国際監査基準クラリティ・プロジェクト（明瞭性プロジェクト）が完了した後、中国公認会計士協会は継続的コンバージェン

図表 2-5　中国公認会計士協会監査基準の設定プロセス（2012年基準）

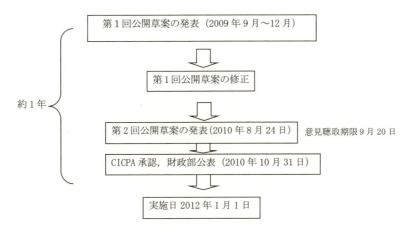

出所：会協[2010]58号，CICPA[2010]1号20-21，CICPA[2010]9号18-19より筆者作成

スを行った際のプロセスを示しておく。

　このプロセスについては，公開草案が中国公認会計士協会の正式通達（会協[2010]58号等をもって協会のホームページ，協会のジャーナル（CICPA[2010]1号20）によって公表され，また，通達では意見聴取用メールアドレス，通信住所，電話番号などが明記されている。そして，2回の修正，監査基準委員会で2回の審議，さらに公開諮問会，論証（討論）会を経て成案となった[10]。このように初期公開草案の発表から公表まで約1年間かかり，さらに実施日まで1年2カ月の猶予期間，すなわち実務指針の作成及び新基準の説明会，研修会などのための期間がある。したがって，この設定プロセルは制定システム，委員会組織，制定手続などの面において常に透明性及び民主的意思決定の理念を守りながら決められたデュー・プロセスであるといえる。

(5) 中国監査基準と国際監査基準・保証基準との異同

　図表 2-6 で示した中国監査基準（CASs）と国際監査基準・保証基準（ISAs）との対照表で，その異同を次のように分析した。

　① 規制の対象は共に会計事務所の品質管理と会計士監査業務と保証業務等である。しかし，IAASBが国際的な非政府組織（民間組織）で自主規制として

IASs を設定したのであり，CASs は中国政府が公表した法規である。そのため，両者の法的拘束力は異なる。

② CASs と ISAs は個々の項目ごとに対応している。CASs の 48 項目中，会計士業務に関連する 47 項目，1 項目は会計事務所の品質管理である。ISAs は 46 項目（2004 年末現在）中，会計士業務に関連する 45 項目，会計事務所の品質管理に関連する 1 項目である。CASs が ISAs より多い 2 項目は第 1152 号「資本金払込監査（験資）」と第 1602 号「前後任会計士間のコミュニケーション」である。

資本金払込に対する監査は中国における会社設立時の法定手続であり，発展途上国の市場経済初期段階において，人々の商行為における信用意識が低いために行われた，不可欠と思われる手続である。

前後任会計士間のコミュニケーションに関する項目は，中国において企業が監査法人を必要以上に変更する事象に対して規制する項目である。その背景は，監査法人がクライアントを獲得するために必要以上に競争を行い，他方，企業が良い監査意見を求めるため，頻繁に監査法人を変更する意図がもたらした結果である。

③ IASs 体系は CASs 体系と比較すると，形式的にほぼ同等であり完全同等ではない。例えば名称，内容などの差異がある。2005 年 10 月現在，2004 年末国際監査基準・保証基準審議会が公表した 46 項目の基準を中国監査基準と比較すると，24 項目（52.1％）は重大な差異はない。9 項目（19.6％）は重大な差異があり，13 項目（28.3％）は制定中である[11]。

④ 現状では，経済発展段階，社会，文化，慣習などが異なるため，いわゆる実質的な差異が最も大きい。例えば，いわゆる監査リスク・アプローチ監査の実施について，上場企業，国営企業，中小企業などに対して一律に同じ監査コストを投入するのは不可能である。なぜならば，監査報酬は限りがあって同じ監査手続を実施するのには限界もあると現場の会計士が指摘するからである。

⑤ また，先進国における経済発展段階の経済事象と新興国ないし発展途上国の経済発展段階の経済事象が異なるために，すべての国が同じ監査手続を実施するのには限界がある。中国では政府主導であるため，リーダシップがよく働いた結果，基準制定がスムーズにできた。しかし，企業，業界団体，学者，

図表 2-6 中国監査基準と国際監査基準・保証基準との対照表

No	中国の監査基準 (CASs)	国際監査基準 (ISAs)
1	中国注册会计师鉴证业务基本准则 China general standard on Assurance Engagements	ISA 120 国際監査基準の枠組み
2	第1101号－财务报表审计的目标和一般原则 No.1101–Objective and general principles governing an audit of financial statements	ISA 200 財務諸表監査の目的及び一般原則
3	第1111号－审计业务约定书 No.1111–Terms of audit engagements	ISA 210 監査業務の約定項目
4	第1121号－历史财务信息审计的质量控制 No.1121–Quality control for audits of historical financial information	ISA 220R 過去財政情報の監査についての品質管理
5	第1131号－审计工作底稿 No.1131–Audit documentation	ISA 230R 文書化
6	第1141号－财务报表审计中对舞弊的考虑 No.1141–The auditor's responsibility to consider fraud in an audit of financial statements	ISA 240 財務諸表監査における不正を検討する監査人の責任
7	第1142号－财务报表审计中对法律法规的考虑 No.1142–Consideration of laws and regulations in an audit of financial statements	ISA 250 財務諸表監査における法令及び規制の検討
8	第1151号－与治理层的沟通 No.1151–The auditor's communication with those charged with governance	ISA 260 統治責任者とのコミュニケーション
9	第1152号－前后任注册会计师的沟通 No.1152–Communications between predecessor and successor auditors	n/a
10	第1201号－计划审计工作 No.1201–Planning an audit of financial statements	ISA 300 財務諸表監査の計画
11	第1211号－了解被审计单位及其环境并评估重大错报风险 No.1211–Understanding the entity and its environment and assessing the risks of material misstatement	ISA 315 事業体とその環境の理解及び重要な虚偽表示リスクの評価
12	第1212号－对被审计单位使用服务机构的考虑 No.1212–Audit considerations relating to entities using service organizations	ISA 402 受託会社を利用する事業体に関する監査上の考慮事項
13	第1221号－重要性 No.1221–Audit materiality	ISA 320 監査上の重要性
14	第1231号－针对评估的重大错报风险实施的程序 No.1231–The auditor's procedures in response to assessed risks	ISA 330 評価されたリスクに対応する監査人の考慮事項
15	第1301号－审计证据 No.1301–Audit evidence	ISA 500 監査証拠
16	第1311号－存货监盘 No.1311–Attendance at physical inventory counting	ISA 501 Part A 監査証拠－特定項目に対する追加の考慮事項
17	第1312号－函证 No.1312–External Confirmations	ISA 505 外部確認
18	第1313号－分析程序 No.1313–Analytical procedures	ISA 520 分析的手続
19	第1314号－审计抽样和其他选取测试项目的方法 No.1314–Audit sampling and other means of testing	ISA 530 サンプリングによる監査及びその他のテスト手法
20	第1321号－会计估计的审计 No.1321–Audit of accounting estimates	ISA 540 会計上の見積もりの監査

21	第 1322 号－公允价值计量和披露的审计 No.1322–Auditing fair values measurements and disclosures	ISA 545 公正価値の測定及び開示に関する監査
22	第 1323 号－关联方 No.1323–Related parties	ISA 550 関連当事者
23	第 1324 号－持续经营 No.1324–Going concern	ISA 570 継続企業
24	第 1331 号－首次接受委托时对期初余额的审计 No.1331–Initial engagements-opening balances	ISA 510 初年度監査業務－期首残高
25	第 1332 号－期后事项 No.1332–Subsequent events	ISA 560 後発事象
26	第 1341 号－管理层声明 No.1341–Management representations	ISA 580 経営者の陳述
27	第 1401 号－利用其他注册会计师的工作 No.1401–Using the work of another auditor	ISA 600 他の監査人の監査の利用
28	第 1411 号－考虑内部审计工作 No.1411–Considering the work of internal auditing	ISA 610 内部監査業務の検討
29	第 1421 号－利用专家的工作 No.1421–Using the work of an expert	ISA 620 専門家の作業の利用
30	第 1501 号－审计报告 No.1501–The auditor's report on financial statements	ISA 700R 完全な一式の一般目的財務諸表に関する独立監査人の報告書
31	第 1502 号－非标准审计报告 No.1502–Modifications to the auditor's report	ISA 701 独立監査人の報告書の修飾
32	第 1511 号－比较数据 No.1511–Comparatives	ISA 710 比較財務情報
33	第 1521 号－含有已审计财务报表的文件中的其他信息 No.1521–Other information in documents containing audited financial statements	ISA 720 監査済財務諸表を含む書類におけるその他の情報
34	第 1601 号－对特殊目的审计业务出具的审计报告 No.1601–The auditors' report on special purpose audit engagements	ISA 800 特殊目的の監査契約の監査人の報告書
35	第 1602 号－验资 No.1602–Capital verification	n/a
36	第 1611 号－商业银行财务报表审计 No.1611–Audits of the financial statements of commercial banks	IAPS 1006 銀行の財務諸表の監査
37	第 1612 号－银行间函证程序 No.1612–Inter-bank confirmation procedures	IAPS 1000 銀行間確認手続
38	第 1613 号－与银行监管机构的关系 No.1613–The Relationship between banking supervisors and external auditors	IAPS 1004 銀行監督当局と外部監査人との関係
39	第 1621 号－对小型被审计单位审计的特殊考虑 No.1621–The Special considerations in the audit of small entities	IAPS 1005 小規模事業体の監査における特別考慮事項
40	第 1631 号－财务报表审计中对环境事项的考虑 No.1631–The Consideration of environmental matters in the audit of financial statements	IAPS 1010 財務諸表監査における環境問題の考慮
41	第 1632 号－衍生金融工具的审计 No.1632–Auditing derivative financial instruments	IAPS 1012 デリバティブ金融商品の監査
42	第 1633 号－电子商务对财务报表审计的影响 No.1633–Electronic commerce-effect on the audit of financial statements	IAPS 1013 電子商取引－財務諸表監査への影響
43	第 2101 号－财务报表审阅 No.2101–Engagements to review financial statements	ISRE 2400 財務諸表のレビュー契約

44	第3101号－历史财务信息审计或审阅以外的鉴证业务 No.3101–Assurance engagements other than audits or reviews of historical financial information	ISAE 3000R 過去財務情報の監査又はレビュー以外の保証業務
45	第3111号－预测性财务信息的审核 No.3111–The Examination of prospective financial information	ISAE 3400 見込財務情報の調査
46	第4101号－对财务信息执行商定程序 No.4101–Engagements to perform agreed-upon procedures regarding financial information	ISRS 4400 財務情報に関する合意した手続の実施契約
47	第4111号－代编财务信息 No.4111–Engagements to Compilation financial information	ISRS 4410 財務情報の調製契約
48	第5101号－业务质量控制 No.5101–Quality Control for firms that perform audits and reviews of historical financial information, and other assurance and related services engagements	ISQC 1 過去財務情報の監査及びレビュー，その他の保証業務及び関連サービス業務を実施する会計事務所の品質管理

出所：中国注册会計師協会擬訂（中華人民共和国財政部発布）『中国注册会計師執業準則（英語版）』大連出版社[2008] と日本公認会計士協会編『監査実務指針ハンドブック（平成20年度版）』中央経済社[2007]等により筆者が作成。

　実務家，公認会計士などの間で，十分な議論がされていたのか，基準が実体とあわない部分も多いではないかと危惧している。

　いうまでもなく，中国における監査基準・保証業務基準の国際的なコンバージェンスの原則は，先述した通り，四つの原則と三つの指導方針に基づいて行われ，現状では完全一致ではなく，大同小異の状態である。

第4節　要約と展望

　本章では，会計・監査基準の国際的コンバージェンスのなかで，各国が理念と原則が必要だと指摘した。「最近では，国際基準を採用する国と，IASBと協力して統合に寄与する国とが，明示的に区別されつつあるようです。後者はアメリカと日本です。カナダが遠からず国際基準を使うという意思表示をした現在，主体的に会計基準を開発し続けるのは日米欧の三極です」（斉藤[2006a] 71）との見方がある。2001年4月の国際会計基準審議会の改革を契機に，会計・監査基準の国際的コンバージェンスの動向をめぐって，EUが戦略的，国際会計・監査基準を採用することによって，従来，基準作りについてアメリカだけが主導する時代がおわり，世界の構図が変わった。日本は日米欧の三極構図と分析しているのに対して，王は，まず米国，国際会計基準審議会（国際会計士連盟も含む），欧州（EU）の三極と分けて，

さらにその他の極として，経済及び会計システムがアメリカとEUに近い国（例えば，カナダ，オーストラリア，ギリシャ，日本など），新興国（ロシア，エジプト，中国など），経済発展の規模が小さい国，発展途上国（アフリカ諸国）と分析している（王［2008］522-528）。したがって，日米欧の三極構図作りは既にあり得ない。また斉藤は「日本は特異な立場にある。アメリカと違って国際基準を自国基準に収斂させるほどの国力はない」と述べた（斉藤［2006a］71）。日本が世界における会計・監査基準作りに発言権を有したければ，理念と原則をもって他の諸国と別の極を作らなければ達成できないと思われる。これまで，日本と中国における監査基準の国際的コンバージェンスの動向を検討してきた結果，明らかになったことは，EUが主導して中国を含む多くの新興国のコンバージェンス戦略を推奨し，アメリカは自国の基準が世界の最先端のものとして，コンバージェンスを見送っていたのに対して，日本は完全にアメリカの意思決定に追随しており，二極または三極の状態にある。その意味でコンバージェンスは各国の政治的なものになり，外交的なものでもある。

■注

1) 中国公認会計士協会（http://www.cicpa.org.cn/2005年12月20日）。
2) 中国財経報2006年2月16日。
3) 日本経済新聞2007年9月6日。
4) 亀井俊介監修『スコットフォーズマン英和辞典』角川書店，1992年，345頁。
5) 新村出編『広辞苑（第五版）』岩波書店，1998年，1270頁。
6) 新華詞典編纂組編『新華詞典』商務印書館，1980年，689頁。
7) 同上，773頁。
8) 「求同存異」に関する内容は中国ウエブサイト百度（http://baike.baidu.com/）及び1965年3月23日の人民日報，2002年9月29日朝日新聞朝刊を参考して書かれたものである。また，「君子は和して同ぜず，小人は同じて和せず」の現代文の意味は「君子は他人と心から一致するが，うわべだけ同調するが，心から一致することはない」（貝塚茂樹『孔子・孟子』中央公論社，1978年，273頁）である。
9) http://www.cicpa.org.cn/（2006年2月16日中国会計監査基準体系公表の記者会見）。
10) 楊志国［2009］「中国審計准則国際趨同的実践」，世界銀行における報告会（http://www.cicpa/20091029）。
11) http://www.cicpa.org.cn/（2005年10月10日陳毓圭事務総長講演「現代風険導向審計論壇」上海国家会計学院）。

■ 参考文献

王建新 [2008]『国際財務報告準則簡介及与中国会計準則比較』人民出版社
汪祥躍等著 [2006]『与国際財務報告準則趨同』立信会計出版社
汪祥躍等著 [2012]『欧盟会計準則』立信会計出版社
加藤　厚『企業会計』中央経済社，2005年 Vol.57 No.7, pp.77-79
金子裕子「レビュー基準における日本基準，国際基準及び米国基準の比較」『企業会計』中央経済社，2007年 Vol.59, No.6
財政部会計司 [2003]『加強区域合作促進国際協調』中国財政経済出版社
斉藤静樹 a,「コンバージェンスの背景」『企業会計』中央経済社，2006年 Vol.58, No.5
斉藤静樹 b,「三極体制と相互承認の展望」『企業会計』中央経済社，2006年 Vol.58, No.9
斉藤静樹 c,「コンバージェンスに向けた日本の姿勢」『企業会計』中央経済社，2006年 Vol.58, No.11
孫蕊 [2005]「趨同：会計監査基準体系建設のキーワード」，『財務会計』第9期
中国注冊会計師協会(CICPA)[2005]『中国注冊会計師』7号，9号，中国注冊会計師協会編輯部
中国注冊会計師協会(CICPA)[2010]『中国注冊会計師』1号，8号，中国注冊会計師協会編輯部
中国注冊会計師協会擬訂（中華人民共和国財政部発布）[2008]『中国注冊会計師執業準則（英語版）』大連出版社
中国注冊会計師協会 [2006]『中国注冊会計師執業準則』経済科学出版社
中国注冊会計師協会 [2008]『中国注冊会計師執業準則指南』中国財政経済出版社
西村郁生『企業会計』中央経済社，2007年 Vol.59, No.9, pp.18-24
馬建威・藩端蓮主編 [2008]『中国注冊会計師執業準則釈疑』複旦大学出版社
日本公認会計士協会編 [2008]『監査小六法(平成20年度)』中央経済社
日本公認会計士協会編 [2007]『監査実務指針ハンドブック(平成20年度版)』中央経済社
平松一夫「会計基準国際化の歴史的経緯と今後の課題」『企業会計』中央経済社，2008年 Vol.60, No.4
山浦久司「監査基準をめぐる動向と課題，ならびに今後の展望」『企業会計』中央経済社，2006年 Vol.58, No.1
李文忠 [2005]『中国監査制度論』中央経済社

第3章

中国の監査基準コンバージェンス戦略
——明瞭性プロジェクト

　2006年2月に中国は初期コンバージェンス戦略で2007年基準を完成させた。同時に2007年基準は，国際監査基準とほぼ「同等」であると国際的承認を求めた。その後2009年3月に，IAASBが国際監査基準のクラリティ・プロジェクト（明瞭性プロジェクト）を完成した。それに応じて中国はクラリティ以降の国際監査基準と継続的にコンバージェンスを行い，2010年11月に改訂の手続きが終了し，2012年1月1日実施する監査基準を完成させた（以下，2012年監査基準と称する）。本章では，その一連のプロセスを検証する。とりわけ中国政府がEUとIAASBなどと政治外交を積極的に行い，国際的に承認を求めた政治姿勢は賞賛すべきものである。それから2012年監査基準の特徴，及び今後の課題を中心に考察しながら，政府が主導する中国監査基準コンバージェンス戦略の成功要因を分析し明らかにする。

第1節　2007年基準実施後の動向と同等性評価

（1）初期コンバージェンス後の動向

　前章で述べたように2005年，中国財政部（財務・金融省に相当）と中国公認会計士協会（CICPA）は国際会計基準・監査基準のコンバージェンス戦略を策定した。2005年12月8日に，国際監査・保証基準審議会長John Kellasと中国監査基準委員会長王軍との共同声明によって，公式に国際監査・保証基準との形式的な同等性が認められた。2006年2月15日，中国財政部は38の会計基準と48の監査基準を公表したことで，中国政府は中国会計・監査基準と国際会計・監査基準へのコンバージェンスが実現したと宣言した。しかし2006年10月24日に中国会計基準委

員会と EU 代表は双方の会計協力体制をつくり，欧州委員会（EC）が中国会計基準を形式上 IFRS と同等性評価を行ったが，2007 年基準の実施実績がないため，当面，延期すべきとされた。その後，汪等の研究によると，2008 年 4 月 22 日，欧州委員会は EU と第 3 国会計基準との同等性に関する報告を発表し，中国会計準則の執行状況が良好だと認められ，それゆえに 2009 年から 2011 年末までの期間を過渡期（経過期間）とし，中国企業の EU 市場において中国会計基準によって作成した財務報告書を認めた。この報告は 10 月 23 日の欧州議会で投票され承認された。かつ同年 11 月 14 日，欧州連盟証券監督委員会で承認されたことによって中国会計基準が国際資本市場にはじめて認められた象徴的な出来事である（汪 [2012]185）。

　また，2008 年 9 月のアメリカ大手投資銀行の破綻を契機として，世界的な金融危機がアメリカ，ヨーロッパだけでなく，新興国へも拡大していった。同年 11 月，主要 20 カ国・地域首脳会議（G20）がワシントンで行われた。さらに金融安定理事会（FSB, Financial Stability Board）は，はじめて IASB の組織改革と高品質の国際会計基準作りを提案した。中国財政部は G20 と FSB の提案に呼応して，2009 年 9 月に中国コンバージェンスのロードマップ公開草案を発表し，つづいて 2010 年 4 月 2 日に財会 [2010] 10 号通達，すなわち「財政部中国企業会計準則と国際財務報告準則との継続的コンバージェンスロードマップに関する通達」を公表した。それによると，財政部は 2011 年末までに中国企業会計準則を改訂し会計準則のコンバージェンスを完成させることを宣言した。

　国際的には EU 加盟国，オーストラリア，南アフリカなどを含む 117 の国家地域で国際財務報告準則を採用し，それぞれのロードマップを発表した。アメリカ SEC は 2008 年 11 月 14 日，ロードマップの公開草案を公表し，国際財務準則を支持した。日本の金融庁は 2009 年 12 月，ロードマップを公表，ブラジル，カナダ，インド，韓国なども自国の会計準則のコンバージェンスのロードマップを示した[1]。

　財政部の資料によると，2008 年 10 月 10 日，11 日の 2 日間，2008 年度国際財務報告準則大会（IFRS in Asia 2008）が北京で行われた。大会の統一論題は「明日の資本市場を推進する（Driving the Capital Markets of Tomorrow）」であった。当時，中国財政部副部長，会計基準委員会書記長の王軍は中国会計・監査基準コンバージェンスの原則を，4 つから 1 つを加えて 5 つとした。その 5 つ目の原則は「新たな挑戦に向かって継続的な会計基準コンバージェンスを目指さなければならない」（財政部会計準則委員会編 [2008] 7-8）というものであった。

第 3 章　中国の監査基準コンバージェンス戦略——明瞭性プロジェクト

中国財政部会計司は 40 人弱の会計基準作りの人材を育成し，彼らは遵守すべき会計基準作りの手続きに基づいて草案を作成している。委員会は 20 名以上の委員と 160 名以上の諮問委員からなり，委員は証券取引委員会，国家資本委員会，銀行監督委員会，保険監督委員会，会計検査院，国家税務局，会計理論界，会計仲介機構及び企業の専門家で構成される。公開草案の発表から完成までの制定プロセスは常次公開，透明の方針を堅持しながら，広く意見を聴取し，幾度も見直して最善の基準を求めていた（財政部会計準則委員会編 [2008] 132）。公開草案から完成までの期間は 2 カ月またはもっと長い期間行われる。例えば，1993 年公開草案，1997 年になっても継続的に意見聴取を行っていた（財政部会計司 [2003]12）。

(2) IOSCO と IAASB との共同声明及び中国の対応

2006 年 5 月に第 3 回中国公認会計士フォーラムにおいて国際会計士連盟理事長のグラハム・ワード（Graham Ward）の講演によると，IAASB は 2005 年 10 月から 4 つの明瞭性プロジェクト実施後の公開草案を発表し，同プログラムに関するフォーラムも開催し意見を聴取した。同時に，すでに公表された「2004 年明瞭性プロジェクトに関する政策声明と諮問書」に関する意見聴取などで集計された意見も取り入れて基準をより理解しやすく，より翻訳しやすいものとなった（CICPA [2006] 8 号 6-10）。この明瞭性プログラムの公開草案は改訂を経て，2009 年 2 月 27 日に国際監査・保証基準審議会（IAASB）は国際監査基準クラリティ・プロジェクトを完了した。

一方，次に示すように，2009 年 6 月 11 日，IOSCO は「国際監査基準に関する声明」を発表し，IAASB がクラリティ・プロジェクト（明瞭性プロジェクト）によって完成した国際監査基準の支持及び各国の監査基準設定にあたって考慮することを促した。

中国政府はいち早くこれに全面協力の姿勢を示し，継続的コンバージェンスを行い，2010 年 10 月 31 日に改定された監査基準は中国監査基準委員会に承認され，財政部が公表した。この基準は 2012 年 1 月 1 日施行された。

2009年6月11日

IOSCO(証券監督者国際機構)による国際監査基準に関する声明

　IOSCOは，投資家を保護し，国際的な資本市場の公正性及び秩序ある運営の促進のために協働する証券規制当局による国際機関である。このような共同作業は，投資家の意思決定にあたっての信頼性の基となるものである。

　投資家にとって重要な情報は，証券の発行体の財務諸表である。そして，独立監査人による財務諸表監査は，財務諸表に対する投資家の信頼性を向上させるためのものである。このため，監査を実施する際の基準は，監査の品質を保つ上で不可欠であるだけでなく，公益に資する上でも重要である。

　国際的な監査基準は，国際的にも国内の監査基準の標準としても，投資家，監査人，監査監督機関及び証券規制当局が国際的な資本市場でそれぞれの役割を果たすための，共通の監査言語を提供するものである。

　IOSCOは，長期間にわたり，国際監査基準(ISA)を策定する民間の基準設定主体である国際監査・保証基準審議会(IAASB)による作業を通じた，一組の国際的な監査基準にかかる取組みを支援してきた。なお，IAASBは国際会計士連盟(IFAC)を設立母体とし，公益監視委員会(PIOB)の監視下にある組織である。

　過去数年間，IAASBはISAの本文の構成を見直し，改善するプロジェクト(いわゆる明瞭性プロジェクト)に取り組んできた。ISAに関する2007年11月9日の声明に記載のとおり，IOSCOはこれらの取組みを支援してきた。IAASBは，今般，この取組みの完了と明瞭化されたISAの公表を宣言した。IOSCOはこの画期的成果を歓迎する。IOSCOはISAの規定を明瞭化することによる効果に着目し，従来のISAを新しい基準に置き換えることを支持する。IOSCOは，今後のISAの継続的な改善だけでなく，グローバルな監査慣行の実現に向けた翻訳，教育，その他の分野における多くの人々による継続的な進展を期待する。

　IOSCOは国際的な財務報告に貢献し，投資家の信頼と意思決定の裏づけとして，一組の国際的な監査基準によって果たされる役割の重要性を確信している。国際的な資本市場における現状は，その支援の重要性を強調するものである。IOSCOは，現在，多くの証券規制当局がその資本市場において，ISAによっ

て行われた監査を受け入れていることに留意する。これにより，ISA が，資本市場におけるクロスボーダーでの証券公募及び上場の促進において，重要な役割を果たすことができる。

　IOSCO は，クロスボーダーでの公募及び上場のために，証券規制当局が，明瞭化された ISA により実施・報告される監査を受け入れることを促す。ただし，その受け入れの可否は，各国における多くの要因や状況に依存することは認識している。更に，IOSCO は，各国又は各地域レベルの要因が考慮されることを認識しつつ，国内向け公募及び上場においても，明瞭化された ISA が果たす潜在的役割に着目し，証券規制当局と関連当局が，国内向けの監査基準の設定にあたり，明瞭化された ISA を考慮に入れることを促す。

出所：金融庁ホームページ (http://www.fsa.go.jp/2009 年 6 月 12 日)

(3) 中国上場会社における 2007 年基準実施結果の分析報告

　前述したように，中国会計準則は初期コンバージェンスの後，実施の実績がないため，EU は直ちに同等性評価をせず条件付きで同等性評価を延期した。その対策として，中国は 2007 年基準の実施後の実績を証明するために，2007 年度から毎年中国の上場会社における新基準を実施した後の分析報告書を公表している。

① 2007 年度の分析報告のポイント

　2007 年度では新企業会計準則は上場企業 1,570 社において実施されたが，1,568 社の年度財務諸表が提出され，新基準が平穏，有効に実施されてきた。また，実施された経済効果が顕著である。さらに，残された問題と原因分析及びそれらの問題に対する解決方法，今後の基本方針などが述べられている。報告書は a. 分析報告（中国語，英語），b. 関連法令と通達，c. 上場企業 1,570 社の基礎情報一覧表（会社名称，監査意見と監査法人など）で構成されている(財政部会計司[2008])。

② 2008 年度の分析報告のポイント

　2008 年度では，2007 年準則を実施した上場企業 1,624 社である。報告書は a. 分析報告（中国語，英語同時掲載），b. 関連法令と通達，c. 企業会計準則の実施情況分析，d. 付属資料，上場企業 1,624 社の基本情報一覧表（会社名称，監査意見と監査法人など）及び金融商品業務に携わる会社の監査を実施する有資格者公認会計士

と監査法人の名簿で構成されている。分析内容としては上場企業 2008 年度財務諸表の分析，上場企業会計準則実施状況，準則の実施が国内外で広く承認されている状況，中国における金融危機の対策と主張，関連政策と提案などが述べられている（財政部会計司[2009]）。

③ 2009 年度の分析報告のポイント

2009 年度では，2007 年企業会計準則は上場企業 1,774 社において実施された。報告書は a. 分析報告（中国語，英語），b. 関連法令と通達の解釈，c. 付属資料，上場企業 1,774 社の基礎情報一覧表（会社名称，監査意見と監査法人など）と，金融商品業務会社の監査を実施する有資格者公認会計士と監査法人の名簿で構成されている。分析内容としては上場企業 2008 年度財務諸表の分析，上場企業会計準則実施状況，準則の実施が国内外で広くされている承認，中国における金融危機の対策と主張，関連政策と提案などが述べられている（財政部会計司[2010]）。

④ 2007 年会計準則を実施した会社に対する監査結果分析

会計事務所は上場企業に対して初期会計・監査基準コンバージェンス後の 3 年間，財務諸表に対する監査が行われ，その監査結果を示している（**図表 3-1**）。すなわち，標準監査報告（Matters described in Unmodified Opinions）を出した企業数は 93％であり，7％の企業は非標準監査報告（条件付適正意見など）を出している。

図表 3-1　2007 年企業会計準則の実施企業（上場会社）に関する監査結果（2007 年～ 2009 年）

年度 項目	2007 企業数	%	2008 企業数	%	2009 企業数	%
① 監査報告総数	1,570	100	1,624	100	1,774	100
そのうち：国内監査法人の監査数	1,471	93.7	1,513	93.2	1,676	93.7
ビッグ 4 による監査数	99	6.3	111	6.3	98	6.3
② 非標準監査報告書	106	6.8	113	6.8	119	6.8
そのうち：国内監査法人の監査数	105	6.7	112	6.9	119	6.7
ビッグ 4 による監査数	1	0.06	1	0.06	0	0.00
③ 標準監査報告書	1,464	93.2	1,511	93.0	1,655	93.3

出所：財政部会計司［2010］16，一部修正して筆者作成

今日，リーマン・ショックによる金融危機の影響で，公認会計士監査制度の有効性と社会的な信用は揺らいでいる。各国の証券市場規制当局，金融機関，機関投資

家，証券アナリスト，その他の利害関係者などから個々の監査についての財務情報の開示を求める声が大きくなりつつある。日本の金融庁が2012年6月に公表した「会計監査を巡る海外の動向等」によると，財務諸表監査に対する信頼性を回復するために，アメリカ公開会社会計監査委員会（PCAOB）及び欧州委員会（EC）では，会計監査制度に関する様々な見直しが提案され，その1つが監査報告書の改訂である。

国際監査基準（ISA）においては国際会計士連盟（IFAC）の国際監査・保証基準審議会IAASBが，新起草方針に基づく改訂版（クラリティ版）としてISA700「財務諸表に対する意見形成と報告」を2009年3月に公表している。この国際監査基準の改訂を踏まえて，IFAC加盟諸国及び地域は国際監査基準ISA700の内容等に応じて監査基準を改訂している。中国では2010年11月（2012年1月1日適用）に改訂した。

しかしながら，財務諸表に対する監査意見の形成傾向について，中国では**図表3-2**で示すように，2007年から2010年まで4年間の平均を見ると，標準適正意見（適正意見）の割合は約93.62％で，非標準適正意見（除外事項付意見）の割合は約6.38％であり，毎年提出された除外事項付意見は平均111社のうち，世界のビッグ4会計事務所は毎年約1社，そのほかの110社は国内会計事務所によって出されたものである。この理由は中国の現状と関係していると思われる。

図表3-2 2007年度～2010年度中国上場企業に関する監査意見

監査意見の分類	2007年度		2008年度		2009年度		2010年度	
	企業数	割合	企業数	割合	企業数	割合	企業数	割合
標準適正意見(注)	1,464	93.25%	1,511	93.04%	1,655	93.29%	2,020	94.88%
非標準適正意見(注)	106	6.75%	113	6.96%	119	6.71%	109	5.12%
(1) 国内会計事務所	105	6.69%	112	6.90%	119	6.71%	108	5.07%
(2) ビッグ4(注)	1	0.06%	1	0.06	0	0	1	0.05%
合　計	1,570	100%	1,624	100%	1,774	100%	2,129	100%

出所：財政部『我国上市公司2010執行企業会計准則情況分析報告』（http://www.doc88.com/p-511799811028.htm 2014年10月24日）

注：標準適正意見とは無限定適正意見である。非標準適正意見（除外事項付意見）は限定付適正意見，不適正意見，意見不表明である。ビッグ4とは世界の4大会計事務所を指す。

第2節　クラリティ・プロジェクト以降における継続的コンバージェンス

(1) 基準改訂のプロセス

　CICPAはクラリティ以降監査基準の改訂にあたって，基準制定と同じように公認会計士法35条に基づいて行われた。前述したように，監査基準委員会規則は，監査委員会委員は31名の委員により構成されるとなっている。審議事項は委員定数の三分の二以上の委員が会議に出席し，半数以上の賛成を得て承認される。

　国際監査基準クラリティ・プロジェクトが完成した直後，中国は自国監査基準コンバージェンスを行っていた。今回の改訂は2回の公開草案によって幅広く意見を聴取した。第1回公開草案2009年12月11日，12月30日，2010年1月15日，2010年2月13日の4回にわたって38の基準の公開草案を公表し，意見聴取期限は2010年3月3日であった。その後，地方協会，会計事務所，監査準則委員会及び香港会計士公会等から2017条の意見（CICPA）[2010] 1号20，10号23，11号16）を聴取し，2010年8月に第2回公開草案を公表し，書面による意見聴取（9月20日まで）を経て2010年10月31日の中国監査基準委員会に承認され，財政部が公表した。

(2) 国際監査基準実施状況——IFACの報告

　2009年当初のIFACの報告「国際監査基準実施状況」[2]によると，世界各国が国際監査基準コンバージェンスまたはアドプションにあたり，法的な位置づけによって次の4つに分類している（CICPA[2009]12号22）。

　第1分類は自国法律・法規の要求（11カ国，地域）（Required by Law or Regulation）。自国の法律または法規はISAsの適用を明記する国。例えばルーマニアなどが分類されている。

　第2分類はISAsを採用する国（32カ国，地域）（ISA are Adopted）。ISAsを採用する国。例えばイギリス，カナダ，南アフリカなどが分類されている。

　第3分類は自国基準がISAと同等（28カ国，地域）（National Standards are ISAs）。自国監査基準は国際監査基準を採用するが，IAASBの基準（政策）と調整する国。例えば中国，香港，オーストラリア，フランス，ドイツなどが分類されている。

図表 3-3　国際監査・保証基準の実施状況

第1分類：自国法律・法規の要求（11 カ国，地域）
(Required by Law or Regulation)
・自国の法律または法規は ISAs の適用を明記する国。例：ルーマニアなど

第2分類：ISAs を採用する国（32 カ国，地域）
(ISA are Adopted)
・ISAs を採用する国。例：イギリス，カナダ，南アフリカなど

第3分類：自国基準は ISA と同等（28 カ国，地域）
(National Standards are ISAs)
・自国監査基準は国際監査基準を採用するが，IAASB の基準（政策）と調整する国。中国，香港，オーストラリア，フランス，ドイツなど

第4分類：現在の状況では評価ができない国（55 カ国，地域）
(Others)
・現在の情報に基づいて，基準を採用した後の評価はできない国。アメリカ，イタリア，日本，スペインなど

出所：IFAC（http://www.ifac.org/2010 年 6 月 20 日）（同情報 CICPA［2009］12 号 22）より筆者作成

　第4分類は現在の状況では評価ができない国（55 カ国，地域）（Others）。現在の情報に基づいて，基準を採用した後の評価はできない国。アメリカ，イタリア，日本，スペインが分類されている。中国は，第3分類に属する。すなわち，出来る限り IAASB の基準に合わせるが，そのまま採用するのではなく，自国の基準制定原則及び法的な手続を通して独立した監査基準を制定している。

第3節　中国 2012 年監査基準の改訂内容と特徴

(1) 2012 年監査基準の改訂内容と特徴

　2012 年監査基準は，形式的によりクラリティをアップした。各基準は①総則，②定義，③目標，④要求事項，⑤附則(発行日)，⑥付記事項で構成されている。それに対して国際監査基準は①序，②目的，③定義，④要求事項，⑤適用指針及びその他の付記事項の順であり，2012 年監査基準と比べて多少順番は異なるが大きな違いはない。さらに，何よりもその内容が国際監査基準のようにより簡潔に，明瞭化されている。

　今回の改訂について**図表 3-4** で示すように，CICPA は 2007 年監査基準のなかで，

図表 3-4 クラリティ・プロジェクト実施後の中国監査基準と国際監査基準の対照表

中国監査基準 CASs	国際監査基準 (ISAs)
第1101号・注册会计师的总体目标和审计工作的基本要求	ISA 200 独立監査人の全般的目的及び国際監査基準に準拠した監査の実施
第1111号・就审计业务约定条款达成一致意见	ISA 210 監査業務の契約条件に関する合意
第1121号・对财务报表审计实施的质量控制	ISA 220 財務諸表の監査の品質管理
第1131号・审计工作底稿	ISA 230 監査調書
第1141号・财务报表审计中对舞弊相关的责任	ISA 240 財務諸表監査における不正を検討する監査人の責任
第1142号・财务报表审计中对法律法规的考虑	ISA 250 財務諸表監査における法令及び規制の考慮
第1151号・与治理层的沟通	ISA 260 統治責任者とのコミュニケーション
第1152号・向治理层和管理层通报内部控制的缺陷	ISA 265 統治責任者及び経営者への内部統制の不備に関する伝達
第1201号・计划审计工作	ISA 300 財務諸表監査の計画
第1211号・通过了解被审计单位及其环境识别和评估重大错报风险	ISA 315 事業体とその環境の理解及び重要な虚偽表示リスクの識別と評価
第1221号・计划和执行审计工作时的重要性	ISA 320 監査の計画と実施における重要性
第1231号・针对评估的重大错报风险采取的应对措施	ISA 330 評価されたリスクへの監査人の対応
第1241号・对被审计单位使用服务机构的考虑	ISA 402 サービス提供組織を用いる組織体に関連する監査の考慮事項
第1251号・评价审计过程中识别出的错报	ISA 450 監査中に識別した虚偽の表示の評価
第1301号・审计证据	ISA 500 監査証拠
第1311号・对存货等特定项目获取审计证据的具体考虑	ISA 501 監査証拠－特定項目に対する追加的考慮事項
第1312号・函证	ISA 505 外部確認
第1313号・分析程序	ISA 520 分析的手続
第1314号・审计抽样	ISA 530 監査サンプリング
第1321号・审计会计估计（包括公允价值会计估计）和相关披露	ISA 540 公正価値に関するものを含む、会計上の見積りと関連開示の監査
第1323号・关联方	ISA 550 関連当事者
第1324号・持续经营	ISA 570 継続企業
第1331号・首次审计业务涉及的期初余额	ISA 510 初年度監査業務－期首残高
第1332号・期后事项	ISA 560 後発事象
第1341号・书面声明	ISA 580 経営者確認書

第3章　中国の監査基準コンバージェンス戦略——明瞭性プロジェクト　　79

第1401号－対集団財務報表審計的特殊考慮	ISA 600 特別な考慮事項－グループ財務諸表の監査（構成要素の監査人の業務を含む）
第1411号－利用内部審計人員的工作	ISA 610 内部監査人の業務の利用
第1421号－利用専家的工作	ISA 620 監査人の専門家の業務の利用
第1501号－対財務報表形成審計意見和出具審計報告	ISA 700 財務諸表に対する監査意見の形成と報告
第1502号－在審計報告中発表非標準審計報告	ISA 705 限定意見等に関する監査報告書
第1503号－在審計報告中増加強調事項段	ISA 706 強調区分のある監査報告書
第1511号－比較信息：対応数据和比較財務報表	ISA 710 比較情報－対応数値と比較財務諸表
第1521号－注册会計師対含有已審計財務報表的文件中的其他信息的責任	ISA 720 監査済財務諸表を含む書類におけるその他の情報に関する監査人の責任
第1601号－対按照特殊目的編制的財務報表審計的特殊考慮	ISA 800 特別な考慮事項－特別目的の枠組みに準拠して作成された財務諸表の監査
第1603号－対財務報表単一財務報表和財務報表特定要素審計的特殊考慮	ISA 805 特別な考慮事項－個別財務諸表及び財務諸表の個々の構成要素、勘定又は項目の監査
第1604号－対簡要財務報表出具審計報告的業務	ISA 810 要約財務諸表に関する報告業務
第5101号－会計師事務所対執行財務報表審計和審閲，其他鑑証和相関業務実施的質量控制	ISQC 1 財務情報の監査又はレビュー、その他の保証業務及び関連サービス業務を実施する事務所の品質管理
	国際監査基準（ISAs）が包含されない中国の補助基準
第1153号－前任注册会計師和後任注册会計師的溝通	n/a 前任会計士と後任会計士のコミュニケーション
第1602号－験資	n/a 資本払込監査

出所：中国公認会計士協会通達：会協 [2010] 58号及び添付資料、日本公認会計士協会・企業会計基準委員会共編 [2010]、内藤文雄・松本祥尚・林隆敏 [2010] 等により筆者が作成
注：n/a は国際監査基準が包含していない基準を指す。

CASs1152号「前任会計士と後任会計士のコミュニケーション」をCASs1153号に番号のみ書き換え,新CASs1152号に「統治責任者及び経営者への内部統制の不備に関する伝達」とし,さらにISAs 402, 450 (No.300-499:リスク評価及び評価されたリスクへの対応),ISAs 706 (No.700-799:監査の結論及び報告),ISAs 805, 810 (No.800-899:特殊領域)に合わせてCASs第1241号,第1251号(リスク評価及び評価されたリスクへの対応),CASs第1503号(監査の結論及び報告),CASs第1603号,第1604号(特殊領域)を新設した。

内容としては,相変わらず自国の独自基準が残っている。すなわち第1602号(験資〔資本金監査〕)と第1153号(前任会計士と後任会計士とのコミュニケーション〔SAS第84号〕に相当)がそれである。

そのほかに,主な改正点は次の通りである(CICPA[2010])。

① 監査基準適用範囲の拡大

監査基準の適用範囲は自国会計基準のほか,他国会計基準に基づく財務諸表と病院,学校,非営利組織などの会計主体が作成した財務諸表にも及ぼす。

② 比較財務諸表監査に関連する内容の増加

財務諸表フレームワークに準拠し,比較財務諸表に関連する内容を増やした。

③ 監査意見の表明

基準では,証券諸法規と整合性を取り,公認会計士が財務諸表の会計基準に準拠しているか否か意見を表明するだけではなく,その表示は財務諸表フレームワークに準拠し,それが適正か否かについても意見を表明することを明記した。

④ 外部確認手続の要求事項の厳格化

中国における特有の経済環境に鑑み,基準は確認計画の策定とその範囲を厳格に要求した。すなわち会計士は,確認計画の策定時,重大な虚偽表示リスクとその他の監査手続により監査証拠の入手を考慮することを規定した。また,当座預金,銀行借入金,金融機構との取引と売掛金などに対する外部確認を厳格に実施することを要求した。

(2) 中国監査基準コンバージェンスの成果と課題

前述したように,2012年監査基準は国内で10月末承認された。これまでと同じ戦略を持ちながら,国際政治及び外交の面において,積極的にその国際的承認を求めたものである。それは2010年11月10日,マレーシアの第18回世界会計士大

会において，IAASB の議長 Arnold Schilder 氏と中国財政副部長・監査基準審議会委員長王軍(Wangjun)との共同声明で，中国がいち早くクラリティ・プロジェクト以降の継続的コンバージェンスの完成が認められたことによる[3]。その共同声明の全文を，以下のように示しておく。

中国監査基準委員会長と国際監査・保証基準審議会議長の共同声明
(2010 年 11 月 10 日)

　中国監査基準委員会(CASB)と国際監査・保証基準審議会(IAASB)は，中国監査基準の国際的コンバージェンスについて会談を行った。会議は中華人民共和国財政部副部長，中国監査基準委員会長の王軍先生が会議の発起人であり，国際会計士連盟(IFAC)の総裁 Ian Ball 先生と中国公認会計士協会(CICPA)の事務総長の陳毓圭先生は会談を積極的に促した。国際監査・保証基準審議会の議長 Arnold Schilder 先生，副議長 Diana Hillier 女史，技術総監督 James Sylph 先生，及び中国公認会計士協会の副事務総長楊志国先生らが会議に参加した。

　双方は，2005 年 12 月に双方の署名した共同声明が歴史的な一頁を刻むという意義を有することを確認した。この共同声明は，全世界で公認される高品質監査基準を策定するのは，経済グローバル化の発展に伴う必然的な要求であり，全世界において投資家の意思決定リスクを下げ，更に効率的な資源配分を実現するため，経済発展と金融安定を維持することに対して重要な役割を発揮することができるとの認識で一致した。国際的コンバージェンスは正しい方向であり，国際金融危機につれて監査基準の国際的コンバージェンスの重要性が明らかにされた。監査基準の国際的コンバージェンスを実現するのは国際監査・保証基準審議会と各国の基準制定機関の重要な戦略目標である。

　中国は，世界最大の発展途上国として国際会計士連盟と国際監査・保証基準審議会が監査基準の国際的コンバージェンスの推進する努力を極力支持する。中国市場経済の発展段階に基づいて，経済グローバル化と基準の国際的コンバージェンス潮流に順応して，継続的に中国監査基準体系を整備して，国際監査基準との継続的かつ全面的なコンバージェンスを実現することは，中国の監査基準 (CSAs) を制定するに際しての基本原則である。

近年，国際監査・保証基準審議会は国際監査基準の明瞭性を高めるため，クラリティ・プロジェクト（明瞭性プロジェクト）の実施に着手した。このプロジェクトは新体裁ですべての国際監査基準（ISAs）を改訂し，かつ一部の基準に対して実質的に修訂した。2009年2月27日に公共利益監視委員会（PIOB）の批准によってクラリティ・プロジェクトが完了した。これから，世界の会計士はクラリティ後，36の国際監査基準及び1つの国際品質管理基準（ISQC）を使用することが可能となる。

　新国際監査基準が明瞭性の向上，基準の品質を高めたことによって，中国監査基準委員会は国際監査・保証基準審議会のこの歴史的な成果に対して歓迎の意を示した。

　継続的かつ全面的コンバージェンスの原則に基づいて，中国監査基準委員会は中国監査基準の改訂手続を完成し，クラリティ以降の国際監査基準と実質的なコンバージェンスを実現した。改訂後の中国監査基準は2010年11月に正式公布し，2012年1月1日からすべての会計事務所において実施される。国際監査・保証基準理事会は中国が国際的コンバージェンスの面において，多大な努力を費やしたこととともに，取得した大きな進展を高く賞賛する。このような努力と進展は中国政府と職業会計士界の卓越した意志決定能力と組織の行動力を示している。発展途上国及び経済モデル転換の国のモデルを樹立している。国際的コンバージェンスの過程のなかで，中国監査基準委員会はさらなる国際監査基準のもとで一般に認められる必要な基準を補充し，若干の国際監査基準が包含しきれない基準を保留しながら，中国の特定環境と取引の需要を反映している。例えば，資本払込監査と前後任会計士のコミュニケーションに関連する基準がそれである。国際監査・保証基準審議会はこのような補充要求が必要かもしれないが，国際監査基準と背反しないので，認めることができる。

　今回の会議は円満な成功を得たが，中国監査基準委員会と国際監査・保証基準審議会は共同の認識に達して，今後双方は定期的な会談を継続的に行い，双方の交流と協力を強化する。

王軍　　　　　　　　　　　　　　　　　Arnold Schilder
中国監査基準委員会長　　　　　　　　　国際監査・保証基準審議会

出所：CICPAホームページ（http://www.cicpa.org/2010年11月15日）

(3) 企業内部統制基本規範（基準）及びその他の基準のコンバージェンス
① 内部統制関連法規の整備

　中国では，監査基準コンバージェンス戦略の実施と同時に，その他の関連法規も整備している。2008年5月に財政部は「企業内部統制基本規範」（内部統制基準に相当）を公表し，2010年，内部統制実施指針（実施基準に相当）を公表した。この実施指針は第1号から第18号までであり，具体的な項目は次の通りである（全国人大常委会法治工作委員会編[2013] 351-415）。

　　　企業内部統制実施指針第1号―組織構造
　　　企業内部統制実施指針第2号―発展戦略
　　　企業内部統制実施指針第3号―人的資源
　　　企業内部統制実施指針第4号―社会的責任
　　　企業内部統制実施指針第5号―企業文化
　　　企業内部統制実施指針第6号―資金活動
　　　企業内部統制実施指針第7号―仕入業務
　　　企業内部統制実施指針第8号―資産管理
　　　企業内部統制実施指針第9号―売上業務
　　　企業内部統制実施指針第10号―研究開発
　　　企業内部統制実施指針第11号―工事プロジェクト
　　　企業内部統制実施指針第12号―担保業務
　　　企業内部統制実施指針第13号―下請業務
　　　企業内部統制実施指針第14号―財務報告
　　　企業内部統制実施指針第15号―全面予算
　　　企業内部統制実施指針第16号―契約管理
　　　企業内部統制実施指針第17号―内部情報の伝達
　　　企業内部統制実施指針第18号―情報システム

　つづいて，財政部は2010年に「企業内部統制評価指針」及び「企業内部統制監査指針」を，2012年に「企業内部統制規範体系実施に関する問題解釈第1号と第2号」，すなわち，財政部が公表した企業内部統制規範に関するQ＆Aを公表した。

　そのほかに，2003年から2009年まで内部監査基準及び内部監査実施基準（第1号～第29号）が公表され，順次実施された。2012年に「内部監査品質評価機構管理

暫定方法」も公表され，内部監査に関する監視監督が強化された。

② 国際会計士倫理基準とのコンバージェンス

中国は，1992年9月に「中国公認会計士職業道徳規則（試行）」，1996年12月に「中国公認会計士職業道徳基本準則」及び2002年6月に「中国公認会計士職業道徳規則（試行）」，中国公認会計士協会が「中国公認会計士職業道徳規範指導意見」を公表した。2009年10月に「中国公認会計士協会非実務会員職業道徳規則」を公表したのは，国際会計士倫理基準審議会（IESBA）の「職業会計士のための倫理規定」とのコンバージェンスが完成したことを意味する。さらに「中国公認会計士職業道徳規則」は次に示す第1号から第5号まで及び，関連する用語集も公表された（CICPA [2009] 12号 7-10）。

　　第1号―職業道徳基本原則
　　第2号―職業道徳概念フレームワーク
　　第3号―専門サービス提供における具体的要求
　　第4号―監査とレビュー業務における独立性の要求
　　第5号―その他の保証業務における独立性の要求

③ 会計士及び会計士事務所に対する管理制度の構築

中国では，この10年間，会計士及び会計士事務所に関する管理規定を多く制定し公表した。2007年公表の「会計事務所内部管理ガイドライン」，2012年の「会計事務所業務品質レビュー及び清廉運用規定」，2011年「上場会社年度財務諸表監査監視工作規定」など数多くの法規がある。

このように，この戦略はIFACの承認を得て国際的にも高く評価された。中国政府は政治と外交戦略を持ちながら，とりわけIFACを支持し，EU諸国と同調してコンバージェンス戦略を推進している。そして先進国の監査基準に遜色のない監査基準を制定し，その基準が多くの国に認められた。またIAASBにおいてこれまでにない影響力と発言権を増す地位を勝ち取ろうとしている。

しかしながら，監査基準の継続的コンバージェンスが改正したにもかかわらず，中国は実質的に監査の現場ですべて先進国並みの監査を行っているわけではなく，国際監査基準は従来の上場企業，大企業を中心に基準が作られている。中国における中小企業監査にあたって，2010年時点，350万社の中小企業に対する監査

業務等が行われている[4]（人民日報社[2010]）。今後、新監査基準を実施する際、約90％以上の中小企業に対して如何に適用するか、または実務上、如何に実施するかについて課題が残る。今回改正されていない中国監査基準第1621号（IAPS第1005号）「小規模事業体の監査における特別考慮事項」と同実務指針があったとしても、実務上多くの中小会計事務所は中小企業の内部統制欠陥が多いため、監査リスクも高い。また、監査基準によるリスクアプローチに基づいて監査手続を実施すると監査コストが高く、監査報酬との採算があわない等の問題により監査現場は困惑しているなど、筆者は現地会計事務所におけるヒアリング調査した際多くの指摘を受けた。

第4節　EUによる中国監査制度及び監査監督体制の同等性評価

(1) EUにおける会計・監査の監督体制

欧州連合の統治機構はアメリカの連邦制のような統治機構ではなく、国連のように政府間の利害調整だけを行う機構でもない、独特の統治機構である。その特徴は、加盟国が国家権利の一部を連盟の特定機構に譲渡しなければならないことである。その権利を譲り受けた欧州連合の特定機構が共通利益を前提に集団的に主権を行使し、よって、国際的な影響力が増して、発言権、決定権を行使するのである。欧州連盟は会計と監査理論の実践及び発展のなかで、意思決定機構、監査監督機構、会計監督機構、証券監督機構、銀行監督機構、保険監督機構、法律監督機構と民間組織が共同で重要な役割を果たしている（汪等[2012]57）。

(2) EUの第3国監査制度及び監査監督体制の同等性評価

中国公認会計士協会によると、2006年5月17日にEUが「年度財務諸表法定監査指令」すなわち第8号指令を改正した。この第8号指令の内容として、加盟国が欧州連合の上場会社の監査業務を受けた第3国会計士と会計士事務所に対して、監査監督部門に登録し、並びにその加盟国の監査監督体制への適応がある。2007年から一部第3国監査監督体制の同等性評価が始まった。2008年7月29日に「第3国会計士と会計士事務所に関する監査業務の過渡期」という決議が承認され、監査制度及び監査監督体制の同等性評価にあたって、中国を含む一部の第3国に2年間の過渡期を与えた。

つづいて，2011年1月19日に，EUは「部分第3国の監査制度及び監査監督体制に関する同等性評価及び部分第3国会計士と会計士事務所が欧州連盟国における業務過渡期の延期に関する決議」（以下，2011/30/EUと称する）を承認した。この決議のポイントは次の3つである。

① 中国，オーストラリア，クロアチア，日本，シンガポール，南アフリカ，韓国，スイスとアメリカの10カ国における国家的公衆監督，品質保証，調査及び懲罰体制は欧州連盟の監査監督体制と同等である。
② この監査監督体制の同等性評価のもとに，上記10カ国とEU加盟国で更なる協議をすすめ，相互に監査監督体制の同等性評価に関する協議に署名する。
③ 署名された相互に同等性評価のある監査監督体制国間では高品質の監査業務を保証することを前提に，相手国の監査監督体制を依頼することができる（CICPA[2011]4号112-113）。

このように，2011年1月を起点に，中国の監査基準及び中国監査制度及び監査監督体制はアメリカ，日本，オーストラリアなどの国々と肩を並べて正式に認められたことになる。

(3) 中国政治と外交努力

中国財政部は，欧州連盟の会計監査に関する同等性評価の外交交渉を非常に重視している。

財政部の王軍副部長が会計基準・監査基準のコンバージェンスを完了した直後，EUを訪問して監査制度及び監査監督体制に関する同等性評価の交渉を行い，または来訪のEU官僚とも商談，交渉した。

CICPAは2008年3月と2009年6月と2度，ブリュッセルでEUと交渉した。

CICPAは2008年3月と2010年7月にEU内部市場とサービス総局評価団を来訪した。

EUは2010年2月に「EUの中国監査監督体制に関する同等性評価（草案）」を公表し，中国が修正意見と提案を出した。

(4) EUによる中国の監査制度及び監査監督体制の同等性評価の意義

中国公認会計士協会は中国の監査制度及び監査監督体制の同等性評価の意義について次の4つにまとめた。

① 中国がEU加盟国と相互に監査監督体制の同等性評価に関する交渉をするための土台が構築された。
② アメリカ等の国と監査監督体制の相互同等性評価する際，協議，交渉の事例が提供された。
③ 中国会計士事務所や中国企業が海外進出する際，会計士サービス業務の提供に便宜が図られるようになった。
④ 中国政府がG20による平穏，安定した金融市場を求める精神を実行する責任が示された。

しかしながら，この4つの意義だけではなく，何よりも中国監査制度及び監査監督体制が現代監査制度の発祥地である欧州法定監査制度及び監査監督体制と同等であると評価された意義は，1978年から，開放改革政策の実施，1980年代の中国公認会計士制度の本格的導入，2011年のWTO加盟など，一連の中国市場のグローバル化，欧米制度の導入，そして欧米による承認まで，他の国が同様の承認を得るためにかかった約60年間の年月をわずか約30年で実現したことである。

第5節　中国監査基準コンバージェンス戦略の成果

中国ではこの30年あまり市場経済と自由貿易を推進しながら，毎年平均10%の成長率を維持している。一方，様々な問題を抱えつつも政治的に安定性を維持しつづけている。金融危機以降，主要20カ国・地域（G20）首脳会議によって高品質の国際会計基準を要請されたことを受けて，国際会計・監査基準のコンバージェンスのなかで，途上国として世界の最先端に走りつづけ，これまで多大な成果を得てきた。その成功の要因として，本章は次のように分析している。

(1) 政府が主導する基準制定機関

上述したように，中国監査基準の制定機関はCICPAと財政部の二重体制（チェック）である。財政部長（大臣）や，会計司（局）長，CICPA会長，CICPA事務局長など，官僚ポストの「横滑り」が大半である。そのメリットは権力の高度集中により，意思決定が素早く行える。一般に財政部長が退任後CICPA会長になる例が多い。つまり政府が主導権を取り，民間と一丸となってこの戦略を策定し推進している。そして社会的資源を集中して人材(人)，教育施設(物)，予算(金)などのあらゆ

る面において高度集中している。これは，世界に認められる高品質の監査基準を作る機関があるためであろう。

(2) エリートと強力なリーダーシップの存在

中国政府官僚のなかでは，数多くの会計リーダーの存在が大きい。上述した共同声明のなかで言及された，陳毓圭と楊志国なども該当する。一例として，財政副部長の王軍氏は1958年11月生まれ，北京大学政府管理政治学院において政治理論博士課程を修了し，法学博士学位を取得した。1987年から1992年まで財政部において局長級幹部となり1993年から1994年，CICPA副事務局長，1994年に財政部に戻り，2005年10月から現職の財政部副部長に就任していた。氏は，財政部，中国公認会計士協会，北京，上海，アモイ国家会計学院などを主管する副部長である。つまり，王軍氏は長年，会計制度，基準制定などの国家会計戦略を策定する第一人者であるといえる。上記に述べた共同声明も，2005年12月に中国会計・監査基準の国際コンバージェンスが実質的に完了したことを世界に示した共同声明も，中国側の王軍氏が責任者であった。すなわち，王軍氏は，財政部副部長と中国監査委員会長などの役職を担当し，会計政策，国際政治，外交などに精通するエリートである。その存在と強力なリーダシップの発揮は前代未聞である。

加えて，王は在任中，数多くの講話，論文などを公表して，それらの内容は中国コンバージェンス戦略の理念，原則，方針，などの精神的な支えともなっている。

(3) 理念と原則，そして長期戦略

上述したように，会計基準・監査基準の国際的コンバージェンスを推進する際，中国政府は国内外に常に5つの原則を主張しながら，自国基準を出来る限りコンバージェンスするが，自国の独自基準についても発展途上国の特殊性と必要性を主張しつつ，IFAC，IAASB，EUなどを説得して承認を求めている。その上，世界的に中国の発言権と存在感を増強するため，CICPAは，2005年から2007年にかけて会計監査制度の発展に関する「三大戦略」を発案し，約6年間実行してきた。いわゆる「三大戦略」とは，会計事務所(監査法人，以下同)の合併・拡大戦略(海外進出戦略)，会計士人材育成戦略，国際会計基準・監査基準のコンバージェンス戦略である(財政部[2009]12)。

(4) 積極的な政治外交で同等性評価を求める

中国は，初期コンバージェンスの際，2007年監査基準の制定に対して，今回2012年監査基準の制定のプロセスのなかで，及びその後の国際的な承認プロセスは，常にIFAC，IAASBなどと緊密な情報交換と連携関係を保持している。とりわけ，制定プロセスの終了後，中国政府は必ずIFAC，IAASBの指導者達に呼びかけて協議し，そして共同声明という形で公表して国際的な承認を求め，その成果の承認をえている。

(5) 新基準の普及に必要な会計教育機関

2007年に公表された基準も今回の新基準の普及も，北京，上海，アモイにおける財政部が直轄する3つの国家会計学院によって行われた。2008年のデータによると，2008年度では，北京国家会計学院は短期研修人数延べ17,981人で，各種研修コース183期を実施した。上海国家会計学院は短期研修人数延べ人数20,155人，各種研究コース477期を実施した。アモイ国家会計学院は短期研修人数延べ22,562人，各種研修コース221期を実施した。そのほかにネットサイトを利用して通信教育による研修も行われている（財政部［2009］424-428）。これらの大学並みの施設を利用して，上場企業，大企業，公認会計士，会計実務家などに対して新基準の普及教育を行い，実質的コンバージェンスを推進している。

第6節　展望と課題

以上，検討してきたように，世界最大の発展途上国としての中国は，監査基準コンバージェンス戦略によってその形式も内容もIFAC，IAASBに認められ，また監査制度体系もEUなどの先進国に同等性を認められている。国際的に発展途上国の監査基準コンバージェンスのモデルであるといっても過言ではない。その成果は国内外で賞賛されている。このように中国は，欧州連合がIFACとIAASBと連携して主導する会計・監査基準及び制度の国際統合を支持し，積極的に仲間入りしている。今後，それらの組織における発言権の増強と意思決定の参加，そして多大な影響を与えると考える。それに対して，今日まで日本が会計・監査基準及び制度の最先端の国であることを自負しながら，政治判断は国益のためという大義明分の

もとに多くの国から距離をとり米国に依存し，孤立した状態にある。

しかし，中国では課題も残っている。例えば2012年監査基準の普及に関する研修について，2012年の実施までわずか3年間で3つの国家会計学院があったとしても，会計士20万人全体に対して終えることができるのかについては疑問が残る。すなわちこの新基準の実施は，長い時間をかけて監査現場で会計士と企業経営者などの地道な努力によって初めてその成果を得ることができると考える。また，監査現場では人材が大手会計事務所に集中しているため，果たして中小会計事務所の会計士は新基準をよく理解し，監査現場で実施することができるのか等々，様々な課題が残っている。

■注
1) 財政部会計司劉玉廷「中国企業会計準則与国際財務報告準則持続趨同路綫図」解読(http://kjs.mof.gov.cn/2005年5月3日)。
2) IFACホームページ(http://www.ifac.org/2010年10月16日)。
3) CICPAホームページ(http://www.cicpa.org/2010年11月15日)。
4) 人民日報社[2010]「中国注冊会計師"走出去"特刊」『人民日報海外版』10月11日。

■参考文献
汪祥躍等著[2012]『欧盟会計準則』立信会計出版社
全国人大常委会法治工作委員会編[2013]立信会計出版社
財政部会計司[2003]『加強区域合作促進国際協調』中国財政経済出版社
財政部会計司[2008]『我国上市公司2007年執行企業会計準則情況分析報告』経済科学出版社
財政部会計司[2009]『我国上市公司2008年執行企業会計準則情況分析報告』経済科学出版社
財政部会計司[2010]『我国上市公司2009年執行企業会計準則情況分析報告』経済科学出版社
財政部会計準則委員会編[2008]中国財政経済出版社
中華人民共和国財政部主管(財政部)[2009]『中国会計年鑑』中国財政雑誌社編出版輯
中華人民共和国統計局編[2009]『2009中国統計年鑑』中国統計出版社
中国注冊会計師協会(CICPA)[2006-2011]『中国注冊会計師』中国注冊会計師協会編輯部
日本公認会計士協会(JICPA)・企業会計基準委員会(ASBJ)共編[2010]『会計監査六法(平成22年度版)』中央経済社
内藤文雄・松本祥尚・林隆敏[2010]『国際監査基準の完全解説』中央経済社

第4章
中国における会計事務所の
強大化・国際化戦略

第1節　会計事務所の強大化・国際化戦略誕生の背景

（1）中国公認会計士協会第3回フォーラム

　2005年，中国公認会計士協会は国際会計基準・監査基準のコンバージェンス戦略を策定した。同年，次世代リーダー会計人材育成戦略を策定し，今日までの6年間に733名（2010年末現在）の次世代リーダー会計人の候補者を選抜し養成している。2006年度中国公認会計士協会の実施計画として，会計事務所（監査法人）の内部管理監督制度及び会計事務所の「做大做強（Become Big and Strong）」が示されている。続いて2006年5月29日，北京で開催された中国公認会計士第3回フォーラムの統一論題は「中国会計士業界の強大化（做大做強）」であった。国際会計士連盟会長などの9名の来賓が講演した（CICPA［2006］6号5-13）。

　同年9月28日に中国公認会計協会は「会計事務所の強大化戦略に関する意見（公開草案）」を公表した。これは，公認会計士協会が打ち出した人材育成戦略，監査基準のコンバージェンス戦略を実施したのちの，第3の戦略，すなわち会計事務所の強大化・国際化戦略の始まりである（CICPA［2006］10号3-8）。

　この戦略を公式に世界に披露したのは2007年5月26日である。その日，中国公認会計士協会が「会計事務所の強大化・国際化戦略に関する意見」及び「会計士事務所内部管理指南」の発表会を行い，同時に記者会見会を開いた。これまでの2大戦略に会計事務所（監査法人）強大化・国際化戦略を加えて，いわゆる中国会計士制度の発展に関する「3大戦略」が実施したことを宣言した。この戦略目標は「5年から10年の間に，一定規模の大企業及び企業グループに向け，業務提供ができる会

計事務所100社を発展させて,それをもとに,中国企業の海外進出戦略にあたって国際会計監査などの業務を提供できる10程度の会計事務所を発展させるというものである」(CICPA [2007] 6 号 12-30)。

本章は,CICPAがこれまで実行してきた会計事務所の強大化・国際化戦略の歴史的背景,現状,成果を中心に考察した上で,CICPAによるこの戦略の特徴,目的と意義を明らかにする。またビック4会計事務所の中国本土化も明らかにする。そして今日のグローバル化した世界における政府が主導する発展モデルの競争優位性を示唆したい。

(2) 中国企業の海外投資増加

中国の経済発展につれて,主にエネルギーなどの資源を獲得するため,中国企業の海外進出は増え続けている。2006年当初,**図表4-1**で示したように,対外直接投資額は2003年度の31億ドルから右肩上がりで,2006年度は190億ドルに達した。また,中国企業は海外資金を調達するため,香港やニューヨーク市場に上場する際,それらの業務がほぼすべて世界の会計事務所ビッグ4に依存している。2007年5月26日に,中国公認会計士協会は11回5カ年計画に基づいて「中国会計事務所の合併拡大及び国際化の推進に関する意見」の通達(会協[2007]33号,CICPA [2007] 6 号 26-30)を各省,自治区,直轄市の会計士協会に下し,会計事務所の合併拡大・国際化戦略が始まった。続いて2007年12月,中国公認会計士協会を含め商務部,財政部などあわせて9部署(省庁)は共同で『会計事務所業務の拡大及び海外進出の推進に関する若干意見』を公表し,会計事務所の合併拡大・国際化戦略を推し進めた。

その後の中国企業の海外直接投資額は年々増え続け,2008年度末現在には559

図表4-1 2003年～2006年中国対外直接投資状況

単位:万ドル

順位	五大州	2003年	2004年	2005年	2006年	合計
1	アメリカ	103,815	176,272	646,616	846,874	1,773,577
2	アジア	150,503	301,399	448,417	766,325	1,666,644
3	ヨーロッパ	48,745	67,665	127,293	226,982	470,685
4	アフリカ	7,481	31,743	3,968	51,986	95,178
5	オセアニア	3,388	12,015	20,283	12,636	48,322
	合計	313,932	589,094	1,246,577	1,904,803	4,054,406

出所:CICPA [2008] 18より筆者作成

億ドル（中国統計局編 [2009]），海外市場に上場した企業 77 社，資金調達総額 271.4 億ドルとなった[1]。2009 年度末現在では 2,458 億ドル（中国統計局編 [2010] 248）に上った。

　これまで中国企業の海外直接投資，海外株式市場の上場などの業務は外国会計事務所に依存する現状を打破するため，中国公認会計士協会は自国会計士事務所のブランド作り及び国際化が喫緊の課題であると認識しその戦略を策定したと考える。また，中国企業の海外直接投資が年々増加するにつれて会計士業務の需要が増えるため，とりわけ自国会計士の支援は何よりも重要であると企業からも政府からも要請があったためである。

(3) 財政部の意見書から国務院の国策へ

　中国公認会計士協会がこの戦略を実施して間もなくの 2009 年 10 月 3 日，国務院弁公庁は財政部令『関于加快発展我国注冊会計師行業的若干意見』(国弁発 [2009] 56 号)[2] を承認，関連部署に通達を下した。この省令は通称 56 号通達である。それは，公認会計士協会が策定した戦略は中国の国家戦略へ拡大したことを意味している。主な内容は次の通りである。
① 会計事務所の強大化，国際化，専門化を支持し政策誘導すること。
② 積極的に会計事務所の国際化と発展を推進すること。
③ 全力で会計士業務領域の拡大を推進すること。
④ より一層会計業界の人材戦略を推進すること。
⑤ より一層試験制度を改善し試験の質を高めること。
⑥ 登録許認可と会員管理制度を厳格に実施すること。
⑦ 業界に対する監視監督を強化し管理機能を高めること。
⑧ 公認会計士業界の信用・誠実の理念を構築し強化すること。
⑨ 協会自身の発展を強化すること。
⑩ より一層業界における共産党の組織基盤を強化すること。
　この国務院による国策に基づいて，CICPA は次の会計事務所に関連する通達を地方協会に下した。
　2010 年 2 月 9 日に，CICPA は『中国注冊会計師協会関于加強会計事務所業務質量控制制度建設的意見』(会協 [2010] 8 号)を関連部門に通達した (CICPA [2010] 3 号 30-32)。

2010年2月10日に，CICPAは『中国注冊会計師協会関于進一歩加強行業職業道徳建設的意見』(会協[2010]9号)を関連部門に通達した(CICPA[2010]3号28-29)。

2010年2月10日に，CICPAは『会計師事務所服務経済社会発展新領域業務拓展工作法方案』(会協[2010]10号)を関連部門に通達した(CICPA[2010]2号28-29)。

2010年2月10日に，CICPAは『中国注冊会計師協会行業会計服務示範基地建設工作方案』(会協[2010]19号)を関連部門に通達した。

2010年2月12日，CICPAは『関于加快発展我国注冊会計師行業若干意見的実施意見』(会協[2010]13号)を関連部門に通達した。

2010年2月12日，CICPAは『会計事務所合併程序指引』の公開草案を公表した。

2010年5月13日，CICPAは『注冊会計師業務指導目録』(会協[2010]38号)を関連部門に通達した(CICPA[2010]7号12-16)。

この一連の法規は監査品質管理，職業道徳倫理の向上，会計サービス業務のモデル地区の構築，会計監査職域の拡大などの面において指導的な役割を果たしている。

第2節　強大化・国際化戦略推進の目的と目標

(1) 中国における公認会計士制度の発達史に関する区分

中国公認会計士制度の歴史に関する研究は，1918年，北洋政府農商部が公布した「会計師暫行章程」に基づいて謝霖に第1号会計師(士)証書を交付したのを端緒に，1925年までには約160人に増加して，1946年現在2,619人となり，会計事務所数について上海における会計事務所は約82にのぼったと記述されたが，中国全土において会計事務所数に関する史料が残っていないと述べていた(趙[1996]262, 269)。

また，1949年，中華人民共和国が成立した当初，上海，天津，重慶，武漢，広州，杭州等の都会では会計事務所及び会計士監査活動が行われ，全国の会計士と実務従事者は3,000人弱であり，上海では100以上の会計事務所が開業し，そのなかで，立信，公信，正明，正則の4大会計事務所が有名であった。1956年以降，資本主義工商業が社会主義化に変化したことによって，会計事務所が相次ぎ閉業してしまった。会計事務所による会計監査は市場のニーズがなくなり，完全に廃業し中断されたと述べている。このように，会計士数について1940年代後半までに3,000人弱，会計事務所数についての2人の研究は，ともに上海における会計事務所数は

100前後しか存在しないという結論であった(李[2005]140-206)。

中国会計学会は，現代中国公認会計士の発展の歴史を，回復再建段階（1980年12月～1986年7月），基礎確立段階（1986年7月～1993年10月），規範発展段階（1993年10月～2006年2月），コンバージェンス国際化段階（2006年～2009年現在）の4段階に分けて分類してきたとされている（中国会計学会[2009]94-116)。その歴史的発展の特徴は，会計士制度の自己規制，自己管理，自己強化のプロセスを踏んで発展し，今後もその方向に進んでいくことが予想される。これは政府が主導するトップダウン，強制的な制度改革であり，制度そのものは計画経済体制から脱皮した特徴があると述べている。すなわち，政府官庁に属する会計事務所が民間会計事務所への「民営化」の道を歩んできたといえる。

そもそも，中国公認会計士制度の回復は1980年12月，財政部が「顧問会計士事務所設立に関する暫定規定」を公表したことが歴史的転換点とされるが，1980年から今日までの歴史時期区分を，さらに段階的に区分する際，中国公認会計士協会の事務総長陳毓圭によると，中国公認会計業界の発展は歴史的に次の4段階として分けられる(CICPA[2009]54-62)。

① 回復再建段階(1980年～1991年)
② 規範発展段階(1991年～1998年)
③ 体制創新段階(1998年～2004年)
④ 国際化発展段階(2005年以降)

この中国会計士発展に関する歴史的区分は，中国公認会計士協会によって支持されている。

(2) 会計事務所の強大化・国際化を求める理由

中国公認会計士協会は，国家の15カ年計画に基づいて，会計士業界が企業の海外投資と進出の戦略を実施し，そして国外に進出した企業に対して，会計事務所の関連業務を行うために，「中国会計事務所の強大化及び国際化の推進に関する意見」(以下2007年意見書と略称)の案を作成し，2007年1月12日に中国公認会計士第4回理事会第3次会議において審議され，承認された。2007年5月26日に，この意見書に会協[2007]33号通達で会計士全業界に通告した(CICPA[2007]6号26-30)。

この2007年意見書によると，この戦略が必要とする理由は，①中国社会主義市

場経済の発展が著しく，企業規模が段々拡大した現状の需要，②中国における経済活動の日々深化及び市場需要の多元化による客観的な需要，③中国企業の国際化と発展及び国際市場競争の需要である(CICPA[2007]6号 26-27)。

中国市場経済成長に伴い企業も高度成長，拡大しているため，また会計事務所に監査業務以外の保証業務が多く求められている。それに中国企業の海外進出，すなわち中国企業の国際化戦略に伴う国際業務の急増など，中国公認会計士が国際市場における競争に勝ち残るための会計士業界の強大化・国際化が必要である。

(3) 会計事務所の強大化・国際化の数値目標と内部管理体制の強化

CICPAは戦略目標として，5年間ないし10年間をかけて大企業及び国営企業の海外進出に対して会計実務サービスを提供できる約100会計事務所を育成し発展させる。それを土台にしてさらに，中国企業の海外進出，国際化戦略に対応できる約10会計事務所を育成させる目標を立てた。会計事務所が世界のビッグ10に入るのは基本目標である。この目標を達成するために，競争力の強化は根本であり，国際化の象徴は海外進出であると考えられる。会計事務所内部の管理監督体制作り，品質管理体制作り，事務所文化の形成は強大化・国際化の重要なポイントである。

この戦略の数値目標にあわせて同時公表されたのが『会計士事務所内部管理体制手引き』(施行日2008年1月1日)である。以下の十章八十四条で構成される。

　　第一章　総則
　　第二章　出資者(社員，パートナー)
　　第三章　ガバナンス及び監督
　　第四章　主任会計士(代表社員)
　　第五章　従業員(スタッフ)
　　第六章　品質管理体制
　　第七章　従属事務所
　　第八章　社員文化体制の構築
　　第九章　情報共有及び開示
　　第十章　附則

この手引きの主旨は，会計事務所の各々の内部規程作り及び制度体制の構築，事務所業務管理体制の整備及び管理に関する指導規範を提供すること。すなわち，事務所は拡大化，国際化，事務所のコーポレートガバナンス，組織的な運営管理，社

員の責任と義務，監事会，監査業務などの品質管理，リスクマネジメント情報共有化と開示などに関して，国際的な競争を勝ち取ることができる規範的な事務所経営組織作りを提示したのである。

(4) 会計事務所の強大化・国際化戦略と他の戦略との関係

中国監査基準コンバージェンス戦略の成果及び同等性評価は，中国監査制度体制が国際的に認められ，会計事務所の業務開拓及び国際競争への参入に気運をもたらした。そして業界の強大化・国際化戦略の根本は人材である。そこで次世代リーダー会計人育成戦略を継続して実施し，5年から10年で国際業務を担当できる1,000名の高級会計人材及び大型会計事務所管理人材を育成する必要がある。

さらに次の要点と密接な関係がある。
① 公認会計士法律環境の改善
② 特殊普通社員組織の実施
③ 業界政策，措置の改善
④ 会計事務所IT化
⑤ 会員へのサービス業務と管理体制の改善
⑥ 公認会計士の理論指導

この3つの戦略は相互に密接な関係があり，個としての会計士，組織としての会計事務所，そして監査業務を行う基準の国際化，すなわち同等性評価，いずれにしても中国がこの領域において国際的な影響力，発言力が示されている。

第3節　会計事務所の強大化・国際化の戦略
　　　　　──ビッグ4の中国本土化

(1) 国内会計事務所の強大化

① 中国会計事務所の法人形態

1993年の中国公認会計士法第四章第二十三条では，会計事務所（監査法人）は公認会計士が共同で設立することができる。共同設立した会計事務所の債務は，共同出資者が比例による出資または協議による契約に基づいて各自の責任を負い，かつ会計事務所の債務に対する連帯責任を負う(法制工作委員会[2013]788)。

また，同法第二章第六条で定められる組織形態は，社員（パートナー）組織形態

の会計事務所(有限責任社員2名以上の合名会社)と有限責任会計事務所(有限責任社員5名以上の合名会社)の二つである(法制工作委員会[2013]790)。

その後，1997年の中国の合名会社法が改訂され，2007年執行の合名会社となった。その中，第二章では，普通社員企業（普通合名会社形態）と特殊普通社員企業（特殊合名会社形態）と分けられる。

② 普通社員企業の特徴

区　分	普通社員企業(合名会社に相当)	合名会社法
規　模	2名以上の出資者	第14条
出資対象	金銭，現物，特許権等，土地使用権またはその他の財産権，労務・役務	第16条
債務弁済	全部財産をもって弁済しなければならない	第38条
責任形態	無限連帯責任と有限連帯責任者	第39条，40条

特殊普通社員企業とは，専門知識と専門技能を用いて顧客に有償業務を提供する専門的サービス機構であり，この合名会社法の第57条で規定される企業債務の弁済責任を負う普通社員企業である（同法第55条）。すなわち，1名の社員または数名の社員が業務執行中において故意または重大過失のためもたらされた合名企業の債務に対して，無限責任または無限連帯責任を負い，その他の社員がその合名企業における出資額の割合によって弁済責任を負う(同法第57条)。

③ 特殊普通社員企業の特徴

故意または非故意	債務弁済	無限責任と有限責任	責任範囲
故意 or 重大過失		無限責任または無限連帯責任	当該社員
		出資額による有限連帯責任	その他の社員
非故意 or 重大過失	債務弁済	無限連帯責任者	全社員

特殊普通社員企業は，リスク管理基金の建立と職業保険の加入を義務とする（同法第59条）。

④ 大中型会計事務所の特別省令

2010年7月21日に，財政部と国家工商行政管理総局は共同で『大中型会計事務所が特殊普通社員組織形態に移行する政策の推進に関する暫定規定』（財会[2010]

12号)の省令を公布した(CICPA[2010]8号38)。

この省令によると,大型会計事務所は2010年12月31日までに特殊普通社員企業形態に改組しなければならない。また,中型会計事務所は,2011年12月31日までに特殊普通社員企業形態に改組することを推進する(法制工作委員会[2013]797,省令第3条)政策が取られている。その具体的な法律形態は**図表4-2**で示している。

図表4-2 大中型会計事務所の規模・社員要件・管理監督

区　　分	大型会計事務所(業界トップ10位以上)	省令第4条
	中型会計事務所(業界上位200位前後)	
規　　模	25名以上の社員,50名以上の公認会計士,資本金1,000万元以上	省令第5条
社員要件	①会計事務所において業務担当	省令第6条
	②社員になる前まで過去3年間行政処分を受けたことはない者	
	③公認会計士資格を受けた後,最近5年次の監査業務を経験したもの,そのうち国外会計事務所で3年以上の実務経験のある者	
	a. 企業会計監査業務を行い,監査報告書の署名	
	b. 払込資本金(験資)監査及び監査報告書の署名	
	c. 企業合併,分割,清算に関する監査業務を行い監査報告書に署名した。	
	d. 法律,行政法規によるその他の監査教務	
	④社員になる前までの1年間以内に故意または過失で処罰などを受けたことはない。	
	⑤年齢は65歳以下	
監督業務検査	財政部と省財政部門	省令第43条
	①会計事務所設立要件の維持状況	
	②会計事務所財政部と省財政部門の登記状況	
	③会計事務所と公認会計士の業務状況	
	④会計事務所の品質管理システム	
	⑤その他の法律,行政法規が規定された監督検査事項	

出所:法制工作委員会[2013] 797-799

(2) 世界ビッグ4の「特殊普通社員制」

① 中国政府がビッグ4との20年間の契約

1992年に,中国開放改革政策の実施につれて中国国内市場における会計士業務

のニーズに応えて、世界会計事務所のビッグ4の中国監査市場への進出が認められた。その組織形態としては、中国合作経営企業法に基づいた中国側合作者（パートナー）と合同で設立した会計事務所、すなわち契約企業法人である。このような契約企業法人は合作期限があり、ビッグ4の場合、合作期間は20年間である。2012年に満期となり、当初の契約によると国際慣例に基づいて国内法人化(本土化)にすると約束された。ビッグ4それぞれの中国パートナーと合作事務所の開設時期について、Price waterhouse Coopers は中国の中天と合同会計事務所を開設し、1992年7月、KPMG International は中国の華振と合同会計事務所を開業した（1983年10月北京で代表機構設置）。同年1992年12月に、Deloitte Touche Tohmateu は中国滬江会計士事務所と合作した（1983年10月、北京で代表機構設置）。Ernst & Young International は、北京で華明と合作会計事務所を開設した。

2014年8月、財政部会計司の「百年のビッグ4、中国における新たな姿」という報告(以下、財政部報告と略称)によると、「ビッグ4国際会計事務所(以下、ビッグ4と略称) は現在世界に公認された最大規模、最多雇用、最大実力、最大影響のある国際会計会社である。プライスウォーターハウスクーパース(PWC)、デロイト・トウシュ・トーマツ（DTT）、KPMG、アーンスト・アンド・ヤング(EY)が含まれている。

周知のように、ビッグ4国際会計事務所誕生の歴史は19世紀末に遡ることができる。20世紀初頭、欧米などの国において成立された地域的な会社であり、100年ぐらいの改組合併及びグローバル的な発展を経て、20世紀末、比較的に安定した組織形態が形成され今日まで続いている。そのうち、EY は 1989年、Arthur Young と Efnst & Whinney と合併し、KPMG は1987年、PMI と KMG のメンバー機構が改組合併し 1995年に正式名となり、PWC は1998年、Price waterhouse と Coopers & Lybrand が合併して成立した。DTT は 1999年、Deloitte & Touche と Tohmatsu が合併して成立した。2013年、ビッグ4の国際的な年度業務収入は1,137億ドル、前年度より3%上昇した。そのうち監査業務収入は490億ドルであり、全世界において72万人の従業員を持ち、約年3%の成長率である。

ビッグ4は20世紀初頭から、中国業務に関連していた。例えば、デロイト・トウシュは1917年に中国上海で事務所を開いた。但し、ビッグ4が全面的に中国市場に進出したのは改革開放以降の時期であった。経済改革の推進、対外開放のニーズに応じて1992年に、中国は外国会計事務所と中国会計事務所が「中外合作経営

企業法」に基づいて中外合作会計事務所を設立することを許可しはじめ，当時の国際ビッグ6（アーンスト・アンド・ヤング，アーサー・アンダーセン，デロイト・トウシュ，KPMG ピート・マーウィック，クーパース・アンド・ライブランド，プライスウォーターハウス）は第1の批准参入者となり，合作期限は20年であった。その20年間の整合発展を経て，期限満期の2011末現在，中国全土に中外合作事務所4社（プライスウォーターハウスクーパース，デロイト・トウシュ・トーマツ，KPMG，アーンスト・アンド・ヤング）があり，中国における25の地方事務所を持ち，それらは主に北京，上海，広州，深圳，大連，蘇州等の経済発達都市に集中している。ビッグ4の中外合作事務所の，2011年の業務収入（売上高）は102億元であり，全国会計士事務所の業務総収入に占める割合は，1992年設立当初の0.05％から23％に猛上昇し，中国会計士3,000人と約従業員2万人を擁している」[3]。

このように，ビッグ4と中国パートナーとで設立された中外合作会計事務所は中国経済発展と資本市場の改革，会計監査基準の制定及び国際コンバージェンス，中国企業の海外株式市場の上場，会計人材育成などの面において多大な貢献があったが，問題も少なくない。例えば中国合作側の不在による外国合作側の権利，責任，利益分配の不均衡などがあげられる。また，国際的にほかの国の立法状況を見ると，会計事務所の設立は発起人による設立が一般的であり，既存の2つの機構が会計事務所を設立する形，すなわち会社のように合作で設立するのはまれなケースである。したがって，**図表 4-3** で示すように，2012年8月末までに国際的な慣例に基づいて「中外合作会計事務所」が歴史の舞台から消えていくことになった。

図表 4-3　世界ビッグ4関連中外合作会計事務所の状況表

ビッグ4と合作制度下の事務所	特殊法人制度改正前			特殊法人制度改正後			
	設立年度	事務所数	従業員数	改正年月	事務所数	従業員総数	
						会計士	従業員
Price waterhouse Coopers& 中天	1992	14	8,000	2012年7月	7	895	3,079
Deloitte Touche Tohmateu& 華永	1992	13	9,000	2012年7月	3	646	2,053
KPMG International& 華振	1992	16	10,000	2012年8月	6	791	5,201
Ernst & Young International& 華明	1992	23	14,000	2012年12月	9	905	5,047

出所：財政部（http://kjs.mof.gov.cn/2014年8月30日）

② 中外合作会計事務所の制度改正

財政部報告によると，2010年10月，すなわち2012年合作期限の直前に，ビッグ4に関連する中外合作会計事務所の代表社員が財政部会計司と次々と連絡を取り，合作期限終了後の制度設計について意見交換をする申し出があったことはマスコミで盛んに報道された。それは合作企業法によって，満期後，清算して解散もありうる形となり，その上2万人従業員と，多くの約1,000のクライアントの先行きが不透明にさらされるわけである。中国本土化の会計事務所はその他の会計事務所と「同一環境，公平競争」に基づいて継続に存在していけば，平穏な制度改革ができる。

そこで，財政部は会計司の中外合作会計事務所満期後，制度改正プロジェクトチーム結成（諮問委員会）に関する要請を認め，CICPA，工商管理総局，商務部，証券取引監視委員会などの関連省庁が参加する合同作業委員会を設立しこの委員会は次の作業を行った。

a. ビッグ4関連中外会計事務所の基礎調査と意見聴取，100以上の意見を得た。
b. 終了後，制度改正に関する法律問題，政策問題，内部管理問題などが検討された。
c. 制度改正の基本原則を定め，2012年1月，制度改正に関する公開草案を作成し公表した。制度改正意見を受けて，草案に対して20回以上修正し，2012年2月に「中外合作会計事務所現地法人化（本土化）制度改正案」を完成させて諮問委員会に提出し審議された結果，承認された。
d. 2012年5月2日に財政部，工商管理総局，商務部などの関連中央省庁連合で「中外合作会計事務所現地法人化（中国本土化）制度改正案」（財会[2012] 8号）を公布した。

図表4-4　中外合作会計事務所における企業統治

ビッグ4と合作制度下の事務所	パートナーの割合		経営層の割合	
	ビッグ4	中国側	ビッグ4	中国側
Price waterhouse Coopers& 中天	61%	39%	60%	40%
Deloitte Touche Tohmateu& 華永	50%	50%	67%	33%
KPMG International& 華振	70%	30%	50%	50%
Ernst & Young International& 華明	55%	45%	50%	50%
平　均	59%	41%	58%	42%

出所：財政部会計司報告「百年四大中国新姿－"四大"中外合作会計事務所本土化転制報告」（二〇一四年八月）より筆者作成

③ 制度改正の主な内容

財政部によると，今回の制度改正の主な点は次の通りである[4]。

a. ビッグ4合作会計事務所の合作期限満期後，特殊普通パートナー（社員）会社形態とする5年間までを，制度改正の過渡期とする。初期目標として特殊普通パートナー会社形態の開始日から会計事務所のパートナー占有比例及び事務所経営層の占有比例について，外国側の比例は40％を超えてはならない。最終目標として，5年間の過渡期を経てから，この比例は20％を超えてはならない。

b. 過渡期におけるパートナーの年齢制限。外国側のパートナーの年齢は40歳未満にしてはならない。

c. 会計事務所代表パートナーの資格条件を付与する。会計事務所代表パートナーは，必ず中国国籍並びに中国公認会計士資格を有すること。但し，3年までの猶予期間を与え，すなわち最長3年間上記資格条件に満たさないものも認める。

「特殊普通パートナー企業」組織について，「中華人民共和国パートナー企業法（合名会社法）」の第2章普通パートナー企業の第6節，特殊普通パートナー企業（第55条から第59条）によると，一人社員または複数の社員が役務活動中において故意または重大な過失を原因にもたらしたパートナー企業の債務に対して無限賠償責任と連帯賠償責任を負い，その他の社員はそのパートナー企業に出資した部分のみ賠償責任を負う。また，非故意または重大過失でもたらされた債務及びパートナー企業のその他の債務に対して，すべての社員が無限賠償責任を負う（第57条）。

また，社員が役務活動中において故意または重大な過失をもたらした債務に対して，パートナー企業の財産をもって賠償責任を負った後，当該社員はパートナー企業の協議の約定に基づいて，パートナー企業にもたらした損失に対して賠償責任を負わなければならない（第58条）。

すなわち，日本では合名会社という形態で，無限責任社員のみ明記され，合資会社が無限責任社員と有限責任社員を分けているが，中国の「特殊普通パートナー企業」組織は，企業の債務に対して当事者の故意と過失の違いによって，負うべき債務は故意であれば無限賠償責任と連帯賠償責任を負い，過失であれば有限賠償責任のみ責任を負うということである。かつ社員の人数は50人までの制限を突破している。イギリスとアメリカの有限責任社員制会社（Limited Liability Partnership）

をもとに，一つ独創的な点は，無過失社員がその他の違法行為または重大な過失のある社員の連帯責任を負うことを除外したことである。

中国会計事務所の現状について，財政部によると，中国公認会計士法は 2 種類の企業組織体が規定されている。すなわち，社員制（パートナー制）と有限責任会社制である。2010 年 7 月 1 日現在，中国では 6,892 社（支社を除く）があり，そのうち有限責任会社制の会計事務所は 4,428 社で，64％を占めている。社員制会社は 2,464 社，36％を占めている。また，毎年評価されているトップ 100 社のうち，たったの 3 社（2009 年現在）が社員制会計事務所であり，つまり，組織形態としての会計事務所は有限責任会社の形態に偏っている。

④ 制度改正の結果

財政部会計司の報告によると，この制度改正は，財政部が幾度もビッグ 4 等の責任者と会見し，意見を交換し成立させたものである。その結果，法案はビッグ 4 の支持を得ただけではなく，財政部は国際的なマスコミ対応も適時公開，透明，公正に行われ世論に認められた。アメリカの「ニューヨーク日報」によると，多くの国が会計事務所のパートナーは制度上，自国の国籍を有する者のみであるが，中国政府の法案は譲歩されていたこと，すなわち期限付きで外国籍のパートナーを認めたことが報じられていた。英国ロイター通信によると，シンガポール会計士業界で 1980 年代類似の経験がされ，香港は 1990 年代後半同様の情況が発生し，今日中国国内でも発生したなど，中国政府が国際慣例によって，さらに猶予期間もあたえたと，その寛大さが評価された。

そこで，制度改正の結果，**図表 4-5** で示すように，2012 年 7 月 5 日には KPMG & 華振，7 月 27 日にはアーンスト・アンド・ヤング & 華明，9 月 14 日にはデロイ

図表 4-5　新設世界ビッグ 4 関連会計事務所（特殊普通パートナー法人）

会計事務所	代表社員	社員数	うち：CICPA 有資格者	出資額
Price waterhouse Coopers & 中天	楊紹信	148	91	8,175 万元
Deloitte Touche Tohmateu & 華永	盧伯卿	144	88	5,820 万元
KPMG International & 華振	姚建華	25	15	1,000 万元
Ernst & Young International & 華明	呉港平	88	60	1,000 万元

出所：財政部（http://kjs.mof.gov.cn/2014 年 8 月 30 日）

ト・トウシュ・トーマツ＆華永，12月24日にはプライスウォーターハウスクーパース＆中天が特殊普通パートナー企業として新設されることが財政部に認可された。

　2014年3月に，中国財政部会計司がビッグ4制度改正後1年間を経て，その運営状況を実地調査した。ビッグ4のパートナー総数は506人であり，その人数が制度改正前より101人増え，25％の増加率であった。中国国内パートナーの比率は62％にのぼり，それぞれの人材育成計画によると，2014年度末65％に，2016年末75％に，2017年度末80％に達成することができると予測されている。

第4節　会計事務所の強大化・国際化の戦略—政策合併

(1) 中国における会計事務所総合評価ランキング

　中国公認会計士協会は，2003年から前年度2002年統計データに基づいて「年度総合評価ランキング：上位100会計事務所」の情報を公開した。今日までこの上位100会計事務所の総合評価による情報公開はすでに一般社会，政府機関，証券市場に広く認められている。

① 総合評価基準の変遷

　中国公認会計士協会の「上位100会計事務所の情報開示制度大事記」によると，2003年にはじめて，2002年度の業務収入（売上高）を基準として評価し，補充情報として会計士人数，年齢構成と学歴などを公表した。

　2004年は2003年度の評価基準をもとに，従属会計事務所数及び監査業務収入，業務収入増加率など3項目を増やした。

　2005年は2004年度の評価基準をもとに，監査業務収入，副業の資産評査定などの分類指標を増やした。

　2006年はCICPAが「会計事務所総合評価方法（試行）」を発表した。評価指標は業務収入，公認会計士人数，継続再教育の完成率，次世代リーダー会計士育成コース人数，処罰と懲戒状況などを含めて，はじめて本当の意味の総合評価を試みた。

　2007年は2006年度の5つの評価基準のほか，従属会計事務所数及び従業員数の2項目を補充情報として開示した。

　2008年は2007年度の5つの評価基準をもとに，補充情報として社員（出資者）人

数，会計士年齢構成と会計士学歴構成の3項目を増やして，5つの数値評価指標と5つの補充情報開示という総合的な評価指標体制が形成された。

2009年は前年度の評価基準をもとに，監査業務収入という補充情報を増やし，5つの数値評価指標と6つの補充情報指標となった。

2010年は前年度の評価基準をもとに，一人あたり業務収入と国外会計事務所数量の2項目の補充情報を増やし，5つの数値評価指標と8つの補充情報指標となった。この年には，CICPAが事務所に対する総合評価について，1,561項目の評価指標システムを構築し，その成果が中央政府と関連官庁に支持され認められた。

CICPAは2010年の研究成果をもとに，2011年，「会計事務所総合評価方法」を改訂し，5つの数値評価指標と8つの補充情報指標前年度の評価基準を見直し改善し「会計事務所総合評価方法（修訂）」（会協[2011]41号）版となった。そして業務収入指標，公認会計士人数指標，総合品質評価指標，処罰と懲戒指標等4大主要指標とした。業務収入，公認会計士人数，先端監査業務，国際業務，内部統制，人的資源，人材育成，ＩＴ技術，品質リスク管理，財務会計，職業倫理，党組織情報，創造性と競争優位性，社会的責任など，15の側面365項目の評価指標を包括している(CICPA[2011]8号18-19)。

2011年，2012年，2013年の3年間では「会計事務所総合評価方法（修訂）」版に基づいて評価し，その情報を公開した。2014年には「会計事務所総合評価方法（修訂）」版を改訂し，現在の2014年版「会計事務所総合評価方法」が確定された。

② 2007年試行版の総合評価指標及び得点基準

2006年11月3日に公表した『会計事務所総合評価方法（試行）』をもって改訂された。それによると，評価指標は売上高（評価指標の約70%に相当，以下同），公認会計士人数（10%），継続再教育の完成率（20%），次世代リーダー会計士育成コース人数（加算，人数×0.5），処罰と懲戒状況（減算，相関係数×0.5）など五つ指標のほか，さらに社員人数，従業員数，事務所数などの3つの指標を加え，補充情報とするものである。その中で，売上高要素は70%を占めるため，総合評価は売上高ランキングの評価ともいえる（CICPA[2006]11号12-13)。総合得点の計算式は次の通りである。

A. 売上高評価点＝（会計事務所年売上高／前年度上位100事務所の売上高平均値）×70

第4章　中国における会計事務所の強大化・国際化戦略

B. 公認会計士人数評価点＝(会計事務所会計士人数／前年度上位100事務所会計士人数の平均値)×10
C. 継続再教育完成率評価点＝(会計事務所継続再教育完了した会計士人数／会計事務所会計士人数)×20
D. 次世代リーダー会計士育成コース人数得点＝人数×0.5
E. 事務所又は会計士の処罰，懲戒処分の評価減＝Σ[刑事処分，行政懲戒，協会の懲戒回数(人数)×相関数値]

総合評価得点＝A＋B＋C＋D－E

あわせて最高得点は約1000点未満の指標である。2007年総合評価基準は売上高，公認会計士人数，継続再教育の完成率，会計士リーダー養成コース人数，処罰と懲戒状況など5つの指標のほか，さらに社員人数，従業員数，事務所数など3つの指標を加え，補充情報としている。

この試行総合評価方法によると，2006年現在の会計事務所総合評価ランキングは**図表4-6**のように，各事務所の総合得点上位14までを示している。

図表4-6　2006年度中国会計事務所総合評価情報（上位14）

会計事務所名称	得点順位	総合評価指標				総合得点
		2006年度売上高(万元)	会計士人数	次世代リーダー会計人数	監査法人と会計士処罰，懲戒減点	
普华永道中天	1	203,762	499	3	4	1589.09
安永华明	2	159,833	382	6		1255.07
德勤华永	3	138,564	482	2	4	1096.37
毕马威华振	4	123,747	308	1		975.31
立信	5	21,983	361	1		212.97
岳华	6	21,049	440	4	4	209.34
信永中和	7	20,252	356	1	4	195.57
中审	8	18,551	324			183.87
中瑞华恒信	9	16,888	338	4		174.39
万隆	10	15,232	303	2		158.31
大信	11	14,304	339			153.01
北京天华中兴	12	14,050	287			147.22
利安达信隆	13	11,557	302	1		130.06
中和正信	14	10,854	316	1		125.81

出所：CICPA [2007] 6号 41-43

③ **2011年修訂版の総合評価指標及び得点基準（CICPA［2013］7号30）**
　A. 売上高指標得点＝（当該会計事務所売上高／全部上位100候補会計事務所の売上高平均値）×50
　B. 公認会計士人数指標得点＝（当該会計事務所会計士数／全部上位100候補会計事務所の公認会計士人数の平均値）×10
　C. 総合評価品質指標得点＝（当該会計士事務所総合評価品質指標の合計得点／全部上位100候補会計事務所品質指標合計得点の平均値）×40
　D. 会計事務所と会計士処罰及び懲戒による減点＝∑［刑事処罰，行政処罰と行政懲戒の回数（人数）］×相関数値
総合評価得点＝A総収入指標得点＋B会計士人数指標得点＋C総合評価品質指標得点＋D会計事務所と会計士処罰及び懲戒による減点

④ **2014年確定版の総合評価指標及び得点基準**

2014年では，5月13日会協［2014］22号通達をもって「会計事務所総合評価方法」2014年版を公表した。3大総合評価数値指標，すなわち業務収入（売上高）指標，その他の総合評価指標，処罰と懲戒の減点評価指標を行い，上位100会計事務所がランキングされた。その第十三条は次のような計算式となっている。
　A. 主要業務収入（売上高）指標得点＝（当該会計事務所年売上高／前年度上位100事務所売上高の中位数値）×47
　B. その他の業務収入(売上高)指標得点＝(当該会計事務所のその他の年売上高／前年度上位100事務所のその他の売上高の中位値)×3
　　業務収入(売上高)評価指標得点＝A＋B
　C. その他の総合評価指標得点＝(当該会計士事務所その他の総合評価指標の合計得点／全部上位100候補会計事務所その他の総合評価指標の合計得点の平均値)×50
　D. 会計事務所と会計士処罰及び懲戒による減点＝∑［刑事処罰，行政処罰と行政懲戒の回数（人数）］×相関数値
総合評価得点＝A総収入指標得点＋Bその他の総合評価指標得点－会計事務所と会計士処罰及び懲戒による減点数値

　このように，中国における会計事務所に対する総合ランキング評価は，会計事務所の業務収入（売上高），会計士所有人数，継続再教育完成率評価点，処罰，懲戒に

よる減点などで評価し，上位100会計事務所を公表している。2006年から試行版，2007年から2010年まで，次世代リーダー会計人数の評価指標で評価されていた。その後，度々修正されたが，いずれにしても業務種収入指標による得点評価値の占める割合は多い。その割合について，2006年試行版は70点をかけて計算，2010年修訂版は50点をかけて計算，2014年確定版は50点をかけて計算されたが，その50点のうち47点は主要業務収入であり，3点はその他の業務収入である。また，2014年確定版はこれまでの会計士所有人数，継続再教育完成率評価，品質指標評価などの得点はすべてその他の総合評価得点で評価し，50をかけて計算されている。

⑤ 2015年版の総合評価指標及び得点基準

総合評価指標の改訂はとどまることなく，2015年8月3日会協[2015]46号通達をもって2014年版「会計事務所総合評価方法」を改訂し，2015年版を公表した。3大総合評価数値指標，すなわち業務収入(売上高)指標得点，その他の総合評価指標得点，処罰と懲戒の減点の指標に変わりはないが，自然対数を導入して，従来の売上高が高ければ有利となる評価式を見直して，その格差が縮められた。それに関して，第十三条は次のように改訂された。

A. 主要業務収入（売上高）指標得点＝［上位100候補事務所売上高の中位数値＋上位100候補事務所売上高の中位数値×（当該会計事務所売上高の自然対数－上位100候補事務所売上高中位数値の自然対数）］／修正系数
  a. 主要業務収入（売上高）＝当該会計事務所売上高＋当該会計事務所のその他の年売上高×5％
  b. 修正系数＝上位100候補事務所の中最高売上高得点(修正前)/1000
B. 主要業務指標得点とその他の総合評価指標得点は，それぞれ1000点満点とする。
C. 処罰及び懲戒指標による減点＝Σ［刑事処罰，行政処罰と行政懲戒の回数（人数）］×相関数値

2015年版会計事務所の総合評価指標及び得点基準による上位100のランキング評価結果は，**図表4-7**のとおりである。

CICPA2015年8月の発表[5]によると，2014年12月31日現在，中国会計士事務所数は8,295法人であり，そのうち証券金融業関連会社に監査する資格を有する会計士事務所は40法人，H株発行企業に監査する資格を有する大型会計士事務所は

図表 4-7　2015 年会計士事務所総合評価上位 100 法人情報

(2015 年 8 月 3 日公布)

順位	事務所名称	総合評価得点	事務所本所業務収入 金額(万元)	事務所関連その他の業務収入 金額(万元)	業務収入指標得点	その他指標得点	処罰と懲戒指標	公認会計士人数(単位:人)	一人あたり売上高(単位:万元)	会計士一人あたり売上高(単位:万元)
1	普華永道中天会計師事務所	1,710.9	371348.24	0.00	1000.00	716.96	-6	1007	60.76	368.77
2	徳勤華永会計師事務所	1,663.5	313092.45	0.00	969.14	700.37	-6	849	60.05	368.78
3	安永華明会計師事務所	1,657.1	283323.15	0.00	951.07	706.08	0	910	61.05	311.34
4	瑞華会計師事務所	1,649.2	306202.57	30267.84	966.00	691.29	-8	2357	40.90	129.91
5	立信会計師事務所	1,648.3	290695.72	30441.60	956.66	691.72	0	1920	38.12	151.40
6	毕馬威華振会計師事務所	1,614.9	235071.87	0.00	917.31	703.63	-6	646	62.50	363.89
7	天健会計師事務所	1,541.1	150590.03	0.00	836.78	704.35	0	1399	37.93	107.64
8	信永中和会計師事務所	1,504.7	128288.93	0.00	807.79	696.99	0	1186	32.53	108.17
9	天職国際会計師事務所	1,483.7	121705.73	26323.53	800.21	683.50	0	835	43.16	145.76
10	致同会計師事務所	1,479.8	119627.22	0.00	795.10	684.70	0	831	35.21	143.96
11	大華会計師事務所	1,474.8	127395.64	20531.58	807.98	681.86	-15	1063	32.33	119.85
12	大信会計師事務所	1,396.1	101638.46	4277.05	766.06	642.06	-12	1139	29.36	89.23
13	中天運会計師事務所	1,354.6	66339.11	33646.97	693.05	661.64	0	451	42.44	147.09
14	中匯会計師事務所	1,351.4	70111.29	0.00	698.53	652.89	0	412	55.87	170.17
15	北京興華会計師事務所	1,327.8	62568.54	19732.01	680.77	647.08	0	520	37.60	120.32
16	衆環海華会計師事務所	1,326.1	67332.64	0.00	691.21	634.92	0	456	31.73	147.66
17	中審亜太会計師事務所	1,326.1	69320.35	3571.77	696.87	629.24	0	572	38.77	121.19
18	中審華寅五洲会計師事務所	1,323.7	61851.76	10209.06	675.86	647.93	0	655	36.45	94.43
19	天衡会計師事務所	1,278.9	46622.58	0.00	626.71	652.18	0	333	46.72	140.01
20	中興財光華会計師事務所	1,275.3	43665.99	75730.69	627.86	647.49	0	609	30.30	71.70
21	中興華会計師事務所	1,266.8	50710.55	8637.07	641.48	625.32	0	454	33.21	111.70
22	利安達会計師事務所	1,266.2	47851.19	28898.13	634.83	643.41	-12	514	40.79	93.10
23	江蘇亜太誠信会計師事務所	1,250.3	40429.77	0.00	598.97	657.33	-6	249	68.99	162.37
24	衆華会計師事務所	1,226.5	38327.53	0.00	589.31	637.20	0	252	43.65	152.09
25	華普天健会計師事務所	1,211.1	34324.03	16028.74	573.54	637.57	0	344	35.79	99.78
26	江蘇公証天業会計師事務所	1,151.8	24946.46	0.00	511.65	640.21	0	264	42.79	94.49
27	中勤万信会計師事務所	1,149.3	27202.29	8401.98	530.08	619.29	0	391	28.88	69.57

第4章　中国における会計事務所の強大化・国際化戦略　　111

No.	事務所名									
28	希格玛会计师事务所	1,147.6	24410.07	203.48	507.80	639.87	0	258	33.76	94.61
29	亚太（集团）会计师事务所	1,138.7	26718.57	8983.83	527.08	626.71	-15	323	37.58	82.72
30	北京永拓会计师事务所	1,125.9	25347.98	1393.36	515.04	614.88	-4	362	36.21	70.02
31	广东正中珠江会计师事务所	1,110.0	22292.42	4784.16	493.24	616.82	0	253	33.83	88.11
32	立信中联会计师事务所	1,096.7	20163.11	0.00	473.16	616.82	0	240	45.11	84.01
33	北京中天恒会计师事务所	1,094.8	22241.15	5334.63	493.05	605.77	-4	219	25.51	101.56
34	北京中证天通会计师事务所	1,081.3	19356.54	5712.87	468.42	612.92	0	273	33.96	70.90
35	中准会计师事务所	1,074.6	18253.87	4876.39	457.57	617.11	0	366	23.11	49.87
36	四川华信（集团）会计师事务所	1,060.3	17573.98	5367.18	451.04	609.33	0	230	39.14	76.41
37	新联谊会计师事务所	1,048.9	16604.43	856.51	438.51	610.44	0	173	25.66	95.98
38	上会会计师事务所	1,038.0	15687.33	91.44	427.82	610.24	0	244	24.90	64.29
39	中建华会计师事务所	1,027.6	17449.00	111.39	447.07	586.61	-6	114	41.55	153.06
40	北京天圆全会计师事务所	1,016.8	15111.74	1625.47	421.97	594.89	0	288	26.37	52.47
41	中喜会计师事务所	1,008.3	14605.21	3793.42	417.17	591.22	0	275	34.04	53.11
42	福建华兴会计师事务所	1,002.5	12179.03	498.42	382.36	620.23	0	213	30.15	57.18
43	北京兴中海会计师事务所	998.93	14473.99	0.00	413.21	585.73	0	77	76.99	187.97
44	浙江天平会计师事务所	991.03	12094.86	1129.56	381.58	609.46	0	114	24.84	106.10
45	天津倚天会计师事务所	956.73	10276.19	409.35	351.62	605.11	0	143	31.43	71.86
46	山东和信会计师事务所	953.19	11562.40	1219.72	373.54	587.65	-8	203	21.73	56.96
47	北京中路华会计师事务所	943.78	9289.49	3236.87	336.13	607.65	0	226	20.51	41.10
48	重庆康华会计师事务所	943.22	10138.04	0.00	348.82	594.40	0	77	47.15	131.66
49	天津中审联会计师事务所	928.54	10182.35	352.94	349.92	578.62	0	157	23.68	64.86
50	北京大地会计师事务所	926.77	8347.00	6354.56	320.42	606.36	0	108	41.74	77.29
51	上海沪港金茂会计师事务所	920.69	7030.04	26118.48	313.42	607.27	0	83	39.06	84.70
52	山东天元同泰会计师事务所	892.87	8319.04	3.90	315.88	576.99	0	100	31.75	83.19
53	浙江至诚会计师事务所	891.61	7360.40	367.97	291.37	600.24	0	80	23.67	92.00
54	中众益（广西）会计师事务所	882.38	7006.51	4598.75	287.84	594.54	0	97	41.46	72.23
55	青岛振青会计师事务所	876.86	7744.71	0.00	300.12	576.74	0	115	28.47	67.35
56	四川中衡安信会计师事务所	875.53	8017.33	3832.80	310.65	564.88	0	116	31.44	69.11
57	新疆驰远天合会计师事务所	874.88	7050.80	101.94	283.27	591.60	0	77	28.66	91.57
58	北京红日会计师事务所	868.97	7899.06	15032.00	320.12	548.85	0	93	13.01	84.94
59	中一会计师事务所	868.56	6229.73	816.28	261.94	606.62	0	151	18.11	41.26
60	宁夏天华会计师事务所	866.08	6419.45	858.95	267.39	598.69	0	34	84.47	188.81
61	陕西鸿英会计师事务所	851.70	6367.01	5088.00	271.78	579.92	0	21	40.30	303.19
62	北京中华会计师事务所	851.66	6055.64	6597.87	265.22	586.44	0	22	50.46	275.26
63	湖南建业会计师事务所	850.13	5672.69	1768.70	246.61	603.52	0	113	23.44	50.20
64	浙江同方会计师事务所	847.57	6989.37	0.00	281.56	566.01	0	43	42.88	162.54
65	江苏华星会计师事务所	846.52	6033.48	772.77	256.12	590.40	0	32	35.70	188.55

#	事務所名							
66	恒信弘正会計師事務所	837.50	5722.76	671.18	246.46	591.04	0	92	38.41	62.20
67	浙江南方会計師事務所	834.44	6627.69	0.00	271.95	562.49	0	63	33.99	105.20
68	湖南天平正大会計師事務所	829.73	5473.01	3235.17	242.60	587.13	0	79	49.75	69.28
69	北京東審鼎立国際会計師事務所	829.00	6048.55	3021.00	259.88	569.12	0	66	43.51	91.64
70	湖南湘能華草会計師事務所	825.97	5063.64	4080.47	230.42	595.55	0	44	58.20	115.08
71	重慶凱弘会計師事務所	823.99	6158.10	2733.31	262.63	561.36	0	32	73.31	192.44
72	中審国際会計師事務所	818.26	5888.91	2599.16	254.53	563.74	0	75	36.81	78.52
73	祥浩会計師事務所	816.32	5565.17	0.00	240.35	575.97	0	102	18.25	54.56
74	四川中砝中南会計師事務所	812.79	5412.37	284.47	235.79	577.00	0	97	36.32	55.80
75	上海公信中南会計師事務所	810.55	6231.76	4185.82	266.79	543.76	0	71	36.44	87.77
76	江蘇天宏華信会計師事務所	810.21	5018.81	7591.25	234.85	575.36	0	59	41.48	85.06
77	浙江新華会計師事務所	806.77	4777.77	0.00	212.77	594.00	0	62	26.25	77.06
78	北京中瑞誠会計師事務所	806.74	5370.83	12615.80	254.01	552.73	0	154	15.84	34.88
79	上海瑪澤会計師事務所	793.30	5467.21	0.00	237.14	556.15	0	22	43.74	248.51
80	蘇州方本会計師事務所	791.45	4101.07	629.60	186.53	604.92	0	74	21.58	55.42
81	広東方天粵会計師事務所	788.70	5000.16	2559.39	225.56	563.14	0	81	23.70	61.73
82	北京中天建華浩会計師事務所	786.90	5486.54	4305.90	244.74	542.16	0	111	23.45	49.43
83	新疆宏昌天圓会計師事務所	786.00	4814.32	0.00	214.14	571.86	0	66	32.10	72.94
84	無錫宝光会計師事務所	783.27	4068.00	531.07	184.86	598.41	0	22	73.96	184.91
85	杭州富春会計師事務所	778.23	4149.50	0.00	187.27	590.95	0	20	24.13	207.48
86	広東誠安信会計師事務所	775.11	4034.45	2833.95	188.43	586.68	0	48	31.77	84.05
87	浙江正健会計師事務所	771.54	4379.51	2531.35	202.18	569.36	0	23	38.08	190.41
88	無錫方盛会計師事務所	768.69	4018.07	5620.24	193.67	575.02	0	7	138.55	574.01
89	陝西益友会計師事務所	760.97	5051.05	206.00	223.19	537.78	0	37	31.57	136.51
90	浙江中銘会計師事務所	758.81	4023.97	308.41	182.41	576.41	0	29	37.61	138.76
91	浙江中興会計師事務所	757.99	3860.23	2787.00	180.62	577.38	0	32	48.86	120.63
92	浙江中瑞江南会計師事務所	757.91	4200.33	2967.05	195.75	562.16	0	41	38.18	102.45
93	雲南永盛会計師事務所	755.65	4780.22	0.00	212.86	542.80	0	71	28.80	67.33
94	江蘇公勤会計師事務所	750.02	4100.60	3238.63	223.86	523.59	0	36	33.61	113.91
95	上海宏大東亜会計師事務所	747.45	4991.27	1773.74	189.41	557.01	0	114	22.48	43.78
96	重慶西華会計師事務所	746.42	4198.82	0.00	173.84	557.00	0	31	52.49	135.45
97	江蘇金陵会計師事務所	743.84	3852.61	3238.63	161.53	570.00	0	35	67.59	110.07
98	河北金誠会計師事務所	736.08	3581.75	3439.34	161.53	574.55	0	105	15.99	34.11
99	江蘇中興会計師事務所	730.76	3464.29	2162.05	160.19	570.57	0	20	34.64	173.21
100	湖南友誼聯合会計師事務所	729.68	3802.37	5087.57	183.00	546.68	0	64	32.50	59.41

出所：CICPA ホームページ (http://www.cicpa.org/) 2015 年 8 月 20 日

11 法人である。個人会員は 20 万人を超えている。公認会計士は全国 420 万社以上の企業，行政法人等，2,500 社以上の上場企業に監査・保証業務のサービズを提供している。公表した会計事務所総合評価上位 100 法人情報によると，事務所業務収入（売上高）が 1 億元を超えた会計事務所は 46 法人，そのうち，5 億元を超えた会計事務所は 15 法人，10 億元を超えた会計事務所は 11 法人，20 億元を超えた会計事務所は 6 法人である。

（2） 会計事務所の合併拡大

前述したように，財政部，CICPA 等は合併関連法規を策定，この戦略を推進し，2008 年以降全国で 70 以上の会計事務所，とりわけ大会計事務所 10 以上が合併した（CICPA）[2010] 19）。また，**表 4-8** で示すように CICPA が毎年公表している「総合評価上位 100 会計事務所情報」によると，2006 年度から 2013 年度にかけて上位 100 事務所に関連した合併は 56 会計事務所に及んだ。

図表 4-8　2006 年度～ 2013 年度まで上位 100 会計事務所に関連した合併

年度	合併関連の会計事務所	合併数
2006	岳華，信永中和，万隆，中瑞華恒信，北京天華中興，天健華証中洲（北京），大信，中和正信，北京五聯方圓，中勤万信	10
2007	中瑞岳華，開元信徳，江蘇蘇亜金誠，均富潘陳張佳華	4
2008	安永華明，万隆亜洲，浙江天健東方，天健光華，京都天華，中准，広東大華徳津，江蘇公証天業，華普天健高商，中勤万信，中興財光華	11
2009	信永中和，天健，国富浩華，大信，立信大華，天職国際，天健正信，中審亜太，利安達，京都天華，中磊，中審国際，中興華富華，立信中聯閩都	14
2010	公表なし	
2011	立信大華，京都天華，衆環，北京中瑞誠聯合	4
2012	中瑞岳華，国富浩華，五州松徳聯合，華寅，江蘇天衡，天津国信倚天，湖南恒弘	7
2013	華寅五州，上海衆滙銀，上海上会，中興華富華，立信中聯閩都，山東正源和信	6

出所：CICPA [2006-2014] により筆者作成

図表 4-9 は，2002 年から 2014 年までの中国上位 100 会計事務所の売上高と割合を示したものである。そのなかで，上位 4 は世界のビッグ 4 と国内事務所との合作会計事務所（合名会社）である。上位 100 事務所の合計売上高は，全業界売上

高に占める割合，すなわち市場占有率について，2002年の40.0％から2012年度の63.6％まで上昇し，その後61.7％台にやや下落した。そのほかの約8,000の中小会計事務所の売上高は38.2％である。世界のビッグ4に関連する合作会計事務所の売上高が占める割合は2002年実績は15.5％から2008年実績の33.5％に上昇し続けていたが，その後下落に転じ，2013年実績は20.4％に下落した。

図表4-9　中国会計監査市場の売上高と分析（2002年～2014年）

単位：億元（人民元）

評価年度[注]	売上高			割合		
	業界全体	上位百社	ビッグ4[注]	上位百社	ビッグ4[注]	その他
2003	110	44	17	40.0％	15.5％	44.5％
2004	127	52	21	40.9％	16.5％	42.5％
2005	154	71	33	46.1％	21.4％	32.5％
2006	183	93	47	50.8％	25.7％	49.2％
2007	221	118	64	53.4％	29.0％	46.6％
2008	279	165	89	60.0％	31.5％	40.0％
2009	310	197	104	63.5％	33.5％	36.5％
2010	350	206	91	58.9％	26.0％	41.1％
2011	375	231	95	61.6％	25.3％	38.4％
2012	440	279	101	63.6％	23.0％	36.4％
2013	509	314	107	61.6％	21.0％	38.4％
2014	563	348	115	61.8％	20.4％	38.2％
2015	604	394	120	65.2％	19.9％	34.8％

出所：CICPA『中国注冊会計師』雑誌の各年度各月刊より筆者作成
注：「上位百」のうちビッグ4の数値が含まれている。評価年度とは前年度実績を公表した年度である。

先に**図表4-4**で示したように，2006年実績評価によると，評価された上位4は，世界会計事務所ビッグ4である。また2009年末のデータによると，中国におけるビッグ4の平均年売上高（業務収入）は20億元（1元約14円）以上である。それに対して，国内会計事務所上位10（ビッグ4を除く）の年平均売上高は10億元未満である。

さらに，2013年で公表した2012年実績によると，世界ビッグ4会計事務所は2003年から2012年までの10年間では，上位4に独占され続けていたが，2013年の総合評価では，2012年度4位の毕马威华振（KPMG International& 華振）は6位（売上高21億元）に，3位の安永華明（Ernst & Young International& 華明）は4位（売上高22億元）に転落し，瑞華会計事務所は3位（売上高24億元）に上った。普華永道中天（Price waterhouse Coopers& 中天）と德勤華永（Deloitte Touche Tohmateu& 華永）

は1位(売上高32億元)と2位(売上高30億元に)を維持していた(CICPA)[2013]7号27)。これは世界ビッグ4会計事務所の，中国市場における10数年間の上位4を独占した時代が終焉したということを意味している。

図表4-7で，2015年8月3日に中国公認会計士協会が公表した「総合評価上位100会計事務所情報」を示した(CICPA)[2015]8号17)が，それによると，立信会計事務所は5位(売上高32億元)に上り，瑞華会計事務所は4位(売上高34億元)，徳勤華永は2位(売上高31億元)，普華永道中天は1位(売上高37億元)に維持している(1元約20円)。

第5節　会計事務所の強大化・国際化戦略の目的，特徴及び意義

これまで述べてきたように，中国会計事務所の合併強大・国際化戦略について，世界の会計事務所ビッグ8，ビッグ6，そして今日のビッグ4が歩んできた歴史と比べると，同じ点は，合併という企業組織再編の手法を使って強大化してきたことである。異なる点は，会計事務所ビッグ4の強大化は会計事務所が自ら主導権を取って強大化してきたのに対して，中国では財政部が主導権を取り，合併強大化戦略を推進していることである。中国政府の目的は，言うまでもなく世界のビッグ4の世界会計市場における長年の競争優位に挑戦するためである。そこで，その一環として中国国内におけるビッグ4関連会計事務所中，3社の合弁期限は2012年までであった。政府はいち早くビッグ4の国内化への平穏，順調な転換を誘導し促進する(CICPA)[2010]6号19)という方針をとっている。しかしながら，ビッグ4が長年蓄積してきた人材育成力，ブランド力，知名度，事務所のシステム，ITなどの総合的な競争力に勝つのはまだまだほど遠いものの，中国が凄まじいスピードで追いかけているのは事実である。

図表4-10で示すように，会計事務所数は2004年には5,565社，その後増え続け2014年末には8,295社まで増加した。年度売上高も右肩上がりに増加を続け，2014年度実績の売上高は562億元（約12,000億円，1元=20円の為替レート）であった。

しかしながら，**図表4-11**の世界上位10の会計事務所2012年の売上高を見ると，トップのプライス・ウォーターハウスの年間売上高は31,510百万ドル（約31,510億円，1ドル=100円）であり，2012年度中国会計士業界全売上高510億元（8,160

図表 4-10　中国会計事務所数・年間売上高（2004 年～ 2014 年）

億円の 1 元＝ 16 円）約 4 倍となっている。また，10 位の Nexia International は 2,840 百万ドル（約 2,840 億円）である。2012 年総合評価 3 位の中国瑞華会計事務所は売上高約 390 億円（24.4 億元，1 元＝ 16 円）であり，Nexia International の七分一程度である（CICPA［2013］7 号 31））。中国の長期目標は 2020 年までに中国のビッグ 2 会計事務所が成長し，世界のビッグ 10 に入ることである（王［2010］）。しかし相当な政策的な手助け等ががなければ目標達成は至難の業だと思われる。

図表 4-11　2012 年度世界主要会計事務所の売上高ランキング（上位 10）

順位	事務所 Web サイト	業務収入 百万ドル	伸び率 ％	収入構成％ 監査と会計	その他
1	Price waterhouse Coopers	31,510	8	47	53
2	Deloitte Touche Tohmateu	31,300	9	42	58
3	Ernst & Young International	24,420	7	46	54
4	KPMG International	23,030	1	45	55
5	BDO International	6,016	6	60	40
6	Grant Thornton	4,181	10	45	55
7	RSM International	3,987	1	48	52
8	Baker Tilly International	3,317	3	53	47
9	Crowe Horwath International	3,078	5	51	49
10	Nexia International	2,840	22	57	43

出所：CICPA［2013］7 号 31 より修正
注：収入構成のなかで，監査と会計業務以外のその他の収入内容は，税収関連業務収入及びその他のサービス業務の収入である。

この戦略の総設計者は中国財政部である。財政部は人的資源，物的資源，資金などあらゆる資源を集中し，効果が出やすいメリットがある。一方，デメリットとしては，合併後の会計事務所における人事，企業文化の調和などの面において競争力がつくまで時間がかかる。また，国内的にも国際的にも世界のビッグ4会計事務所に追いつくのは今後の課題である。現在，欧米モデルがまだ世界の主流であるが，今日の中国における成功モデルを無視することができない。とりわけ，会計人材育成戦略の面ではその前例のない試みが参考になるころであろう。何よりも多くの新興国，途上国の実行可能な会計・監査制度モデルを示したことは評価できる。

第6節　展望と課題

　以上考察してきたように，中国会計事務所の合併拡大，海外進出は，経済のグローバル化に伴い中国企業の海外進出のニーズに合ったという背景がある。そして，会計事務所強大化とは，政府主導で政策的に会計事務所を合併させて拡大し，ビッグ4のように海外進出し国際化することである。ビッグ4のように強大化することと，中国会計事務所が世界のビッグ10に参入し，ビッグ4に追いつくのが，中国政府の戦略である。

　これまで新興国としての中国は，世界のビッグ4の会計市場における支配地位を打破するため，中国国内会計事務所の国際化，合併拡大化を進めてきた。とりわけ，会計事務所の人材育成に関して，中国では19年間で毎年50万人以上の会計士資格の受験者があり，累計15.7万人（2010年時点）が会計士となった[6]。さらに22の大学で会計士コースがあったが，2014年時点178大学となった（財政部［2014］410-411）。継続的再教育は主に財政部直轄の3つの国家会計学院で行われている。その上，次世代リーダー会計人材育成戦略についても北京国家会計学院（CPAリーダーコース）育成校，上海国家会計学院（企業・行政リーダーコース）育成校，アモイ国家会計学院（学術等リーダーコース）育成校で役割分担している。このような会計人材育成システムは，会計教育の枠組みを超えた前例のない戦略である。この戦略の総設計者も中国政府である。新興国ないし発展途上国は経済成長の初期，中期段階において，会計事務所のようなサービス業にとっては物的資源，人材資源などの面で国際競争力が弱いので，政府の支援は何よりも重要である。

　中国会計士市場においては，1992年から2012年7月までの20年間で世界のビッ

グ 4 が毎年その市場の総売上高の約 3 割のシェアを占めて，多大な利益を獲得していた。それと同時に，ビッグ 4 は中国会計士の人材育成，会計事務所経営のノウハウ，会計・監査基準のコンバージェンス，国際化，いわば制度の誕生から成長，成熟までをサポートした。何よりも中国監査制度は，EU による中国監査制度及び監査監視体制の同等性評価を得た。さらに，会計事務所における共産党組織の新設と役割については中国独特のものであり，これまでの研究では触れられたことはないと思われる（第 7 章で詳述）。

今後，中国政府は世界のビッグ 4 を国内化する政策と，ビッグ 4 の中国市場における事業の継続はどうなのか，中国の「会計事務所総合評価方法」は幾度も改訂されその比較可能性はどうなのか，強大化された会計事務所はその組織ガバナンス，内部管理，品質管理，人材育成，そして如何にビッグ 4 のように成熟していくか，等々，様々な課題が残っている。

■注
1) 人民日報社[2010]「中国注冊会計師"走出去"特刊」『人民日報海外版』10 月 11 日．
2) CICPA ホームページ：CICPA 等 9 省庁[2007]通達「関于支持会計師事務所拡大服務出口的若干意見」(http://www.cicpa.org/2009 年 10 月 12 日)．
3) 財政部ホームページ(http://kjs.mof.gov.cn/2014 年 8 月 30 日)．
4) 財政部ホームページ：「暫定規定の解釈」(http://kjs.mof.gov.cn/2010 年 11 月 15 日)．
5) CICPA ホームページ(http://www.cicpa.org/2015 年 8 月 14 日)．
6) CICPA ホームページ(http://www.cicpa.org/2010 年 11 月 15 日)．

■参考文献
王軍[2010]「大力培育具有国際水平的中国会計師事務所」財政部『財務与会計』第 11 期，中国財政雑誌社，p.4-10
中国注冊会計士協会編(CICPA)[2005-2015]『中国注冊会計師』中国公認会計士協会編輯部
中国会計学会編[2009]『中国会計改革三十年』中国財政経済出版社
中華人民共和国財政部主管[2009]『中国会計年鑑』中国財政雑誌社編出版
中華人民共和国統計局編[2009]『2009 中国統計年鑑』中国統計出版社
中華人民共和国財政部主管[2014]『中国会計年鑑』中国財政雑誌社
中国統計局編[2010]『2010 中国統計年鑑』中国統計出版社
中国注冊会計師協会(CICPA)[2006b]『中国注冊会計師執業準則』経済科学出版社
中国注冊会計師協会編[2008]『中国注冊会計師行業発展研究資料』経済科学出版社
中国注冊会計師協会編(CICPA)[2009]『行業発展研究資料』経済科学出版社
全国人代常務委員会法制工作委員会編（法制工作委員会）[2013]『中華人民共和国現行会計法律法規汇編』立信会計出版社

趙友良[1996]『中国近代会計審計史』上海財経大学出版社
千代田邦夫・李文忠 [2011]「中国の監査基準コンバージェンス戦略の成功要因」『会計専門職紀要』熊本学園大学大学院会計専門職研究科第2号，pp.15-20
李文忠[2005]『中国監査制度論』中央経済社

第5章

公認会計士業界における情報化戦略

第1節　公認会計士業界における情報化戦略の背景

　2008年の金融危機以降，アメリカをはじめとした先進諸国は情報産業の成長戦略を打ち出して危機を打開しようとしていた。中国も第12次5カ年計画のなかで，産業の情報化（IT化）及び国家の情報インフラの構築を推進することを明言した。財政部副部長王軍によると，2011年2月23日にCICPAがはじめての業界情報化に関する会議を開いた。その会議は，中国の「2006-2020年国家情報化発展戦略」に基づいて行われるものである。それを背景に，2010年11月に中国会計士協会第5回全国会員代表会が開催され，会議では今後5年の会計士業界の5大発展戦略の一つとして，会計士業界情報化戦略の実施が確認された（CICPA [2011] 3号 14-15）。その具体的な戦略目標は「中国会計士業界における情報化全面構築案」（CICPA [2012] 1号 32-41）に示されている。

　また，CICPAは2011年12月9日に「中国会計士業界における情報化全面構築計画」に関する通達（会協 [2011] 115号）を各省，自治区，直轄市の公認会計士協会に下した。それによると，情報化戦略のロードマップは，2011年3月に情報化戦略の全面開始，そして計画を作成するというものであった。2012年にはシステムの構築，2013年から2015年までは統合・集約化し，応用段階で推進していくことが決まった。

第2節　公認会計士業界における情報化の全面構築案の内容

(1) 公認会計士業界における情報化の意義

CICPA によると，情報化が現在の世界経済と社会発展の傾向とみられ，経済社会を推進する重要な原動力となっている。それに，産業最適化と経済発展方式の転換が重要なキーポイントである。また，公認会計士業界の情報化戦略は，中国にとって重要な課題である。業界の情報化を推進する戦略は，いわゆる3つのステップ，すなわち計画の制定，システムの構築，統合，応用である。それを実行するために「四大主体，四大構造」の構想が提示された。「四大主体」とは，中国公認会計士協会，地方会計士協会，大型会計事務所，中小会計事務所という4つの主体であり，「四大構造」とは応用，サポータ，データ，設備（ハード）の4つの構造である。さらにソフトの面では業界管理とサービス，事務所管理と業務，経済社会へのサービス提供，という3つのインフラ整備が必要であるとされた（CICPA［2012］1号 34-36）。

(2) 公認会計士協会における情報化の構築

図表 5-1 で示すように，中国公認会計士協会の情報化構築にあたって，応用システムは，業務管理・サービス及び内部管理の2つに分類される。業務管理は顧客管理，会員登録管理，会計事務所管理，業務監督，継続教育，財務，共産党組織，総合評価，法規基準，出版，専門家データベース，知識データベースなど12項目ある。内部管理は共同業務，人事管理，財務管理，固定資産，外部管理，通信業務など6項目ある。サポートシステムはオペレーション・サポートシステムとセキュリティーシステムが構成される。データシステムは業界管理，サービスデータ，内部管理データがある。施設・設備システムは主要設備，保存設備，予備設備，ネット設備，安全設備，配線設備から構成されている。

なお，地方公認会計士協会の情報化構築は，基本的に**図表 5-1** と類似している。そのため，地方公認会計士協会の情報化の整備は，基本的に中国公認会計士協会と大きな違いはない。

第5章　公認会計士業界における情報化戦略　　123

図表 5-1　中国公認会計士協会情報化の構築図

業界規範	応用システム	内部制度
	CICPA業界総合管理ポータルサイト	
	業界管理・サービス 試験管理　登録管理　事務所管理　業務監督　継続教育　財務　共産党　総合評価　法規基準　出版　専門家データベース　知識データベース	内部管理 協同業務　人事管理　財務管理　固定資産　外部管理　通信業務

サポートシステム
オペレーション・サポート，セキュリティー

データシステム
業界管理とサービスデータ，内部管理データ

施設・設備システム
主要設備，保存設備，予備設備，ネット設備，安全設備，配線設備

出所：CICPA［2012］1号35

(3) 大型会計事務所と中小会計事務所の情報化の構築

　大会計士事務所の情報化構築は**図表 5-2**の通りである。応用システムは，業務管理と内部管理の2つに分類される。業務管理は顧客管理，独立性管理，プロジェクト管理，作業管理，継続教育など5項目ある。内部管理は財務管理，人的資源，研修管理，行政サービス，意思決定が構成される。サポートシステムは，オペレーション・サポート，セキュリティー。データシステムは業界管理，サービスデータ，内部管理データがある。施設・設備システムは主要設備，保存設備，予備設備，ネット設備，安全設備，配線設備から構成されている。

(4) 情報化構築のロードマップ

　図表 5-3はCICPA業界における情報化構築のロードマップであり，3段階に分けられ，2011年度第1段階は4法規の制定である。2012年の第2段階では，6項目を突破し，2013年から2015年までの第3段階では3つのプラットフォームを構

図表 5-2　大会計事務所情報化の構築図

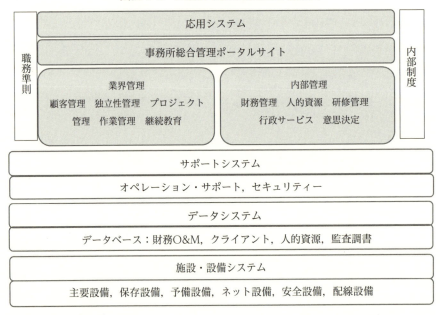

出所：CICPA［2012］1 号 36

図表 5-3　情報化構築のロードマップ

第1段階 2011年度	第2段階 2012年度	第3段階 2013-2015年度
業界4法規の制定 ＊業界情報化構築の法案 ＊業界情報化構築ガイド ＊核心的な応用データ基準の制定 ＊データ交換基準の制定	6つの項目突破 ＊試験管理の情報化 ＊業界党組織の情報化 ＊業界管理の情報化 ＊業界サービスの情報化 ＊事務所の情報化構築 ＊経済社会へのサービス情報化	3大プラットフォームの構築 ＊業界管理とサービス ＊事務所業務と管理 ＊経済社会へのサービス
計画の制定	システム構築	総合利用

出所：CICPA［2012］1 号 37

築することである。

(5) 会計事務所における情報化戦略の役割分担

　全体目標として，ビッグ4ないし大型会計士事務所は情報基礎基盤及び実務応用能力が国際会計事務所と同一レベルに達し，中小会計事務所は自社のホームページを構築し，監査ソフトをもって監査業務を実施することである。世界の巨大会計事務所水準の情報化に追いつくためである。

　表5-4で示しているのは，中国会計士協会が会協 [2013] 20号[1]通達を下して，2011年からこれまでの成果及び今後の役割分担と責任領域，達成目標，進行日程を明記している。

図表5-4　会計事務所における情報化戦略の役割分担

名称＆システム	5年目標	2012年	2013年目標	責任主体
情報化全体構想	意義，思想，目標，原則等	完成		協会情報部
情報化指針	技術基準等	完成	バージョンアップ	協会情報部
重要なデータ基準	会員受験者データ基準	完成	評価基準の制定	協会情報部
データ交換基準	XBRL基準を参考した基準	完成		協会情報部
会計士協会情報化				
試験管理	強化，利便性，安全性等	完成		協会情報部
PC試験	情報技術の調査，ソフト等	完成		協会情報部
総合評価	ネット記入，分析，評価技術等	ほぼ完成	バージョンアップ	協会情報部
会員登録管理	ネット登録，入会，信用評価等	完成		協会情報部
法人登録管理	ネット登録，変更，評価等	完成		協会情報部
その他(財務，監視，専門家，業界知識データベース等)		完成		協会情報部
大型会計事務所情報化				
独立性管理	プログラムとソフトの自動化等	完成	システムのテスト	大型事務所
項目管理	監査プロセス情報化，リスク管理等	完成	システムのテスト	大型事務所
実務管理	リスクアプローチ，評価など	完成	システムのテスト	大型事務所
クライアント管理	管理の自動化と情報化など		準備中	大型事務所
継続教育管理	管理の情報化，統一管理など		準備中	大型事務所
その他(Webページ，総合システムなど)		部分完成	準備中	大型事務所
中小会計事務所情報化				
独立性管理	プログラムとソフトの自動化等	進行中	準備中	中小事務所
項目管理	監査プロセス情報化，リスク管理等	進行中	システムのテスト	中小事務所
実務管理	リスクアプローチ，評価など	進行中	システムのテスト	中小事務所
継続教育管理	管理の情報化，統一管理など	準備中	準備中	中小事務所
ホームページ開設	情報公開，業務開発など	目標50%	2012年の1.2倍	中小事務所
その他(内部管理ソフトなど)		準備中	準備中	中小事務所

出所：CICPA [2012] 3号21-23

第 3 節　公認会計士業界における情報化の対策と成果

　CICPA は「中国会計士業界における情報化全面構築計画」のほかに，「会計事務所情報化構築ガイドライン（2012 年 10 月）」，「会計事務所情報化構築応用機能構想（2012 年 10 月）」，「会計事務所情報化構築項目管理方法（2012 年 12 月）」などを制定した。業界管理情報化システム（1 期）の正常運行を前提に，登録管理，財務管理，業務監督管理，継続的教育及び公衆リサーチ（諮問）公開サイト検索の 5 大領域をバージョンアップし，2012 年末にはシステム（2 期）の運行をはじめ，そのうち，「データベース・エクスパート管理システム」では 191 名の専門家（エクスパート）を含めて，専門家の資源統合基盤ができた（CICPA [2013] 2 号 13）。その後，「会計事務所情報化構築奨励方法（2014 年 9 月）」などの通達を発行し，情報化の推進が行われている。

　2011 年には，CICPA 業界管理情報システム一期工程の運行が始まった。

　2012 年 12 月 4 日に CICPA 業界法律法規データベース[2]が開通し，2012 年 12 月 17 日，CICPA 業界管理情報システム 2 期工程の運行が始まり，2013 年 1 月 1 日に正式に運行された（会協 [2012] 215 号通達）。その内容は法規，ニュース，案例，実務指針など，あわせて 24 万超の項目が提供され，検索ができるようになった。さらに経済データベースも開通し，金融関連企業の監査資格を有する会計事務所に対して，マクロ経済データ，業界データ，会社データ，金融データ及びその他の資本市場と密接に関連するデータを提供している。

　2013 年には，「情報システムの工作規範管理方法」と「会計事務所情報化戦略の役割分担表」を制定し，大中小会計事務所を区別して情報化戦略を展開している（CICPA [2014] 1 号 21-22）。さらに，CICPA は「2013 年中国公認会計士業界情報化構築主要な役割分担表」を公表し，2011 年から 2015 年までの業界目標を制定し，会計士協会の目標，大型会計士事務の情報化，中小型会計事務所のそれぞれの進捗状況及び到達目標を明らかにしている（CICPA [2015] 4 号 31）。

　2014 年には，2011 年から実施してきた情報化戦略に対して評価を下した。2014 年 1 月に中国公認会計士協会の指導の下，「用友監査ソフト会社」が大型会計事務所向けの監査ソフトを開発し完成させた。また，新たに実務課題 26 項目及び 240 の実務案例が提供され，法律法規の提供量は 34 万項目以上に上り，年間事務所使用率は 76％に達した。さらに，法律法規データベースの応用など，監査実務に必要

な経済データ及び分析ツールを提供している（CICPA [2014] 8 号 9，[2015] 2 号 10-11）。

第 4 節　XBRL 誕生の背景及び中国における普及措置

(1) XBRL 誕生の背景

XBRL (eXtensible Business Reporting Language) は 1998 年に，米国のチャールズ・ホフマン氏（米国公認会計士）のアイデアにより開発され，当時から，財務報告の有用性，特に比較可能性を高めるものと理解され，米国を中心に利用活動が始まった。活動の一環として国際的組織である XBRL International が組成され，その下で，各国・地域単位の組織が活動している。そして XBRL Japan は，その日本の組織として 2001 年に組成され，活発な活動を続けてきた[3]。

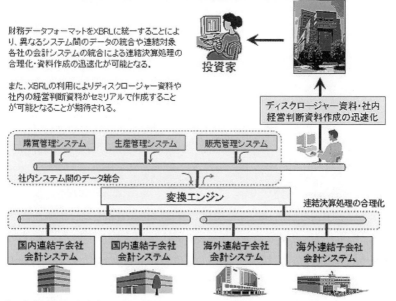

図表 5-5　東京証券取引所「XBRL のメリット―財界データの統合―」

出所：東京証券取引所（http://www.tse.or.jp/rules/td/xbrl/about.html/2015 年 2 月 20 日）

一般的にXBRLは，拡張可能な事業報告言語であると定義されている。すなわち，財務情報が作成・流通・再利用できるように標準化されたXMLベースの言語である。国内外の投資者や金融機関，監督官庁，証券取引所などに加え，上場会社においても透明度の高い財務情報をタイムリー・スピーディーに把握できることが期待されることから，証券市場における機能の向上とともに，会社経営そのものに大きなインパクトを与えることが期待されている[4]。

図表5-5は東京証券取引所が示したもので，XBRL導入のメリットは投資者負担の軽減，比較可能性の向上，財務データ統合，データ検証効率の向上，ワンソースマルチユースなどがある。ここでは，財務データの統合に関するメリットを確認する。

また，財務データフォーマットをXBRLに統一することにより，異なるシステム間のデータの統合や連結対象各社の会計システムの統合による連結決算処理の合理化・資料作成が可能となり，変換エンジンを利用して社内システム間のデータ統合と連結決算処理の合理化と双方向変換ができる。また，XBRLの利用でディスクロージャー資料や社内の経営判断資料がセミリアルで作成することが可能となることが期待される[5]。

(2) 中国財政部によるXBRLの推進

このXBRL導入も中国の情報化の一環である。中国証券監督管理委員会は2005年3月に「上場会社財務情報開示の電子化規範」を公表した。また，同年10月26日に中国上場会社情報開示分類基準がXBRL Internatiionalに承認された。2009年3月に，中国財政部は「国際財務報告準則分類標準ガイド（IFRS Taxonomy Guide）」を中国語に翻訳し出版した。同年9月には「国際財務報告準則の拡張可能な事業報告言語分類標準2009（IFRS Taxonomy 2009）」を中国語に翻訳し出版した。さらに2010年に，中国財政部は国家標準化管理委員会が公表した「拡張可能な事業報告言語（XBRL）技術規範第1部分：基礎」(GB/T25500.1-2010)[6]，「拡張可能な事業報告言語（XBRL）技術規範第2部分：緯度」(GB/T25500.2-2010)，「拡張可能な事業報告言語（XBRL）技術規範第3部分：公式」(GB/T25500.3-2010)，「拡張可能な事業報告言語（XBRL）技術規範第4部分：バージョン」(GB/T25500.4-2010)に基づいて，「企業会計準則通用分類標準（CAS General Purpose Taxonomy）」を開発・制定して公表した。これによって中国語XBRLラベルは国際会計基準委員会

基金会のサイトからダウンロードができるようになったので，中国語環境下では直接 XBRL 財務報告のデータベースを閲覧することができる。要素リスト（element list）の中ではデータ項目（情報 em）2,633，超立法体項目（hypercube 情報 em Type）108，緯度項目（dimension 情報 em Type）104 の 3 類要素をあわせて，通用分類標準による要素総数は 2,845 項目である。

中国会計士業界情報化にあたってロードマップの第 1 段階では，2011 年にデータ交換基準の制定が計画されていた。そのうち，データ交換基準（データ交換エンジンの基準）の制定にあたっては XBRL 等の公共データ規範と交換協定は参考となる。

2014 年末現在，中国では大企業 14 社，銀行 18 社，保険会社 4 社，地方国営企業 205 社が，財政部に 2013 年度 XBRL 形式の財務報告書を提出した[7]。

(3) CICPA による XBRL の研究と推進

2005 年に，中国公認会計士協会は「公認会計士業界における XBRL の応用と展望」という課題を設定し，上海交通大学張天西教授が研究代表者である。それによると，短期的に XBRL が公認会計業界に与える影響は，①監査・保証業務範囲の拡大，②分析とレビューの速度と正確さが高まる，③監査コストへの影響（XBRL 事例データに関する監査の増加），監査リスクへの影響（全面的にクライアントの状況を把握ができるので，リスク評価によって監査リスクを低減することができる）などがある。また，XBRL 全面実施後の影響は，①監査機能がより一層拡大される，② XBRL は会計士実務モデルネット化が推進される，③ XBRL 情報システム監査は保証業務の重点となる，④最終的に即時情報システムに対する連続監査が実現される[8]，などが挙げられる。

2014 年 1 月 24 日に，中国公認会計師協会監査情報化システムに関する公表会が北京で行われた。このシステムは CICPA が主導し，北京用友ソフト有限株式会社が開発し，会計事務所が監査に共通する情報インフラ（サーバー）である。このシステムの構築は 2012 年 3 月にプロジェクトがスタートし，2012 年 7 月に公開入札が行われ，2013 年 10 月に高精細度ビデオ会議システム竣工式が行われた。そして 2014 年 1 月に大型会計事務所監査ソフト，すなわち中国公認会計師協会監査情報化システムが完成し，会計事務所の 7 社と北京用友ソフト有限株式会社が使用契約を結び，中国会計監査業界における情報化の成功事例を示唆している（CICPA [2014]1 号 35-38）。

大型会計事務所監査ソフトの開発、そして金融証券業監査資格を有する会計事務所9社(2014年末現在)が応用を開始した。大型会計事務所監査情報化(ソフト開発)実施委員会を設立し、中小会計事務所の監査情報化の促進、「会計事務所情報化構築奨励方法」を公表し、2014年26の課題と240実務案例を増加し、法律法規の量は34万項目以上、全国事務所の76%が利用している。また、金融証券業監査資格の会計事務所[9]に無料で1500のクライアント(Client)を提供し必要な分析データをあたえた(CICPA[2015]2号10-11)。

図表 5-6 監査情報(IT)化システムの機能構造

応用範囲	個別財務諸表監査	連結財務諸表監査	内部監査	組織再編監査	その他の監査

監査管理システム

データ出所									業務成果
顧客情報	顧客管理	顧客档案	連絡計画	連絡記録	営業機会	顧客サービス	顧客苦情	顧客分析	事務所運用
人員情報	項目管理	新設と維持	業務約定書	品質管理	品質検査				事務所運用
	独立性管理	声明の発起	声明の署名	非法リスト	リスト受領	非法リスト一覧			事務所運用
知識情報	知識データベース	法律法規	業界情報	リスク管理	監査基準	最適事例	監査手続		事務所運用
	様式管理	監査報告書	監査調書	監査種類	業種:プロセスと財務諸表	品質管理			事務所運用

監査業務システム

顧客データ	監査調書	調書作成	調書一覧	調書附属資料	調書注釈	調書照合	調書保管	事務所運用及びその他の運用	監査調書
	リスク評価	リスク認識	リスク評価集計	重大事項認識	重大事項集計	欠陥抑制集計			監査報告
		欠陥抑制集計	財務分析	重要性水準	監査範囲の確定	監査策略			
	リスク対策	検査記録集計	サンプリング検査	監査手続策定	詳細サンプリング				
	監査業務終了	錯誤識別	錯誤集計	仕訳調整と集計	検査表	試算表	注記	監査報告	
	データ取得利用	データ取得	データ処理	帳簿閲覧	帳簿傾向分析	帳簿構造分析	相手科目分析	摘要分析等	

プラットホーム

システム管理					オペレーション(OS)管理		
機構設置	人員設置	権限分配	システム設置	操作日誌	ヘルプ	IT基礎設備オペレーションサービス	IT応用システムオペレーションサービス	セキュリティー管理サービス

出所:CICPA[2014] 7号38より、筆者作成

① 監査情報化システムの機能構造

図表 5-6で示すように、監査情報化(情報化)システムは監査管理システムと監査作業システムの2つで構成されており、顧客情報、人員情報、知識ベース及び顧客データ、監査調書、監査報告書、財務報告書などが含まれる。監査管理システム

は顧客管理，項目管理，独立性管理，知識ベース管理，テンプレート管理などの管理機能テンプレートである。

監査作業システムは項目別管理，データ準備，データ分析，リスク評価，リスク対応，完成及び機能テンプレートの総括である。

図表 5-7　監査情報（IT）化システムの応用イメージ

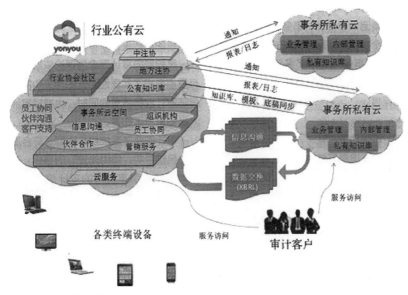

出所：CICPA［2014］7号38

② **監査情報化システムの応用イメージ**

図表 5-7 では監査情報化システムの応用イメージを示している。まず，会計士業界パブリッククラウド（行業公有雲）と複数の会計事務所プライベートブランド（事務所私有雲）を有し，それらの間では情報共有とデータ交換（XBRL）などができる。また，会計士業界パブリッククラウドのなかでは，中国公認会計士協会，地方公認会計士協会，パブリック知識ベース及び事務所クラウドホスティング（事務所雲空間）などを用いてクラウドサービスが行われている。会計事務所プライベートブランドでは，業務管理，内部管理，プライベート知識ベースを用いている。そして，各種端末(各類終端設備)，公認会計士がアクセスサービス(服務訪問)を通して，データ交換（XBRL），データ共有（信息沟通），通知，クラウドサービス（雲服務），

報告書日誌（報表日誌），知識ベース，テンプレート（模板），調書同期（底稿同步）などの応用ができる。

監査情報化システムの機能特的徴は，次の5つがあげられる。a. リスクアプローチの理念が監査業務プロセスの全過程を貫き，有効にリスクコントロールできる。b. 国際先端の知識ベース技術を採用し，監査調書データの自動生成を支える。c. 開放テンプレート技術を運用して，ユーザーが異なる監査環境に基づいて監査テンプレートを自己定義することができる。d. **図表5-6** で示すように，高機能のデータ集結機能を有し，国内ソフト市場の70種類の財務会計ソフトに対して自動的にデータ処理ができる。e. 各ユーザーの単独作業とネット協働作業ができる。f. 知識データベースを導入し，分析ツールを見出し，被監査会社の財務データに対して総合測定と予測分析ができる（CICPA[2014]7号38）。

第5節　展望と課題

以上のように，CICPAは2011年に業界の情報化戦略を策定し，2012年には情報化の基盤システムを構築し，2013年から2015年までは統合応用に実現してきた。中国公認会計士協会の情報化戦略は，わずか数年間で多大の成果を取得したといえる。

その他の戦略の実施と同じように，まず情報化戦略のトッププランを策定し，中国公認会計士協会及び一部の会計事務所においてシステムを試用し，その後試用した経験，課題などをまとめた後，全面的に展開しいていく。全面展開の段階である2012年及び2013年ではすべての達成目標を分解して中国公認会計士協会，地方会計士協会，大会計事務所，中小会計事務所にそれぞれの目標と役割を分担させた。これは中国公認会計士の情報化戦略を実施するモデルである。その特徴は，政府主導，資源集中投下（人材・物質・資金），政策を社会的に推進し支援することである。

今後，中国公認会計士情報化戦略の課題は，以下の4つである。①トップデザインの改善，すなわち成功のカギはシステム構築の組織と諮問機構とソフト会社の三者が協働すること。②組織保障の強化，すなわち公認会計士業界で情報化指導組織を作り，責任をもって推進すること。③システム開発の推進，すなわち中国公認会計士協会及び32の地方公認会計士協会をもとに全業界のシステムとソフトを開発すること。④主体責任の具現化，すなわち業界情報化の主体は中国公認会計士協会

主体，地方公認会計士協会主体，会計事務所主体の3つの主体であり，それぞれの主体の責任を明らかにし，中国公認会計士業界の情報化戦略を推進していくことである(CICPA[2014]8号10-11)。

■ 注
1) 中国会計士協会通達は略して「会協[2013]20号」と表示し，CICPAのホームページ(http://www.cicpa.org.cn/2014年4月22日)で公表されている。
2) このデータベースは次のサイトで開示されている (http://cicpa.wkinfo.com.cn/2015年4月5日)。
3) XBRL Japan ホームページ (https://www.xbrl.or.jp/modules/pico11/index.php?content_id=1)を参照。
4) 東京証券取引所ホームページ (http://www.tse.or.jp/rules/td/xbrl/about.html/2015年4月6日)。
5) 東京証券取引所ホームページ (http://www.tse.or.jp/rules/td/xbrl/about.html/2015年4月6日)。
6) GBとは中国における国家標準(Guojia Biaozhun)の中国語読みの頭文字である。『中華人民共和国標準化法』の規定によると，中国における標準(規格)は国家標準，業界標準，地方標準および企業標準の4種類に分かれている。GBは全国規模で統一が必要な技術条件に対しては国家標準が制定される。また，さまざまな標準の中で強制性標準，推薦性標準(GB/T)と指導性技術文書(GB/Z)がある。
7) 財政部ホームページ：「2014年度総括」(http://www.casc.gov.cn/gnxw/2015年4月6日)。
8) 中国公認会計士協会(CICPA)ホームページ：中国公認会計士協会[2005]「XBRL在注冊会計師行業応用前的研究」業界発展研究資料(No.2005-9)。
9) 金融証券業監査資格の会計事務所とは，金融商品，証券，先物取引などの業務を営む企業に対して，監査が認められる会計事務所を指す。この資格を有する会計事務所は，2002年の統計データによると69の有資格会計事務所があり，かつて金融証券業監査の公認会計士資格試験も行われた。2012年に財政部は，会計事務所の組織形態，会計士人数，年令，純資産，損害賠償保険金，年売上高などの要件を満たし，かつ財政部，証券取引委員会に申請し許可を得た会計事務所が金融証券業監査資格の会計事務所として認定している（財政部：財会[2012]2号通達)。

■ 参考文献
中国公認会計士協会編(CICPA)[2006]『中国注冊会計師』1号，中国公認会計士協会編輯部
中国公認会計士協会編(CICPA)[2009]『中国注冊会計師』10号，中国公認会計士協会編輯部
中国公認会計士協会編(CICPA)[2010]『中国注冊会計師』1号，中国公認会計士協会編輯部
中国公認会計士協会編(CICPA)[2011]『中国注冊会計師』2号，中国公認会計士協会編輯部
中国公認会計士協会編(CICPA)[2011]『中国注冊会計師』8号，中国公認会計士協会編輯部
中国公認会計士協会編(CICPA)[2012]『中国注冊会計師』1号，中国公認会計士協会編輯部
中国公認会計士協会編(CICPA)[2012]『中国注冊会計師』3号，中国公認会計士協会編輯部

中国公認会計士協会編(CICPA)[2012]『中国注冊会計師』8号，中国公認会計士協会編輯部
中国公認会計士協会編(CICPA)[2013]『中国注冊会計師』4号，中国公認会計士協会編輯部
中国公認会計士協会編(CICPA)[2013]『中国注冊会計師』7号，中国公認会計士協会編輯部
中国公認会計士協会編(CICPA)[2014]『中国注冊会計師』1号，中国公認会計士協会編輯部
中国公認会計士協会編(CICPA)[2015]『中国注冊会計師』2号，中国公認会計士協会編輯部

第6章

新保証業務の開発と展開戦略

第1節　新保証業務の開発と展開戦略の背景

　2008年，国際金融危機の影響で中国会計士業界の売上高伸び率は2007年までの毎年20％前後から2008年の12％に下がり，2009年には2.5％の伸び率しかなかった。これを背景に，2009年10月3日に中国国務院弁公庁（内閣事務局に相当）が財政部省令「我が国公認会計士業界の加速発展に関する若干意見」（以下，財政部意見書と略称）を，内閣の通達（国弁発[2009]56号通達，略して56号通達）として各省，自治区，直轄市，国務院各省庁，各中央直轄機構に下した。この56号通達は，政府レベルで2005年から中国公認会計士協会が実行してきた一連の戦略，すなわち会計事務所国際化・拡大戦略，監査基準国際コンバージェンス戦略，人材育成戦略，会計士業界情報化戦略に加えて，新保証業務の開発と展開戦略をもって公認会計士業界の5大戦略の1つとして確立された（CICPA[2011]9号3-8）。

　金融危機以降，中国経済は転換期を迎えて，中国経済は輸出減少に伴い内需拡大及び第三次産業の発展，すなわち産業の構造調整が喫緊の課題となっている。それゆえに国家第12次5カ年計画で「会計，監査，税務，工事諮問，公証認可，信用評価，業務代理，管理諮問，市場調査などのサービス業務を大きく発展させて，また，プロジェクトの企画，企業の合併と再編，財務顧問など企業管理業務に関する第3次産業をより早く発展させる」ことを定めた（CICPA[2011]9号4）。それを踏まえて，中国公認会計士協会は第5次常務理事会において「中国公認会計士業界発展計画(2011-2015)」を審議し，承認した。その計画目標は，5年間で業界売上高を倍増させることである。これは新保証業務の開発と展開戦略の目的である。

第2節　新保証業務の開発と展開戦略と中国財政部省令の内容

(1) 新保証業務の開発と展開戦略のスタート

　国務院の56号通達をもとに，中国公認会計士協会は，2010年1月に「国務院弁公庁」より財政部の「我が国公認会計士業界の加速発展に関する若干意見」を転送し，それに関する実施意見(公開草案)を公表した。この公開草案は，公認会計士業界発展について会計事務所の強大化・国際化，新保証業務の開拓，人材育成，試験制度など，具体的に10大類，76項目の対策を示した(CICPA [2010] 1号18-19)。同年11月に中国会計士協会第5回全国会員代表会が開催され，会議ではこれまでの6年間の業績を振りかえり，今後5年の会計士業界の発展戦略が提案された。すなわち，①会計士業界の5カ年計画を制定し実施すること，②継続的な人材育成戦略，国際監査基準のコンバージェンス戦略，会計事務所の強大化，国際化戦略の3大戦略を実行すること，③業界の情報化戦略を始動し情報化戦略をもって業界発展を支援すること。④新保証業務の開発と展開戦略を実施し，業界の飛躍的発展を推進すること，⑤会計士業界の科学的発展システムの構築及び組織管理能力を向上すること，などである(CICPA[2011] 1号22-23)。

(2) 中国財政部意見書の内容

　財政部省令「我が国公認会計士業界の加速発展に関する若干意見」の主な内容(CICPA [2009] 10号4-7)は，次の通りである。

1) 公認会計士業界の発展を加速する重要な意義を十分に認識すること
　① 公認会計士業界の加速発展は社会主義市場経済体制の建設及びより良くなるための必須の要求である。
　② 公認会計士業界の加速発展は中央政府「国際化(海外進出)」戦略を実施する重要な措置である。
　③ 公認会計士業界の加速発展は国際金融危機に対応し，経済の平穏かつ迅速な発展に必須の要求である。

2) 公認会計士業界の加速発展の指導思想，基本原則と主要な目標
　① 指導思想としては鄧小平理論と「三つの代表」の思考を重要な思想とする。
　② 基本原則としては，思想解放の堅持，会計士業務の開拓と創新すること，科学的発展を堅持し規範管理すること，誠信をもとにして品質管理を第一とす

ること。
③ 主要な目標としては，5年前後の期間内で会計事務所の規模と構造を最適化する。会計事務所の業務領域を大幅に開拓する。会計事務所の業務執行環境を著しく改善する。会計事務所の組織体制，内部統制管理システムと管理制度をより科学的なものとする。公認会計士の職業道徳水準と実務能力を大きく高める。

3）大中小会計事務所の協調的な発展及び合理的な構成を構築させること
　① 大型会計事務所の加速的な発展を重点に支援する。
　② 中型会計事務所の健全な発展を積極的に促進する。
　③ 小型会計事務所発展の規範化を合理化に誘導する。

4）確実に公認会計士業界の発展に関する政策的支援と誘導力量を促進し強化すること
　① 支援政策の完備と改善，協力して発展を促進する。
　② 国内外市場の全体を把握し配慮して個別指導を強化する。

5）全面的に公認会計士業界の人材戦略を実施すること
　① 人材育成を重視し，会計士組織の建設を促進する。
　② 良好な人材基盤を作り，人材育成の体制をイノベーションする。

6）公認会計士業界における行政の監督監視と自主自律の管理を厳格に要求すること
　① 行政許認可制度を強化し，市場参入を厳格化する。
　② 行政監督監視を強化し，監督監視効率，機能を高める。
　③ 協会建設を強化し，自主自律性を厳格化する。

7）公認会計士業界における「誠信（誠実・信用）」理念の構築と内部統制管理を継続的に強化すること
　① 「誠信」理念の構築を深化し，「誠信」精神を構築する。
　② 内部統制管理を極力強化し，「人合（パートナー形態）」文化を構築する。

8）公認会計士業界における加速発展の組織指導力をより一層強化すること
　① 業界における共産党の指導力を強化し，政治的な保証を提供する。
　② 行政の指導力を強化し，責任と職務を明確にする。
　③ 宣伝の力量を強化し良好な雰囲気を作ること。

このように，財政部の意見は公認会計士協会が2005年から実施してきた人材育成戦略，監査基準の国際コンバージェンス戦略，事務所の国際化・強大化戦略を政策上で肯定した上で，その後に打ち出された新保証業務の開発と展開戦略，情報化戦略，党組織の建設などの戦略において，意義，思想，理念，原則，目標などを示した。

第3節　公認会計士業界における新保証業務開発と展開戦略の実施意見

(1) 公認会計士業務指導目録

前述した財政部の意見を実行するため，CICPAは具体的な戦略目標にあたって，2011年12月15日に「中国会計士業界における新業務開発戦略実施意見」を公表した(CICPA[2012]1号46-50)。その一環として，2010年5月13日に中国公認会計士協会は「公認会計士業務指導目録(2010年)」を制定した。次に示す2010年指導目録では，監査保証業務項目は全部で262項目である。そのうち監査，保証業務158項目，関連サービス業務は次の104項目である(CICPA[2010]1-102)。

第一部　監査，保証業務
　一，証券，先物取引関連業務(33項目)
　　(一)財務諸表監査業務
　　(二)特別監査業務
　　(三)その他の保証業務
　二，金融，保険関連業務(35項目)
　　(一)財務諸表監査業務
　　(二)特別監査業務
　　(三)その他の保証業務
　三，国内企業関連業務(16項目)
　　(一)財務諸表監査業務
　　(二)特別監査業務
　　(三)その他の保証業務
　四，外国投資企業関連業務(4項目)
　　(一)財務諸表監査業務
　　(二)特別監査業務

五，財政予算資金関連業務(15 項目)

　(一)財務諸表監査業務

　(二)特別監査業務

六，非営利企業及びその組織に関連する業務(18 項目)

　(一)財務諸表監査業務

　(二)特別監査業務

　(三)その他の監査保証業務

七，その他の監査保証業務(37 項目)

　(一)財務諸表監査業務

　(二)特別監査業務

　(三)その他の監査保証業務

第二部　コンサルタントサービス業務

一，マネジメント・コンサルタントサービス業務(55 項目)

　(一)企業経常マネジメントに関するコンサルタントサービス業務

　(二)企業合併，改組に関するコンサルタントサービス業務

　(三)企業係争の分析調査に関するコンサルタントサービス業務

　(四)企業リスク管理に関するコンサルタントサービス業務

　(五)その他の代理コンサルタントサービス業務

　(六)その他の特定領域におけるマネジメント・コンサルタントサービス業務

二，会計サービス業務(25 項目)

　(一)開業時会計サービス業務

　(二)経常時会計サービス業務

　(三)清算時会計サービス業務

　(四)特定領域またはその他の事項に関する会計サービス業務

三，税務コンサルタントサービス業務(23 項目)

　(一)税務コンサルタントサービス業務

　(二)特定領域またはその他の事項に関する税務コンサルタントサービス業務

四，任意契約のプログラム業務(1 項目)

(2) 指導目録の改訂

　その後，当該目録は次のように毎年改訂し，会計サービス業務を拡大し続けている。

CICPAの2010年度報告書では，2010年度には「公認会計士業務指導目録（2010年）を制定し，11大類であわせて262項目である。2010年度には，①政策指導を強化し新保証業務開発の方向性を示した。②試行錯誤の過程でモデル地域を作り漸進的に突破口を見つけた。③新保証業務開発と展開を第4回中国公認会計士フォーラムのテーマとした。④経験交流と指導研修を強化し知識と技術を提供することを実施した（CICPA［2011］3号19-20）。

　CICPAの2011年度報告書では，2011年度には「公認会計士業務指導目録（2010年）を改訂し，新業務を増やしてあわせて289項目となった。そのうち，保証業務は180項目，関係サービス業務は109項目，諮問業務は5項目である（CICPA［2012］2号33）。

　CICPAの2012年報告書では，2012年度には「公認会計士業務指導目録（2012年）を改訂し，目標総数は289項目にとどまっていた。（CICPA［2013］2号15）

　CICPAの2013年報告書では，2013年度には「公認会計士業務指導目録（2013年）を改訂し，新業務135項目を増やして，あわせて425項目となった（CICPA［2014］1号19）。

　図表6-1で示すように，CICPAは2014年度の「公認会計士業務指導目録（2014年）を改訂し新業務147項目を増加してあわせて436項目となり，そのうち監査業

図表6-1　公認会計士業務指導目録2010年項目と2014年項目の比較

第一部　監査，保証業務	2010年	2014年
一，証券，先物取引関連業務	33	43
二，金融，保険関連業務	35	45
三，国内企業関連業務	16	19
四，外国投資企業関連業務	4	5
五，財政予算資金関連業務	15	72
六，非営利企業及びその組織に関連する業務	18	32
七，その他の監査保証業務	37	55
第二部　コンサルタントサービス業務		
一，マネジメント・コンサルタントサービス業務	55	80
二，会計サービス業務	25	30
三，税務コンサルタントサービス業務	23	24
四，任意契約のプログラム業務(2010年項目)	1	
五，情報システム関連のその他の業務(2014年追加項目)		14
第三部　会計サービス示範基地創新業務(2014年追加項目)		17
合　　　　計	262	436

出所：CICPAa［2010］, CICPA［2014］より筆者作成

務271項目,関連サービス業務149項目,会計サービス示範基地創新業務17項目である。

また,公認会計士監査・保証業務の項目は毎年のように増え続け,2010年当初の262項目から2014年の436項目まで増えている。そのうち,財政予算資金関連の監査業務は2010年度の15項目から2014年度の72項目に増加し,マネジメント・コンサルタントサービス業務は2010年度の55項目から2014年度の80項目に大幅に増加した。その勢いは,中国が益々「監査社会」になりつつあることを示している。

第4節　中国会計士業界における5カ年計画の内容

中国公認会計士協会は「中国会計士業界における発展計画(2011-2015年)」,すなわち会計士業界の5カ年計画に基づいた戦略を作成した。その主な内容は次の通りである。

中国公認会計士協会は,国家第12次5カ年計画及び国務院56号通達に基づいてこの発展計画を作成した。その背景として,第11次5カ年計画時期には人材育成戦略,監査基準コンバージェンス戦略,会計事務所国際化・拡大化戦略の3大戦略を実施した。2010年12月31現在,全国の公認会計士数は96,498人で,会計事務所数は7,785社(支店799を含む),従業員数は30万人で,2010年業界売上高は375億元である(CICPA[2011]9号35-42)。

　(1) 公認会計士業界の現状及び背景
　(2) 基本原則と発展目標及び指導思想
　(3) 会計事務所の科学的発展を推進すること
　(4) 会計事務所の国際化を加速すること
　(5) 全面的に新業務領域を開発すること
　(6) 業界の構造改革を推進すること
　(7) モデル基地及び試行プロジェクトの建設
　(8) 業界人材育成建設を推進すること
　(9) 全面的に情報化建設を実施すること
　(10) 事務所体制の改革

(11) 会計事務所のブラントの構築
(12) 業界実務環境の改善
(13) 会計士協会の建設
(14) 業界における党の建設を強化すること
(15) 本計画の実行

　中国公認会計士協会では，「中国公認会計士業界発展計画(2011-2015年)」に基づいて2011年12月15日に会協 [2011] 64号通達で「公認会計士業界における新保証業務開発と展開戦略の実施意見」を公表した。目標としては，業界売上高伸び率は10％を維持し，そのうち非監査業務売上高伸び率は25％に達し，2015年度の業界売上高は2010年度の倍増額，すなわち750億元に達した。そのうち，非監査業務売上高は314億元で全体に占める割合は42％である。そして2013年度中間報告の時点では新保証業務売上高が210億元を超えて業界売上高の37％に達し，最終年度の2015年度には目標の半分に達した (CICPA [2012] 1号46)。

　会計監査サービス業務の重要な領域は次の5つである (CICPA [2012] 1号48-49)。
① 継続的な監査保証業務の開発
② 非監査保証業務の開発を推進
③ 産業構造の改革 (転換) における業務
④ 国家行政領域における業務
⑤ 会計サービス業務のモデル基地と試行プロジェクトの創設

第5節　新保証業務の開発と展開戦略の推進

(1) 新保証業務の開発と展開戦略としてのモデル基地の構築

　2010年7月2日，中国公認会計士協会の記者会見 (CICPA [2010] 8号33) によると，新保証業務の開発と展開戦略の専用ホームページ[1]が開設され，2010年11月に中国公認会計士協会第5回全国会員代表大会において新保証業務の開発と展開が新戦略として確立された。「中国公認会計士業界会計サービス業務モデル基地構築プロジェクト方案」(CICPA [2011] 5号37，会協 [2011] 19号通達) が公表され，推進方法としては，今後5年間で30程度の会計サービス業務モデル基地の建設によって新保証業務を開発する，というものである (CICPA [2011] 5号15)。

　2011年モデル基地の構築は，次の各地域で行われる (CICPA [2011] 5号19)。

北京金融街会計サービスモデル基地
　　東アジア連盟自由貿易地区会計サービスモデル基地
　　蘇州工業タウン
　　天津海濱海新区会計サービスモデル基地
　　雲南国有企業改革と発展会計サービスモデル基地
　　上海市浦東新区総合改革会計サービスモデル基地
　　河北省農業総合開発試行プロジェクト
　　南和県農村財務公開会計サービス試行プロジェクト
　　瑞麗国家重点開発開放試験地区会計サービス試行プロジェクト
　モデル基地を構築する目的は，モデル基地において新保証業務の開発と展開の創造性を見出すことである。
　その後，「深圳税関検査監督会計サービスモデル基地」，「福建平総合実験区海峡西側会計サービスモデル基地」を加え，「瀋陽経済区新型工業化総合改革会計サービス業務モデル基地」など11モデル基地及び3つの試行プロジェクトを構築する形で，進行している(CICPA[2015]2号10)。

(2) モデル基地の評価

　国家第12次5カ年計画を実施するために，2011年8月にCICPAは「会計サービスモデル基地管理暫定方法」(会協[2011]51号通達)(以下暫定方法と称す)を公表した(CICPA[2011]9号43)。その目的は，モデル基地が所在する地域の産業，企業及びプロジェクトに創造的な監査保証業務と会計コンサルタントサービスを提供し，国家重点戦略，地域経済発展，産業構造の調整，企業の構造改革などの面において改革のモデルを示すことである。
　暫定方法によると，モデル基地の認可は省以上が管轄する地方における公認会計士協会が提案し，関連の中央部署，地方政府部門，民間組織，企業などと検討して合意した上で，協議案を作成し，中国公認会計士協会は，協議の一方として参加する。モデル基地は連合会議制を採用し，連合会議は協議参加の各方面で組織される。中国公認会計士協会が連合会議を招集し，モデル基地に対する評価結果，奨励，交流，合意形成などを行う。申請と承認は暫定方法の第4条に次のように定めている。
　(1) 会計業界におけるサービスの創造性とニーズの両面で重要な示範意義と普及価値を有する。

(2) 供給と需要の主体が明確であり，一定の規模，比較的に新サービス領域，かつ試行する基礎インフラを有する。
(3) 合作の各方面が高度重視，モデル基地の建設を支持し，様々な政策がモデル基地の正常運営を保障できる。
(4) 健全な指導とマネジメント機構を構築でき，施行可能な企画と運用方案を提起できる。

暫定方法の10条ではモデル基地の評価と補助金及び奨励が定められている。**図表6-2**で示すように，モデル基地に対する評価点数は110点満点（基本条件100点，附加条件10点），60点合格である。そのうち，職業信用度の社会的評価，管理システムの健全化，基礎政策方針の有無，示範効果の顕著化，保障措置の完備などで

図表6-2 会計サービス業務モデル基地評価表（試行）

種類		評価内容	得点	評価方法
基本条件 100点	職業信用度 (20点)	総合評価優良	10	1. 関係証明の提出 2. 記録と関連資料の調査 3. 実地調査，現場サンプリング 4. クライアントへの随時調査 5. 専門家の評価
		モデル基地参加の会計事務所の品質管理記録は良好	5	
		クライアント側の満足度が高い	5	
	管理システム (20点)	健全なモデル基地指導機関があり，役割分担が明確	5	
		モデル基地構築の専属責任者あり	5	
		計画と方案は真面目に実施	5	
		完全な活動記録と書類管理	5	
	基礎政策方針の整備 (20点)	政府部門による予算と税制支援があり，オフィスの提供，人材勧誘等の優遇政策が確実に実施	10	
		地方会計士協会支援策及び奨励資金の提供があり確実に実施	10	
	モデル効果顕著か否か (20点)	売上高が大幅増加（毎年伸び率20％以上）	5	
		クライアントの数量，規模，サービス提供種類及び創新水準	5	
		社会的評価が良好，省以上の地方新聞などのマスメディアの報道あり	5	
		省以上政府部門の奨励表彰	5	
	保障措置完備か否か (20点)	新領域人材研修と情報提供の実施	5	
		新領域サービス業務フォーラム，交流会，座談会などの開催	5	
		単独またはCICPAと連携して新業務開拓政策，ガイドライン，課題研究などを制定した	5	
		適時にWebサイトのサービスを維持し，開示した情報の質量と数量とともに一定水準以上に達す	5	
付加条件 10点		継続的に示範基地の職務モデルとシステムを創新すること	10	

出所：CICPA［2011］9号46

(3) モデル基地の事例と目的

　第4回中国公認会計士フォーラムでは，中国公認会計士協会は北京，広西，江蘇の地方会計士協会及び地方政府等と3大会計サービス業務モデル基地を建設する合作協議を結んだ（人民日報2011年9月5日）。これらの30以上のモデル基地のなかで，ここでは蘇州工業タウン会計サービスモデル基地と上海市浦東新区総合改革会計サービスモデル基地を検討し，その仕組みを明らかにする。

① 蘇州工業タウン会計サービスモデル基地 [2]

　蘇州工業タウンは，中国とシンガポール両国政府間の重要な合作プロジェクト（鄧小平と李光躍（リー・クアンユー）とのトップダウン合作プロジェクト）である。1994年2月に国務院の認可によって設立された。行政区計画面積は278ヘクタールであり，そのうち中国とシンガポールの合作区域の面積は80ヘクタールであり，常住人口は78.1万人である。目標として，国際競争力のある高科学技術工業タウン，国際化，現代化，IT化，生態化，創新型，幸福型の新市区を構築する計画であった。2014年の新興産業の生産高2,390億元，工業総生産高の60.5％を占めている。

　2010年8月13日に，蘇州工業タウン管理委員会はCICPA及び江蘇省公認会計士協会と「蘇州工業タウン会計業務アウトソーシング示範基地に関する協力枠組協議」を結んだ。その後，蘇州工業タウンは政策的に金融，保険，税務，代理記帳，報酬，内部監査などに関する通達，ガイドライン，規程，手引きなど22の規制を定めた。2011年9月現在，蘇州工業タウンにある企業は約19,000社であり，そのうち16,000社は個人事業者であり，86％が中小企業である。会計事務所などの会計サービス業務を提供する企業は50社超，そのうち会計事務所16社，2010年末までにアウトソーシング産業の生産高は150億元を超過し，そのうち会計サービス業務の売上高は6億元である（中国会計報2011年9月5日）。政府，企業，会計事務所の3方面が共に"Win & Win & Win"となり，すなわち"3Win"の理念をむねとしている。示範基地では積極的に会計，税務，不動産鑑定，弁護士及び代理記帳等5大類49社の仲介サービス事務所が加盟し，政府が8,900万元の投資をし，オフィスビルを提供して各事務所の参入と発展を推進した2011年には示範基地創新試行業務の売上高は前年度より15％増加した。

② 上海市浦東新区総合改革会計サービスモデル基地 [3]

　上海市浦東新区総合改革会計サービスモデル基地は，改革開放後の中国で最初の公認会計士事務所が承認された都市にある。上海市は 2010 年末まで会計事務所 274 社，年売上高は 70 億元に上り，全国総売上高の五分一強を占めて，15 社は全国の総合評価上位 100 会計事務所に入っている。

　2011 年 4 月 17 日に中国財政部副部長王軍，上海市副市長屠光紹，中国公認会計士協会副会長兼事務局長陳毓圭，上海市浦東新区副区長厳旭などが，中国公認会計士協会，上海市浦東新区政府，上海市公認会計士協会と「上海市浦東新区総合改革会計業務示範基地に関する協力枠組協議」を締結した。当日，財政部副部長王軍，上海市副市長屠光紹，中国公認会計士協会副会長兼事務局長陳毓圭，上海市浦東新区副区長厳旭が締結式に参加した。この基地における新保証業務の開発と展開の糸口は，浦東新区の総合改革及び上海国際金融センターの構築に会計業務を提供し，そして浦東新区のディズニーランドなどのプロジェクトの投資，監督管理と財務レビューや，張江高科学技術タウンなどの会計サービス業務を提供することである。世界のビッグ 4 会計事務所のうち，徳勤華永，安永華明の 2 社を含んだ 49 社がこのモデル基地に参入した。また，浦東新区政府は浦府 [2011] 373 号通達を発行し，「浦東新区新興第 3 次産業の発展を促進する財政援助方法」を公表した。その第 10 条では，新たに設置された弁護士事務所，会計士事務所などに対して新区への貢献度によって 3 年間の補助金を支給し，重点会計事務所等に対しては 4 年間の補助金を支給することを定めた。

③ モデル基地を構築する目的

　中国公認会計士秘書長陳の講話によると，モデル基地構築の目的は先進モデル会計事務所を育成し，さらに先進モデルを発見することによって発展途上の会計事務所をけん引して一緒に成長することである。これは創造性，競争優位の企業価値の所在である。モデル基地の構築によって全国 8,000 社の会計事務所，10 万人の公認会計士，30 万人の従業員はこの方向に向けて努力し，1 年，5 年，10 年，そして一代，二代……をかけて必ず中国公認会計士業界が世界最大，もっとも権威があり，もっとも影響力のある会計職業集団になるはずである。これは願望であり，求める目標であり，モデル基地を構築する目的である（CICPA [2012] 6 号 32）。

④ 会計サービス業務「モデル基地」戦術の原点

新保証業務開発と展開戦略といえば，30 の会計サービス業務モデル基地の構築は目的を達成する戦術ともいえる。1980 年から今日までの 30 数年，中国改革開放政策を実施する際，陳雲が初めて提出し，鄧小平が推進してきた戦術，すなわち「摸着石頭過河」（知らない河を渡る際，手足で足元の踏み石を探りながら，踏み外さないように河を渡っていく様子）の戦術である。具体的例が，改革開放政策が実施された当初，市場経済システムを深圳，アモイなど 4 つの特別区（モデル）で先行して導入し，その成功経験を総括して全国に展開するやりかたである。それゆえに，会計サービス業務「モデル基地」を構築する発想の原点は，この成功経験にある。

第 6 節　新保証業務開発と展開戦略の目標と実績

（1）戦略目標の実現可能性

図表 6-3 の CICPA の統計によると，1999 年から 2009 年までの業界売上高は 32 億元，その後右肩上がりで 2009 年，業界売上高は 318 億元となった。そのうち，監査業務売上高が 84.36％，非監査業務売上高が 15.64％である。この戦略の目標は 8 年間のうち，監査業務売上高と非監査監査業務売上高の比率はそれぞれ 50％である。新保証業務開発と展開戦略が実施され，たった 1 年後の 2010 年，業

図表 6-3　1999 年～ 2009 年までの全業界の売上高

単位：億円

年	売上高
1999	32
2000	52
2001	81
2002	108
2003	118
2004	154
2005	183
2006	220
2007	285
2008	310
2009	318

出所：CICPA［2012］2 号 60

界売上高 375 億元に達し,そのうち監査業務売上高は 72.19% であり,2009 年の 84.36% より 12.17 ポイント減少し,その分は 2010 年の非監査業務売上高が増加した。会計士業界の第 12 次 5 カ年計画によると,**図表 6-4** で予測しているように,今後 10 年間で売上高の倍増という目標である。すなわち,2011 年から 2015 年まで売上高は 2010 年 375 億元の倍である 750 億元に達し,次に 2016 年から 2020 年までの売上高は 2015 年 750 億元の倍で 1,500 億元に達することである。その 10 年間のうち,監査業務売上高伸び率は 10% を維持する。非監査業務売上高伸び率は,19.5% から 27.5% 程度に維持し,最初 5 年の平均伸び率 24.7%,次の 5 年の平均伸び率は 20.6%,10 年間の平均伸び率は 22.7% である。業界全体の売上高伸び率は 14.9% で,すなわち会計士業界の第 12 次 5 カ年計画目標の 15% である。最初の 5 カ年の売上高倍増目標は 750 億元のうち,非監査業務売上高は 314 億元(全体の 42%),監査業務売上高は 436 億元(58%)である(CICPA[2012] 2 号 60-62)。

図表 6-4 で今後 10 年の予測と実際の数値を比較すると,2011 年度には予測 430.8 億元,実際 440 億元,2012 年度には予測 494.9 億元,実際 509 億元,2013 年度には予測 568.4 億元,実際 563 億元。2014 年度には予測 652.9 億元,実際 604 億元に下がり,2011 年から 2014 年までの実際年平均売上高伸び率は 11.2% であった。しかし,非監査業務売上高の伸び率が 10 年間平均 20% 以上に予測されている。それゆえに,新保証業務開発と展開戦略の成敗要因は非監査業務売上高の増加によると考えられる。

図表 6-4 2011 年〜 2020 年公認会計士業界売上高伸び率予測表

	2011	2012	2013	2014	2015	2016	2017	2018	2019	2020
総売上高(億元)	430.8	494.9	568.4	652.9	750.0	861.5	989.6	1136.8	1305.8	1500.0
そのうち:監査業務	297.8	327.6	360.3	396.4	436.0	479.6	527.5	580.3	638.3	702.2
非監査業務	133.0	167.3	208.1	256.5	314.0	381.9	462.1	556.5	667.5	797.8
非監査業務伸び率	27.5%	25.8%	24.4%	23.3%	22.4%	21.6%	21.0%	20.4%	20.0%	19.5%
売上高伸び率	10%	10%	10%	10%	10%	10%	10%	10%	10%	10%

出所:CICPA[2012] 2 号 62 より,筆者作成一部修正

(2) 戦略実績(2014 年末現在)

図表 6-5 は,2011 年度から 2014 年度まで,中国会計士業界における目標売

第6章　新保証業務の開発と展開戦略　　　　　149

図表 6-5　2011 年～ 2014 年の業界売上高と売上高伸び率

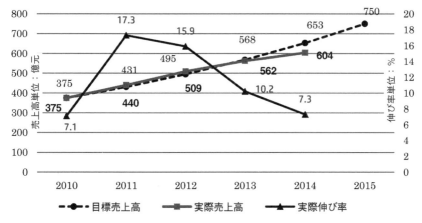

出所：CICPA［2011-2015］各号及び CICPA［2012］2 号 62 より筆者作成

上高と実際売上高のグラフ，及びその伸び率の比較グラフである。前述したように，CICPA は 2011 年度から 2015 年度までの目標売上高を示し，目標売上高伸び率 10％ と設定されたのに対して，実際の売上高はほぼ目標通りに達成し，2011 年度，2012 年度，2013 年度，2014 年度の 4 年の平均伸び率も目標の 10％ を超え，11.2％ となっている。それゆえに 2015 年度の売上高 750 億元の達成が可能であると予測される。

ところで，国際会計事務所の売上高ランキングを見ると，**図表 6-6** で示すように，中国は世界の会計事務所の実績を目標としている。すなわち，売上高の内訳は，監査保証業務売上高について世界上位 20 会計事務所の平均割合は 51.2％ であり，非監査保証業務売上高の割合は 48.8％ である。つまり監査保証業務売上高と非監査保証業務売上高の割合はそれぞれ約 50％ である。

2012 年度世界上位 20 会計事務所の総売上高は 1449.73 ドル，約 9,002.82 億元（為替レート 1 ドル＝ 6.21 元）である。そのうち，ビッグ 4 の売上高の合計額は 1,102.60 ドルで，約 6,847.15 億元である。それは同年度中国会計事務所総売上高 510 億元の 17.65 倍と 13.42 倍である。また，ビッグ 4 のうち，年売上高が低位にある KPMG と比べてみると，KPMG の年売上高 1,430.16 億元（約 230.30 ドル）は中国会計事務所総売上高 510 億元の 2.80 倍である。したがって，中国が打ち出した新保証業務開発と展開戦略は，会計事務所の年総売上高伸び率が毎年 10％ 以上

図表 6-6　2012 年度国際会計事務所売上高ランキング

順位	国際会計事務所名称	総売上高（億ドル）	総売上高の内訳% 監査業務	総売上高の内訳% 非監査業務	伸び率	財政年度
1	PwC	315.10	47	53	8%	2012.06
2	Deloitte	313.00	42	58	9%	2012.05
3	Ernst&Young	244.20	46	54	7%	2012.06
4	KPMG	230.30	45	55	1%	2012.09
5	BDO	60.16	60	40	6%	2012.09
6	Grant Thomton International	41.82	45	55	10%	2012.09
7	RSM	39.87	48	52	1%	2012.12
8	Baker Tilly International	33.17	53	47	3%	2012.06
9	Crowe Horwath International	30.78	51	49	5%	2012.12
10	Nexia International	28.40	57	43	22%	2012.06
11	PKF International	26.83	55	45	2%	2012.06
12	Moore Stephens International	22.83	54	46	−1%	2012.12
13	Kreston International	19.65	45	55	12%	2012.10
14	HLB International	15.71	54	46	−12%	2012.12
15	Mazars	12.99	50	50	−3%	2012.08
16	UHY International	6.20	63	37	0%	2012.12
17	Russell Bedford International	3.82	58	42	1%	2012.06
18	ECOVIS International	2.82	37	63	4%	2012.12
19	IECnet	1.15	57	43	7%	2012.06
20	Reanda International	9.93	59	41	6%	2012.12
	合計	1,449.73	51.2%	48.8%	6.05%	

出所：CICPA「中国会計サービス貿易発展報告 (2013)」，CICPA [2014] 3 号 11 より筆者作成

を維持し成果も顕著であるものの，ビッグ4の年合計年売上高を追い越すのはまだまだほど遠いようである。

第7節　展望と課題

　以上のように，中国の国策として，産業構造改革が行われ，すなわちこれまでの30年間における第一次産業，第二次産業の成長を中心とする経済成長は，第12次5カ年計画によって，第三次産業へと転換している。第三次産業に属する中国会計事務所の成長は，この国策に基づいて業界戦略を策定，計画通り業界売上高が伸びている。

　会計サービス発展貿易報告によると，中国の経済発展が先進国のように，同じ道のりで，まず付加価値が比較的に低い第一次産業，第二次産業を発展させて，そ

の後，付加価値の高い第三次産業に転換していたことを示している。その転換の時期について，アメリカは1970年代に経験し，日本は1980年代に経験した。中国においてはまさしく現在進行中である。

　以上検証して明らかにしたように，アメリカと日本が歩んだ道とは異なり，中国は戦略構想，政策方針，モデル設計などはすべてトップダウンである。そして中国公認会計士協会は国の5カ年計画及び国務院，財政部の計画実施方針に基づいて会計士業界の戦略目標を定めて，その目標に向けて進んでいる。しかし，会計士業界では売上高だけで世界のトップになるのはそう簡単ではないので，多くの課題が残っている。

■注

1) 新保証業務の開発と展開戦略ホームページ（http://www.cicpa.org.cn/New_Services/2015年4月15日）。
2) これらの内容は蘇州工業園区服務外包示範基地ホームページ（http://www.sipkj.org/2015年4月15日）を参照した。
3) これらの内容は上海公認会計士協会ホームページ（http://www.shcpa.org.cn/pudong/getPuDong ColumnList.do?psid＝96/2015年4月15）を参照した。

■参考文献

中国公認会計士協会編（CICPA）[2009]『中国注冊会計師』10号，中国公認会計士協会
中国公認会計士協会編（CICPA）[2010]『中国注冊会計師』1号，中国公認会計士協会
中国公認会計士協会編（CICPA）[2011]『中国注冊会計師』1号，中国公認会計士協会
中国公認会計士協会編（CICPA）[2011]『中国注冊会計師』3号，中国公認会計士協会
中国公認会計士協会編（CICPA）[2011]『中国注冊会計師』5号，中国公認会計士協会
中国公認会計士協会編（CICPA）[2011]『中国注冊会計師』9号，中国公認会計士協会
中国公認会計士協会編（CICPA）[2012]『中国注冊会計師』1号，中国公認会計士協会
中国公認会計士協会編（CICPA）[2012]『中国注冊会計師』2号，中国公認会計士協会
中国公認会計士協会編（CICPA）[2012]『中国注冊会計師』6号，中国公認会計士協会
中国公認会計士協会編（CICPA）[2012]『中国注冊会計師』8号，中国公認会計士協会
中国公認会計士協会編（CICPA）[2013]『中国注冊会計師』2号，中国公認会計士協会
中国公認会計士協会編（CICPA）[2013]『中国注冊会計師』1号，中国公認会計士協会
中国公認会計士協会編（CICPA）[2014]『中国注冊会計師』1号，中国公認会計士協会
中国公認会計士協会編（CICPA）[2015]『中国注冊会計師』2号，中国公認会計士協会
中国公認会計士協会制定（CICPA）[2010]『注冊会計師業務指導目録（2010年）』中国財政経済出版社
中国公認会計士協会制定（CICPA）[2014]『注冊会計師業務指導目録（2014年）』中国財政経済出版社

第7章

5 大戦略と共産党組織の役割

第1節　共産党組織力強化の背景

　経済のグローバル化に伴い 2008 年に国際金融危機が勃発し，先進国の G7 だけでは世界経済をリードすることができなくなったため，近年台頭した新興国を加えた G20 の誕生によって世界は多極化様相を見せている。

　それを背景に 2009 年 9 月に，中国共産党第十七回中央委員会第 4 次会議が開催された。この会議は中国共産党設立 88 年，改革開放 30 年，中華人民共和国設立 60 周年の直前という時期であった。中国人民日報のウエブサイトの報道によると，中国国内ではいわゆる経済的不平等で貧富の格差が拡大し，30 年間の改革開放政策の実施により，ごく一部の人々が豊かになった。その一方で，拝金主義的な社会的風潮とすべて民のためという共産党の理念も喪失し，お金の虜になり，共産党官僚の腐敗が蔓延している。共産党組織は弱体化し，国民からの信用が失われ，統治政党として危機の状態に瀕している。国民の不満が募り，国民の信用が失われつつある[1]。

　また，ウエブサイトの報道によると，近日，中国共産党第十七回中央委員会第 4 次会議において共産党組織の再強化課題が提示された背景について，国家行政学院科研部の許耀桐教授が記者にインタビューを受けた際に，現状を次のように分析した。①共産党の幹部の理念と思想を見ると，彼らが勉学に励んでいるが，一部の幹部が不勉強のため愚かで能力が低い。②共産党の廉潔状況を見ると，楽観視できない。第十七回大会が開催して以来，2008 年と 2009 年の 2 年間で，陝西省政治協賛副主席庞家鈺，最高裁判所副裁判長黄松有，広東省政治協賛主席陳紹基，浙江省委

員会常務委員，党規律検査委員会書記王華元，深圳市長許宗衡，天津市委員会常務委員皮黔生等6名の副大臣クラス以上の幹部の腐敗問題が暴露された。そのほかの共産党幹部の腐敗問題も少なくない。幹部の腐敗問題は政治的な「腫瘍」であり，国民の怒りを買っている。③共産党の規則制定状況を見ると，問題だらけである。例えば幹部に対して，財産の申告及び公開制度が施行できておらず，公用車の私用，公費での飲食，旅行などについては制度的な規制はなく，また，権限の抑制はなく，強権的支配など，評価機関と監督機関不在のままとなっている。④幹部選抜と昇進の現状をまとめると，「一本の正道(聖なる道)」と「三本の邪道」があるといえる。「一本の正道」とは，才徳兼備な人材が幹部として選ばれる道である。「三本の邪道」とは，①上司への迎合，身内・個人的なコネクションで幹部が選抜される道，②義兄弟，盟友関係，派閥などで利益集団を作ることによって幹部ポストを得る道，③金銭の賄賂で幹部ポストを得る道，というものである[2]。

このような状況に向けて，共産党は第十七回中央委員会第4次会議を開催し，「中国共産党中央委員会新情勢下における党の建設に関する若干重大問題の決議」(以下，「党の若干重大問題の決議」と称する)が承認された。この決議の趣旨は，共産党組織力を強化し，共産党員に規律規則を守らせて，清廉な政治が行われ，国民からの信用回復，そして，政治支配を強化することである。

この章ではこのような党の重大問題を背景に，中国公認会計士協会における共産党組織作り(中国では「党建」と略称するが，以下党組織作りと略称)及び共産党組織の会計事務所における役割を明らかにする。とりわけ指摘したいのは，世界の国々の監査制度を見ても中国共産党組織のような組織作りの前例はなく，独創的な戦略ともいえるもので，その過程における党組織の役割は無視できないものである。

第2節　2009年度の重点課題「体制建設年」

中国公認会計士協会における共産党組織の「体制建設年」とは，協会，地方協会，会計事務所等の組織のなかで共産党委員会などの組織作りを行い，活動の開始及びその機能と役割を果たすものである。

中国共産党は党の重大問題の決議のなかで，国内外の情勢下において共産党組織作りの重要性と緊急性が確認され，健全な「民主集中制」，党内民主を発展させることを確認した。そしてすべての組織のなかで，党組織を新設することを戦略的に決

定した。とりわけ，非公有制経済組織，仲介機構，協会，学会及び新たな社会組織のなかで共産党組織を新設することである。その目的は，中国共産党の統治指導を強化することである。党の重大問題の決定では「実践で証明されたように，中国共産党がなければ新中国も存在しない。中国の特色である社会主義もない。中国のことはすべて共産党の統治がなければならない」と主張している[3]。

そのような主張にしたがって，2009年10月15日に財政部党組（党章第九章第46条）[4] の議決により，中国共産党公認会計士業界委員会が新設された。財政部党組委員，副部長王軍が党書記長を兼任し，党委員会書記，陳毓圭（事務局長）が常務副書記を兼務し，党委員会副書記董新鋼，梁立群，委員白曉紅，劉光忠，張克，胡少先，羅克明，郭文杰，程用文の11名が党委員会を組織した。同年10月18日に第1回会議が行われ「中国共産党公認会計士業界委員会の会議議事規定」が承認された。業界全体では，3.3万人の共産党員がおり，そのほか非共産党員の従業員を含めて30万人いる。また，「中国共産党組織部，財政部党組が公認会計士業界党組織の新設に関する更なる推進工作」（組通字 [2009] 49号）の通達（CICPA [2010] 1号増刊 2-3）が発行された。**図表 7-1** で示すように，共産党組織は，政府機関，公認会計士協会，会計事務所などで新設及び書記の職を置くことが定められている。通達の主な内容は次の通りである。

① 会計事務所は共産党組織力を強化し，党組織と活動の普及を拡大する。党員3人以上の会計事務所は党則に基づいて単独党支部組織を置く。3人未満の場合，原則として近隣地域の会計事務所と連合支部を置くこととなっている。
② 会計士協会党組織を構築し，党組織の所属関係を整備する。省以上公認会計士協会では，党委員会を設置し，市（地域，州）公認会計士協会または公認会計士管理センターは党委員会または党支部を設置する。公認会計士協会党組織は同級財政部門党組織に責任をもって管理される。会計事務所党組織は現地公認会計士協会党組織に管理される。
③ 党組織の書記を選抜し，党員活動の組織作りを強化する。会計士業務と党務の両方に精通する人材を選抜して党の指導部に入れる。書記は党委員会の責任者または党員であるパートナー社員が望ましい。書記に対する研修を強化し，その素質と能力を高めること。
④ 党員の組織関係を厳格に規定し，切実に党員の教育と管理を強化する。原則として，党員の組織活動は所属会計事務所の党組織に帰属する。党員に対す

る教育は職業倫理道徳，誠信（誠実・信用）も平行して評価し，党員全体の素質を高める。優秀な会計事務所のパートナー社員から党員を登用させることを重視する。

⑤ 党組織新設の活動を創新し，党の活動力を強化する。
⑥ 党組織新設の活動システムを健全化し，党活動の責任を確実にする。

図表7-1 中国公認会計士協会共産党組織及び政府機関内の党組織

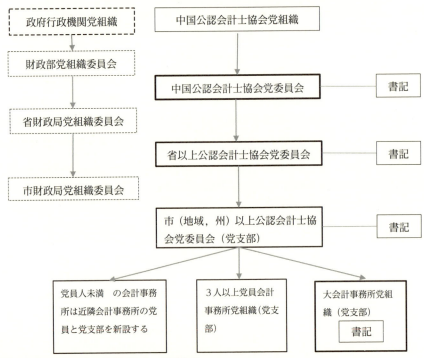

出所：CICPA［2010］1号増刊より，筆者作成

第3節　2010年度の重点課題「機能建設年」

2009年に中国公認会計士協会では，党委員会の新設及び地方公認会計協会党委員会の新設，そして会計事務所における党委員会または支部の新設したことによって，いわゆる「体制建設年」という重点課題で組織作りを行い，共産党新組織の基盤が構築された。そこで，2010年度にはこの基盤を更に整備しつつ，重点課題として「機

能建設年」とした。すなわち，共産党組織が公認会計士協会のなかで，どのような役割，機能を果たし，その他の組織との関係はどうなのかを明らかにした年でもある。

　2010年1月29日に中国共産党政治局常務委員，国家副主席習近平は国富浩華会計事務所を視察し，新たな社会的組織とする党組織作りの問題について指示を出した（CICPA［2010］1号1）。2010年1月24日に副総理李克強は「旭人同志，財政部が真剣に中央意思決定を貫いて，誠心誠意に会計事務所の学習実践科学発展活動を推進し，会計士業務の創新，コンプライアンス管理及び日常業務を引き出して向上し，段階的に成果を挙げた。その経験をまとめ，組織制度，基礎作りを目指して更なる党の建設を強化し，業界の持続的，健全な発展を望む」と指示した（CICPA［2010］2号1-2）。

　また，ビッグ4の1つである毕馬威華振会計事務所は初めて中外合弁会計事務所内部の共産党組織を新設したのである。毕馬威華振会計事務所は1992年に設立され，当初50名弱の従業員しかいなかったが，今日では2,000名となっている。それは中国改革開放政策に恵まれたものであり，中国共産党の指導があってこそである。会計事務所の管理層が中国共産党中央委員会の号令に基づいて会計事務所における共産党組織の構築に賛同した。現在，会計事務所において共産党員440名がおり，従業員全体の22％を占めている。党員が身をもって規律規則を遵守し，意気揚々で，皆の模範を示している（CICPA［2010］2号14-15）。

　次に，普華永道会計事務所の党員も委員会を新設することができた。普華永道会計事務所も世界ビッグ4の1つであるが，全世界151か国で16.3万人の従業員がいる。中国普華永道中外合資会社は上海事務所の従業員数は2,800名，そのうち共産党員数は820名であり，従業員総数の29％を占めている。本部で党委員会を新設し，委員会は9名の委員が組織される。そのうちの7名がパートナー社員，副代表社員，上級マネジャー，マネジャーの役職を担当している。なお，7名の党委員会委員がほかの支部の書記を兼務している。従業員のなかで共産党に入党を希望する者は13名であり，そのうち新党員1名を入党させた（CICPA［2010］2号増刊号67）。

　中国公認会計士協会共産党委員会の2010年度活動報告によると，全業界における党組織作りとして，3万超の共産党員が会計事務所3,352社の党組織に所属し，新たに共産党入党者396名，また，4,500名超の後援者を得ることができた。また，

多くの次世代リーダー会計人が国際的に認められて,業界売上高も3年間で倍増した。第三次産業の中では会計士業界が最先端に位置している。第12次5カ年計画期間中で,2,3社の会計事務所が世界ランキングの30番以内を目標とし,業界の影響力と国際的発言権が大幅に増えた。同時に共産党組織の活動を活発し,業界の共産党の再建及び活動が全国の先進事例になるよう目指している (CICPA [2011] 2号 5-6)。

以上のように推進した結果,上位100会計事務所はすべて共産党組織を新設した。そのほか54の会計事務所が共産主義青年団組織を新設し,26の会計事務所が婦人連合会組織,62の会計事務所が組合を新設,共産党入党申請者が843人,そのうち126人が入党した。組織活動数は延べ1,998回,党の研修会369回が行われた (CICPA [2011] 8号 18-19)。

第4節　2011年度の重点課題「制度建設年」

2011年1月12日の中国公認会計士協会共産党委員会の拡大会議において,財政部党組メンバー,副部長,中国公認会計士協会党委員会書記王軍が講話を行った。王軍は,業界党委員会の再建及びその役割の発揮させるための活動のなかで2009年度を「体制建設年」として定めた。体制 (system of organization) とは組織を作ること,すなわち共産党組織の再建である。また,2010年度を「機能建設年」として定めた。機制 (mechanism) は日本語でメカニズムともいう。共産党組織が中国公認会計協会,会計事務所等の組織で期待する機能,仕組みのことである。2011年を「制度建設年」として定めた。制度 (institution) とは法令,準則,ガイドライン,慣例などを意味する (CICPA [2011] 2号 8) 用語,概念等を整理した。

中国公認会計士協会党委員会書記王軍によると,会計事務所及び個人に対して次のように語った。「総合評価を通して,すべての会計事務所,すべての従業員の優勢,不足が明らかにされた。ポジティブな人にとって優越感を誇り,一般の人にとって緊張感を感じ,ネガティブな人にとって危機感を感じさせた。事務所及び従業員が自覚的に自己レベルを高めることが促進され,競争優位を争っている。各地方党組織委員会は先進会計事務所を視察し自己レベルアップ,キャリアアップなどの活動を展開している。多くの会計事務所が自身の不足に対して,積極的に業務技能のコンペティション (competition),実務能力アップなどの活動に取り組んで,

組織競争力を強化し科学的な発展を促進する。」(CICPA [2011] 5号5)。これは，党委員会が会計事務所の競争力アップ及び組織力強化における役割である。

また，CICPA は「十百千」評価活動を推進している。「十百千」評価活動とは10の先進会計士協会，100社の先進会計事務所，1,000人の先進個人の活動実績を評価し表彰することである。

さらに，各省自治区，市公認会計士業界（協会）党委員会は2011年に次の公開承諾書を公表した。

我々は聖なる約束をする。
  ① 業界の飛躍的な発展を全力で推進すること
  ② 業界における創新及び競争優位のメカニズムを構築すること
  ③ 業界の「制度建設年」活動を展開すること
  ④ 業界における各政治党派の統一戦線の構築に力を注ぐこと
  ⑤ 現場共産党組織の建設を更なる強化すること
  ⑥ 理論研究とモデルケースの宣伝を強化すること

具体的な内容は，「第12次5カ年計画」の実施を推進し，業界の「5大戦略」を徹底的に実施し，業界発展の政策的な措置を作成することに協力する。新業務の開拓及び展開，業界IT化，業界の国家建設に対するサービス能力を高め，本地域における業界売上高の伸び率が増加に努めるなどである(CICPA[2011]5号13-14)。

2011年の制度建設年の成果としては，公認会計士協会党委員会が党の通達，指導意見などの規定15種類70項目を作成した。地方協会党組織は様々な規定808項目を新たに制定し，あわせて2,100項目に達し，会計事務所で様々な規定57,089項目を規定し，それらは合わせて14万超の項目を作成した。中国共産党公認会計士協会党委員会は「中国公認会計士業界規則総攬」を作成し，23種類172項目，合わせて6巻400万字を有している(CICPA[2012]2号18)。

第5節　2012年度の重点課題「情報化建設年」

2012年度の重点課題は「情報化建設年」とし，2011年の業界情報化戦略と合致している。「情報化建設年」とは，体制作り，機能作り，制度作りを総合に利用しながら，ネットワークでリンクするというものである。この重点課題は共産党組織作りの戦略が2009年度に開始し，そして2010年度重点課題，2011年度重点課題を加

え，組織作りの整備の段階と考えられる。その後の重点課題は，公認会計士業界の5大戦略にあわせて推進していく役割を担わされている。つまり，「情報化建設年」は業界情報化戦略の目標と同じである。そして，「全国創新・優秀共産党地方支部」評価（ベスト支部評価）及び「全国創新・優秀共産党員」評価（ベスト共産党員評価）を表彰し，共産党の組織作りと人材育成を推進している。

第6節 2013年の重点課題「誠信文化建設年」

(1) 中国公認会計士協会共産党5カ年計画（2013年～2017年）

中国公認会計士協会共産党組織建設計画（2013年～2017年）（以下，党建設5カ年計画と略称）は中国共産党第十八次代表大会に提唱される改革創新の精神に基づいて，全面的に党組織建設のプロジェクトを推進し，その科学水準を高めることを目標としている。この計画は，共産党第十七次第4回会議及び全国工作会議の精神に基づいて党中央組織部，財政部党委員会が公表した「公認会計士業界における党組織建設に関する通達（組通字[2009]49号）」の要求によるものである。党建設5カ年計画によって指導思想，基本原則と主な目標，年間重点課題，そして党組織の建設，業界における政治思想素質の向上，誠信文化の建設，人材建設，創造力と競争力の強化，党員の倫理水準の向上などの課題が明らかにされた。

数値目標として，2012年末に公認会計士人数は14万に達し，そのうち，次世代リーダ会計人が500人，国際的に認められる公認会計士800人とし，新業務領域複合型業務を携わる中堅者6,000人超と定められた（CICPA[2013]1号23-27）。

(2)「誠信文化建設年」の目的と役割

誠信（credibility and integrity）については，日本語は「まこと，信実，誠実」という意味である（大辞林第3版）。英語の意味は「信用性，信憑性と高潔，誠実，清廉」という意味である。

2013年の「誠信文化建設年」という重点課題は，過去4年間で，各年度の重点課題，すなわち「体制建設年」，「機能建設年」，「制度建設年」，「情報化建設年」が実行された後の環境を前提とした，5つ目の重点課題である。「誠信」の精神は公認会計士職業精神（倫理）の核心の部分であり，職業倫理は誠信文化の精神的な道標である。

この課題の目標は，会計士業界の社会的な信用イメージ及び認知度を高め，多く

の会計事務所のブランド作りを推進し，国内外でその信用と知名度を向上させることである (CICPA [2013] 5 号 6-9)。共産党委員会は 2013 年の重点課題を「誠信文化建設年」と定められ，公認会計士職業倫理基準を賛同し提唱したと考える。協会では，「公認会計士職業倫理の向上活動に関する通達」，「金融証券業監査会計事務所の不正低価格競争禁止に関する提案書」など作成し公表した。

CICPA 共産党委員会の 2013 年の報告書によると，共産党組織は次のような役割を果たしている。

① CICPA は「公認会計士業界「誠信文化建設年」に関する活動の実施方案」を制定し公表した。具体的に 57 項目の実施案を地方協会，事務所などの各部門に役割分担した。

② 「誠信文化建設年」の課題を展開する。協会指導部が 17 回現場を調査し，20 以上の先進事例を選出して表彰した。

③ 「誠信文化建設年」に対する認識を深め，その活動をより一層展開した。全業界において公認会計士の職業倫理について議論を展開し，その語録及び表現 2,000 条以上を収集した。また，中国大陸，台湾，香港，マカオなどの会計業界は交流検討会を開催し，著書『誠信の道』を出版した。

④ 「誠信文化建設」の規則を整備し，その役割を全うした。規則と役割は会計事務所文化の重要な一部分であり，保証でもある。職業的懐疑心，外部確認など 6 項目の監査基準 Q＆A を作成し，「職業道徳規則 Q＆A」を編著し，「事務所特殊普通パートナー社員制協議様式」の解釈，「公認会計士職業責任保険に関する集中保険申込方法」など 6 つの規則書類を起草した。

⑤ 失信行為を抑制し，取り締まりを強化する。年度財務諸表の公開及び監査に関する監視監督業務において共産党委員会は 9 回指導を行い，それは 9 つの証券事務所と上場企業 15 社に及んだ。また，業界における監査報酬などの不正競争を防止するため「公認会計士協会による業界不正低価格競争防止法案」を制定し，座談会などを通して推進した。さらに，会計事務所の品質管理をレビューし，2013 年 2 月現在まで処罰した会計事務所は 159 社，公認会計士 271 人，証券取引委員会，財政部と連携して会計事務所 3 社に対して行政処分を実施し，会計事務所 2 社の金融証券業監査資格を剥奪した。会計士 6 名に警告処分，会計士 4 名に対して金融証券業監査業務を禁止した。最後に公認会計士に対して年間レビューを行い，2013 年度には 98,048 人をレビュー

し，そのうち3,280人が合格猶予とし，2,410人は年間レビュー不合格と判定した。
⑥ 社会的に業界の誠信を激励し，誠信を守るものを表彰する。累計奨励助成金990万元を支給し，新業務開発を推進し，135項目を開発した。会計事務所のブランド作りをし「会計事務所ブランド作りに関するガイドライン（公開草案）」の作成，会計事務所の誠信文化を提唱し，ネット上優良会計事務所の公表，国際的にも認められる会計事務所作りに力を注いでいる（CICPA [2014] 2号5-7）。

また，公認会計士の職業道徳倫理の向上の面では，CICPAの共産党委員会が重要な役割を果たしている。

2013年6月に公認会計士協会は，公認会計士職業倫理の表現（スローガン）を募集し，1000条以上の応募があり，そのうちの300条を選んで公表した（CICPA [2013] 10号10, 11号10-20, 12号13-14）。そのなかから，5つを選んで取り上げる。

 a. 第3条 誠信，自律，客観，公正
 b. 第5条 独立，客観，公正，廉潔
 c. 第20条 独立，客観，公正，誠実，守信，自律
 d. 第28条 立信，立業，立徳，求真，求正，守質
 e. 第237条 独立客観，公平公正，誠実守信，勤勉尽責
 f. 第266条 誠信崇徳，公平公正，睿智進取，精業報国

これらの職業倫理に関する経営理念・スローガンによって，公認会計士業界において社会的な誠信文化が形成されつつ，企業の不正防止，監査不祥事件などを防ぐ効果があり，職業倫理教育に役に立つと考える。そして，この共産党委員会が提唱する職業倫理基準は会計士と会計事務所の共通の価値観として認識されつつある。これは，他国では見られない独創的な組織体制ともいえる。

公認会計士業界では，誠信という職業倫理を提唱する源は，中国儒学者がまとめた『礼記』にいう「大道の行はるるや，天下を公と為し，賢を選び能に与し，信を講じ睦を修む」の思想からである。また『論語』にいう「民無信不立」という思想も誠信が，中国職業倫理の基本的な考え方を示している（CICPA [2014] 1号10）。

財政部共産党委員会メンバー，部長補佐余蔚平が現代監査法人（会計事務所）組織体制の問題点を次のように指摘した。「会計事務所は長期的に最大の特徴として

個人に依存して発展してきたが，とりわけパートナー社員の力量に頼りすぎたため，パートナー社員の間の矛盾が様々な問題を引き起こし，この伝統的な経営管理モデルの弊害はますます顕著となっている。この現状はサービス職業地位に極めて相応しくない。この問題解決は，その所有体制の特徴に基づいて，その「人合（パートナー社員制）」の特質を改善して規範し，より一層責務と権限の統一を改善し，協調的な運営，有効に均衡を制御することができるガバナンス体制を構築し，科学的，現代的な事務所経営管理体制を形成させる」ことである（CICPA [2013] 6号8）。余蔚平は，現代監査制度の限界と矛盾という問題を鋭く指摘した。非営利かつ社会の公器であるべき公認会計士は，営利を目的とする私的会計士事務所，さらに一部の会計事務所は，パートナー社員の力量に頼りすぎたという問題がある。この問題は制度の最大の欠陥である。サッカーゲームに例えるならば，ゲームの正当性は複数の審判（パートナーの個人利益）のいずれかに頼りすぎたことであり，公正，公平，独立性はすでに失われている仕組みである。

第7節　2014年度の重点課題「人材部隊建設年」

2014年度の重点課題は「人材部隊建設年」である。ここにいう「人材部隊」というのは「人材の集団」のことである。すなわち「人材部隊建設年」のプログラムを企画し，適時その活動を推進して「人材部隊建設」の新たな突破口を見つけることである。共産党委員会は「公認会計士業界における"人材部隊建設年"主題活動に関する指導意見（会行党［2014］3号）」を公表した。その中で主要な任務と措置は次のようなものである。

(1) 公認会計士の継続的職業専門教育制度を改善し，継続的教育の内容と方式を見直し改善する。
(2) 業界高級人材の育成を強化し，高級人材の果たす役割の道を探る。
(3) 会計事務所人材機制を改善し，会計事務所における人材発揮を目指す。
(4) 非実務従事者の会計士会員の管理とサービスシステムを改善し，彼らが社会の各領域における役割を発揮させる。
(5) 産学研（企業・教育・科学研究）の連携を推進し，業界における次世代の人材育成を支持する。
(6) 中央，地方の公認会計士協会における幹部の人材育成を強化し，それらの管

理とサービスの機能を高めることである(CICPA[2014]5号10-11)。

中国公認会計士協会共産党委員会は「2014年度中国公認会計士協会研修計画」(会協[2014]21号)を公表し，会計士業界における人材育成，継続的教育，次世代人材，共産党幹部人材の養成などの役割を果たしている。

図表7-2は2014年度中国公認会計士協会研修計画を示している(会協[2014]21号通達)。そのなかでは，2014年度継続的教育の研修回数，平均研修日数及び共産党書記の研修，実務研修などが示されている。とりわけ継続的教育研修以外の研修は中国独自のものである。

図表7-2　2014年度中国公認会計士協会研修計画

研修内容	担当部署	研修回数	備考：平均研修日数等
業界継続的教育	協会	3	5日
党組織書記	協会党委員会	1	3日
実務研修など	北京国家会計学院	14	6.12日
実務研修など	上海国家会計学院	16	5.19日
実務研修など	アモイ国家会計学院	11	4.64日
業界人材育成	協会，党委員会など	5	3.4日
合　　計		50	5.12日

出所：(CICPA [2014] 6号14-20) より筆者作成

財政部党員組織委員，部長補佐余蔚平によると，6年間実施してきた次世代リーダー会計人養成プログラムは，32クラスを開講して計1,132名の研修生が入学し，2014年11月まで修了生402名であった。また，この国家プログラムのほかに，地方では30の省財政部門及び中央主管機関が高級会計人材育成プログラムを起動し，会計人材育成システムを充実した(CICPA[2015]1号5)。2014年には「人材部隊建設年」の重点課題として「人材部隊建設年に関する指導意見」などを公表し，継続的教育の内容と方式，高級会計人材の育成，会計事務所人材育成機制の整備，会計士協会幹部育成など，一連の方策を実施した(CICPA[2015]2号8-17)。

第8節　2015年度の重点課題「国際化建設年」

2015年の重点課題は「国際化建設年」と位置づけた。これも5大戦略の一つである。2015年の重点課題は，国際，地域会計職業組織との交流活動及び人材育成分野の国際的協力を強化し，継続的に監査基準と職業倫理基準のコンバージェンスを行い，

国際監査報告書の改訂をめぐって，監査報告書，継続企業，統治責任者とのコミュニケーション等の基準を改訂している。また，香港における活動を強化し，香港の中国公認会計士協会事務所を有効に利用しながら，国外の会計職業組織との交流及び国際化拠点を作ることである(CICPA[2015]2号15)。

国際化建設年実施案によると，主要な任務対策は次の通りである(CICPA[2015]3号9)。

① 監査基準コンバージェンスの成果を確実なものにする。
② 公認会計士職業教育を国際水準に高めること。
③ 業界におけるサービス業務の市場を構築し現代水準に推進する。
④ 会計事務所の国際化を推進する。
⑤ 業界の国際事務における発言権を高めること。

第9節　中国公認会計士協会における共産党組織の役割

共産党の位置づけとしては王軍によると，中国共産党は中華民族の先鋒(Vanguard)であり，中国の特色である社会主義事業のリーダーの役割を果たす組織である(王[2012]7)。また，CICPAの党組織機能は，政治中核の機能，政治リーダーの機能，発展促進の機能，社会サービスの機能を果たすことと定められている(王[2012]26-37)。役割分担としては，党委員会は人材育成などを担当し，共産党員が先頭に立ち，リードする役割を果たすべきであると認識されている。

図表7-3は2009年から2014年まで公認会計士の実務従事者のなかで，共産党の組織数及び共産党員数である。そのうち，共産党員数は公認会計士人数に占める割合は38.7%(2014年末現在)であり，相当な規模となっている。

図表7-3　2009年～2014年党組織及び党員人数の推移

	2009年	2010年	2011年	2012年	2013年	2014年
党員数	33,000	33,000	33,972	35,500	37,722	38,397
党組織数		3,352	3,311		3,361	3,412
公認会計士数	90,883	96,498	97,510	99,085	98,707	99,045
党員数／公認会計士数	36.3%	34.2%	34.8%	35.8%	38.2%	38.7%

出所：(CICPA [2009～2015] 6号14-20) 各号より筆者作成

図表7-4に，2009年から2015年までの共産党の重点課題は図の中に示す業界5

大戦略の関係を明らかにしている。CICPA の戦略と共産党組織との目的目標が一致しているため，公認会計士業界の発展，会計事務所の発展に対してプラスの役割を果たしているといえる。

　前述した党組織の機能，役割，5 大戦略との関係を見ると，これは創造性のある中国公認会計士協会である。米国，EU，アジア諸国，とりわけ日本の会計士組織の中では，前例のないものである。そのため，正確かつ客観的な分析評価が必要である。

　これまで，ゲーム理論では自己利益を最大にするのが基本で，共産党組織の存在は，理念，精神，倫理道徳の面において自己利益を最大化することが目的ではなく，ルールで倫理基準を決めることも大事であるが，自己利益より公共利益，国民の利益を守るのが最優先であり，倫理道徳の頂点に立っている。ある種の監査制度に対する法治以外に徳治，すなわち，倫理道徳律の尊重を提唱し，積極的な役割を果た

図表 7-4　中国公認会計士協会の 5 大戦略と党委員会重点課題との関係

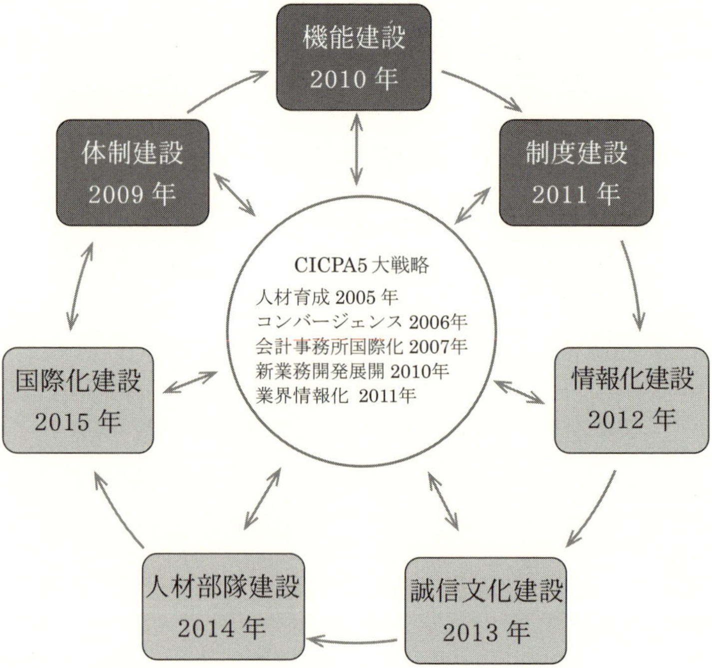

```
                    機能建設
                    2010 年
      体制建設                  制度建設
      2009 年                   2011 年

              CICPA5 大戦略
              人材育成 2005 年
              コンバージェンス 2006年
              会計事務所国際化 2007年
              新業務開発展開 2010年
              業界情報化 2011年

      国際化建設                情報化建設
      2015 年                   2012 年

              人材部隊建設    誠信文化建設
              2014 年         2013 年
```

出所：筆者作成

していると考えられる。

　CICPAで共産党組織作りを強化する重要な意義として，元財政部副部長の王軍は，①与党の政治基礎を固める必要性がある，②社会管理の創新と強化が必要である，③業界党員と従業員の政治的進歩を目指す必要性がある，④公認会計士業界の科学的発展を保証する必要性がある，と指摘した（王[2012]7-11）。それゆえに，中国会計士業界における共産党組織及び党員はCICPAの5大戦略を積極的に推進し，ひいては主役的な役割を果たしている。

■注
1) 人民网（人民ウエブサイト）（http://www.people.com.cn/2015年5月2日）は，世界十大新聞の1つ「人民日報」が1997年1月1日に開設されたウエブサイトである。このサイトは毎日の重大ニュースのほか，政治，経済，社会，科学，教育，文化などの中国情報の発信源の1つである。理念は「人民の源」として「権威性・大衆化・信用力」の宗旨をもって発信している。
2) 人民网（人民ウエブサイト）（http://www.people.com.cn/2015年5月2日）。
3) 中国公認会計士業界党建網頁（http://www.71cpa.org.cn/2015年5月3日）。
4) 中国公認会計士業界党建網頁（http://www.71cpa.org.cn/2015年5月3日）「組通字[2009]49号」は2009年中国共産党組織部通達49号の略である。

■参考文献
王軍[2012]『注冊会計師行業党建工作的探索与思考』党建読物出版社
中国公認会計士協会編(CICPA)[2010]『中国注冊会計師』1号増刊，中国公認会計士協会編輯部
中国公認会計士協会編(CICPA)[2010]『中国注冊会計師』2号，中国公認会計士協会編輯部
中国公認会計士協会編(CICPA)[2011]『中国注冊会計師』2号，中国公認会計士協会編輯部
中国公認会計士協会編(CICPA)[2011]『中国注冊会計師』5号，中国公認会計士協会編輯部
中国公認会計士協会編(CICPA)[2011]『中国注冊会計師』7号，中国公認会計士協会編輯部
中国公認会計士協会編(CICPA)[2011]『中国注冊会計師』9号，中国公認会計士協会編輯部
中国公認会計士協会編(CICPA)[2012]『中国注冊会計師』2号，中国公認会計士協会編輯部
中国公認会計士協会編(CICPA)[2013]『中国注冊会計師』1号，中国公認会計士協会編輯部
中国公認会計士協会編(CICPA)[2013]『中国注冊会計師』5号，中国公認会計士協会編輯部
中国公認会計士協会編(CICPA)[2013]『中国注冊会計師』7号，中国公認会計士協会編輯部
中国公認会計士協会編(CICPA)[2013]『中国注冊会計師』9号，中国公認会計士協会編輯部
中国公認会計士協会編(CICPA)[2013]『中国注冊会計師』10号，中国公認会計士協会編輯部
中国公認会計士協会編(CICPA)[2013]『中国注冊会計師』11号，中国公認会計士協会編輯部
中国公認会計士協会編(CICPA)[2013]『中国注冊会計師』12号，中国公認会計士協会編輯部
中国公認会計士協会編(CICPA)[2014]『中国注冊会計師』1号，中国公認会計士協会編輯部
中国公認会計士協会編(CICPA)[2014]『中国注冊会計師』3号，中国公認会計士協会編輯部

中国公認会計士協会編（CICPA）[2014]『中国注冊会計師』5 号，中国公認会計士協会編輯部
中国公認会計士協会編（CICPA）[2014]『中国注冊会計師』6 号，中国公認会計士協会編輯部
中国公認会計士協会編（CICPA）[2015]『中国注冊会計師』1 号，中国公認会計士協会編輯部

第 8 章

中国公認会計士の競争優位戦略

第 1 節　本章の目的

　日本総研によると，国際競争力ランキングを評価する代表的なものとしてグローバル競争指標（Global Competitiveness Index, GCI），世界競争力年鑑（Global Competitiveness Yearbook, WCY）などがあげられる[1]。2015 年 5 月下旬，WCY2015 が公表され，日本は 2014 年の 21 位から 27 位へと大きく順位を低下させた。アジアの中でも，香港 2 位やシンガポール 3 位をはじめ，台湾 11 位，マレーシア 14 位，中国 22 位，韓国 25 位であった。日本はこの総合ランキングが調査開始された 1989 年から 1993 年までは 1 位であり，その後，日本は 2005 年には 21 位，2007 年には 24 位，2015 年 27 位へと低下してきたのに対して，中国は 2005 年には 31 位，2007 年には 19 位，2015 年は 22 位と上昇する傾向にある[2]。日本の分野別総合順位として，経済成長は 29 位，政府の効率性は 42 位，ビジネスの効率性は 25 位，インフラは 13 位となっている。それに対して中国の分野別総合順位として，経済成長は 29 位，政府の効率性は 42 位，ビジネスの効率性は 25 位，インフラは 13 位となっている。これは近年，中国政府が効率的に実施してきた様々な国家戦略に関係する。

　一方，1995 年に IASC と IOSCO が合意に至り，国際会計基準の本格的な国際化に乗り出した。2008 年の金融危機以降，国際金融秩序を再構築するために 20 カ国・地域首脳会合（G20 Summit）[3]も開催されている。中国はこのようなマクロな環境において存在感が増したことを追い風に，会計業界を中心として国際的な競争優位を獲得するために努力をしている点に注目したい。2005 年に財政部の指導下

で中国公認会計士協会は国際会計基準・監査基準のコンバージェンス戦略と次世代リーダー会計人養成戦略を策定・実行した。続いて2007年に会計事務所（監査法人）の合併拡大・国際化戦略，2011年に会計業界の情報化戦略，新保証業務の開発と展開戦略に加えて，経済資源，政治，外交などを駆使し，これまでの欧米諸国による国際会計ルール作りにおける競争優位，国際会計市場に対する業務独占に挑戦し，自国の競争優位を勝ち取ろうとしている。

　この章では，まずM・E・ポーターの創設した競争優位理論をもとに，近年中国政府が実行した会計戦略に着目し，政府ガバナンスによる決定要因を分析する。ポーター［1992］の競争理論によると，企業の競争優位の決定要因は①要素条件，②需要条件，③関連・支援産業，④企業の戦略，構造及びライバル間競争である。しかしながら，ポーターのダイヤモンドモデルが産業を中心としているのに対して，本章では世界の会計市場における競争優位の覇権争いを背景に，中国の会計士業界の成長パターンに着目し，前述した5大戦略の内容をもとに分析し，中国型ダイヤモンドモデルの実在性を明らかにする。また，国の競争優位において数多くの決定要因の中でそれぞれの決定要因が果たした役割は異なり，必ず支配的な決定要因が存在し，とりわけ中国のパターンでは政府ガバナンスが支配的な決定要因であることを明らかにする。

第2節　国際監査基準作りにおける各国の競争優位

(1) 先行研究と競争優位理論

　競争優位理論は，1985年にポーター［1985］がいかに高業績を持続させるかという競争優位の戦略について著書を発表したことをはじめとして，1990年に同じくポーターが「国の競争優位，すなわち特定の産業において競争優位を促進する国の特性と，それが企業並びに政府にとってもつ意味を理解することに貢献しようと試みた」という研究目的を示した(Porter[1990]土岐等訳, 序文9)。また，ポーターは企業の競争優位の決定要因をダイヤモンドモデルで分析した。

　日本では，競争優位に関する研究が日本型政府モデルの分析で「エリートであるキャリア官僚を擁するこれら省庁は政治家の任期を大きく超えて，政策に連続性を確保する役割を果たした」と指摘された(ポーター・竹内・榊原［2000］40)。

　また，ポーター・竹内［2000］は，第二次大戦後の日本における経済の成功戦略

について日本型政府モデルを構成する基本要素を12要素でまとめた（ポーター・竹内［2000］40-59）。森［2007］は，ポーターをはじめ1980年代から2005年にかけての様々な競争優位戦略のコンセプトをまとめた。さらに，菊澤［2008］はポーターの5つの競争要因モデルとして，産業間の競争を中心に分析している。この場合，競争戦略としてコストリーダシップ戦略，差別化戦略，集中戦略を主な企業戦略とし，IBMとアップルの事例から，戦略の同時展開が可能であると立証したが，それがポーター理論の限界と指摘されている（菊澤［2008］52-62）。

以上の先行研究はいずれも各国の産業を中心に競争優位理論を展開し，分析も政府の役割にとどまっている。とりわけ，ポーターはその著書の中で会計業務をサービス業としてとらえて（会計士事務所と弁護士事務所の国際競争），しばしば言及している（Porter［1990］土岐等訳345-382）が，会計事務所の国際競争に対する詳細な分析は見られなかった。

（2）仮説—中国型ダイヤモンドモデル

本章においては，以下に示す仮説を立てて分析を進め，これらの仮説の妥当性を検討していくことにする。

仮説としては，会計士業界における中国型ダイヤモンドモデルが実在し，中国会計業界における「支配的な決定要因」が存在している。

国の競争優位はその国の社会，歴史，政治，文化的な要因に依存し，とりわけ中国政治は歴史的に中央集権の構造[4]を持っており，常に政治が国の進む方向の舵取りを行っている。決定要因は政府のガバナンス，要素条件（資源・資本・人的資源），需要条件，関連・支援産業，国家戦略，チャンスの役割などがあるが，中国の場合，この中でもっとも重要な決定要因は，政府のガバナンスである。

本章は，競争優位理論を中国会計戦略に焦点を当てて論じる試みである。この場合，国際会計ルール作りを巡る国の競争優位は，それを促進する政府のガバナンスが政治，外交，大学，民間団体（会計士協会など），企業などの資源を統括することができるか否かによって左右される。つまり，ポーターの競争優位理論が企業を中心としているのに対して，本章は世界の会計市場における会計士組織（会計士協会等）の間の競争優位の決定要因を分析する。とりわけ中国の場合，政府ガバナンスが決定的な成功要因であるという仮説を示唆したい。そのほかには，これまで民間機関がガバナンスし，競争優位を勝ち取る国もあった。例えば千代田［1994］によ

ると，アメリカでは民間機関のアメリカ会計士協会が自己規制で競争優位を維持している。

① 産業界のダイヤモンドモデル

図表8-1で示すように，ポーターは企業，産業を中心にポーターのダイヤモンドモデルに基づいて，各国の競争優位要因を分析している。ある国が特定産業において競争優位の創造を促進または阻害する4つの要因は，①要素条件，②需要条件，③関連・支援産業，④企業の戦略，構造及びライバル間競争と説明されている。

ポーターは「政府を第5の決定要因にしたい気持もある。しかし，そうすることは正しくないし，また国際競争における政府の役割を理解する有効なやり方でもない。政府の本当の役割は，4つの決定要因に影響を与えるということにある」（ポーター [1990] 187）と述べた。政府は単なる4つの決定要因に影響を与えるだけで，あくまで企業は主役であり，政府は脇役に過ぎないというものである。

図表8-1　ポーターのダイヤモンドモデル（産業と企業）

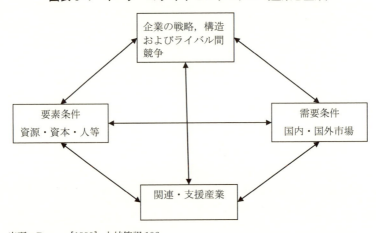

出所：Porter [1990] 土岐等訳 106

② 産業界のダイヤモンドモデルから会計界のダイヤモンドモデルへ

しかしながら，ポーターのようにデンマーク，ドイツ，イタリア，日本，韓国，シンガポール，スウェーデン，スイス，イギリス，アメリカなどの欧米先進諸国を中心に，すなわち欧米のパターンを前提に分析するならば，ポーターのダイヤモン

ドモデルの説明は納得できるものではあるが，中国のパターンに対して説明が納得できない点が多い。例えばこれから検証するように，中国の場合，政府が会計士業界に対しては常に支配的な立場にあり，業界の各々の成長戦略の策定にあたっては，提案，業界政策，実施，検証などすべてにおいて支配的な存在である。本章は**図表8-1**を変形したダイヤモンド，すなわち「中国型ダイヤモンドモデル（会計業界の競争優位）」を**図表8-2**で示している。このモデルの最大の特徴は，中国政府が脇役ではなく，常に主役であり，常に支配的な要因となっており，政府ガバナンスをダイヤモンドの中心に位置付けたことである。

③ 支配的な決定要因の存在

本章にいう支配的な決定要因について，国の競争優位を分析する場合，数多くの決定要因の中で統括不可の外部要因（客観的）と統括可能な内部要因（主観的）を分け，そして特定国の競争優位を勝ち取った場合，決定要因が果たした役割がそれぞれのウエイトで異なる。例えばポーター[1992]によると，アメリカは「戦争（チャンス）の役割」が大きく，スイス政府の産業政策は最大の弱点である，ドイツは差別化戦略で世界輸出シェアが強い，等々指摘されている（Porter[1990]土岐等訳 407-533）。また，中国政治は中央集権的な構造で知られ，5カ年計画や30年間実施してきた改革開放政策などのように，中国が現在の平和を欧米に追いかけるチャンスとして捉えて，いわゆる「平和（チャンス）の役割」であるとも言える。この場合，追いかける目標が明らかにされているので，政府のトップダウンが特徴である。

中国政府はダイヤモンドモデルで示した上位4つの客観的な要因が統括可能で，4つの役割を果たすと評価できる。そのほかに「平和のチャンス」，「国際政治・会計外交」，「社会文化の特徴」，「その他」の要因がある。ここにいう社会文化は，特定国の社会価値観，道徳倫理観，すなわち人々が自覚的にコンプライアンスの意識を向上し，社会的慣習，マナーなどを守る社会風土を有する程度によって特徴付けられる。このように，国と協会の会計戦略，関連支援産業，資源・資本・人，需要条件，政治・外交など，中国のパターンでは政府がほぼすべての要因を統括することが可能である。

図表 8-2　中国型ダイヤモンドモデル（会計業界の競争優位）

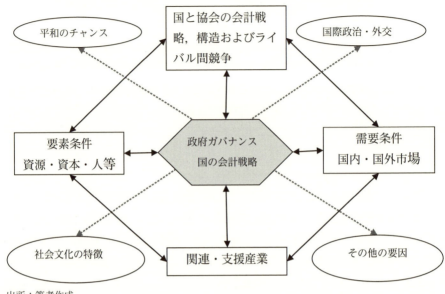

出所：筆者作成

第3節　競争優位分析の内容

(1) 国際会計基準・監査基準作りにおける各国の攻防

① アメリカと日本の後退・EU の逆襲

　前述したように，国際会計基準委員会 (IASC) は 1973 年，アメリカ，イギリス，西ドイツ，フランス，カナダ，オーストラリア，スペイン，オランダ，日本の 9 カ国の職業会計士団体によって国際会計基準委員会を設立した。その目的は，各国の会計基準の国際的調和であった。IASC は 1976 年第 1 号，2000 年 3 月まで 41 の国際会計基準を発表した。この間，民間団体であるアメリカ財務会計基準審議会 (FASB) が作った会計基準とアメリカ会計士協会 (AICPA) が作った監査基準 (SAS) は世界の会計業界をリードし，競争優位の状態にある。各国の会計基準の調和をはかる国際会計基準の影響力は薄かった。

　2001 年，国際会計基準審議会 (IASB) が発足した。IASB は，公表した会計基準を「国際財務報告基準 (IFRS)」と呼び，「シングル・セット・オブ・スタンダーズ

(single set of standards)」という理念を提起し，世界的にも最高品質の基準を設定しようとし始めた。これはいわゆる国際会計基準と監査基準のコンバージェンス（Convergence）プロジェクトである。同年12月のエンロン事件により，アメリカの会計制度と監査制度の信用は大きく失墜したのは先述した通りである。2002年7月，米国企業改革法（SOX法，通称サーベインズ＝オクスリー法）を制定し，会計監査制度を強化した。

　続いて，2008年9月のアメリカ大手投資銀行の破綻を契機として，世界的な金融危機は，地域的にもアメリカ，ヨーロッパだけでなく新興国へと拡大していった。同年11月に主要20カ国・地域（G20）首脳会議がワシントンで行われ，IASBの組織改革と高品質の国際会計基準作りが要請された。

　一方，欧州連合（EU）は1999年1月からの統一通貨ユーロの導入などを経て，世界最大の単一市場を形成した。その際，異なる会計基準に基づく財務数値の調整表を作成したことなどが，資金調達には障害となっている。その障害を取り除くため，EUは2005年より，EU域内における連結財務諸表の国際会計基準の強制適用を，2009年からは国際会計基準またはこれと同等の会計基準の適用を義務づけ，EUがそれを評価する方針を打ち出した。EUは，これまでアメリカが握っていた会計ルール作りの主導権を取り戻そうとしている。

　欧州や米国以外では，2005年にはオーストラリア，2006年には中国，2011年にはカナダ，韓国，ブラジル，インドなども採用を予定しており，100カ国以上になろうとしている。

　しかし，これまで長年にわたり，会計基準の設定をリードしていたアメリカはコンバージェンスに消極的であった。2002年10月に，IFRBとFASBは両者の会計基準を統合することについての基本的な合意をした（ノーウォーク合意）。2008年11月に米国SECはIFRS採用に向けてのロードマップ案を公表し，2011年までに決定するとした。その後，米国証券取引委員会（SEC）は2011年5月に，米国企業に国際会計基準を巡って欧米がどのようにそれを取り込むかを示す作業計画を公表。これまで最短で2015年前後と目されていた導入時期を明示せず，判断を先送りする姿勢が鮮明になった[5]。

　このコンバージェンスの潮流のなかで，日本は，2003年当時の日経金融新聞によると，これまでの日本における会計基準・監査基準の国際的なコンバージェンスに対する姿勢について「米欧や新興国がいっせいに国際会計基準の採用へと舵（か

じ）を切り始めた。国際会計基準理事会（ISAB）の主導権争いも激しさを増している。日本は会計を巡る官民の迷走を止めない限り，国際会計の舞台から降板するしかない」と厳しく指摘し，中国の台頭によって日本が IASB 理事会定員から漏れる恐れがあることを警告した[6]。

日本では，企業会計基準委員会（ASBJ，民間組織）が 2005 年に IASB とのコンバージェンス作業を開始し，2007 年に，「2011 年 6 月」という期日目標を設定することで合意した（東京合意）。しかし，この合意に反して金融庁が，IFRS の導入についての見直しの議論を始めた[7]。日本の金融庁も 2010 年 3 月期から，企業に任意で連結財務諸表に IFRS を適用することを認めている。強制適用の時期は 2012 年を目途として最終判断を下すとしており，その場合には 2015 年ないし 2016 年に適用開始となるだろう。

② 中国の台頭と会計国際化戦略の成果

それに対して，中国も同様の影響を受けて，2005 年に本格的に取り組みを開始し，2006 年 2 月 15 日に中国財政部は，これまでの会計基準と監査基準を改訂し，38 の会計基準と 48 の監査基準を一斉に公表した。そして，中国政府は IASB と国際監査・保証基準審議会（IAASB）の協力を受けて，会計基準と監査基準の国際的なコンバージェンスを完成したと世界に向けて共同声明を公表した。

IAASB は，国際会計士連盟（IFAC）の下部組織で，IFAC は世界の会計士団体により構成される国際機関である。1977 年，日本を含む 49 カ国 63 会計士団体を構成員として，会計専門職の発展を目指してニューヨークに設立された。中国は 1997 年に加盟した。現在 124 カ国，159 以上の加盟団体を有し，250 万人以上の職業会計士を代表する組織となっている。IAASB は国際監査基準クラリティ・プロジェクト（明瞭性プロジェクト）を実施し，2009 年 2 月 27 日にプロジェクトは完了した。中国政府はこれに対して全面協力の姿勢を示し，継続的コンバージェンスを行い，2010 年 10 月 31 日に改定された監査基準は中国監査基準委員会で承認され，財政部が公表した。同年 11 月 10 日にマレーシアの第 18 回世界会計士大会において，IAASB の理事長 Arnold Schilder 氏と中国財政部副部長・監査基準審議会委員長王軍との共同声明で，中国がいち早くクラリティ・プロジェクト以降の継続的コンバージェンスを完成したことを宣言した。第 3 章図表 3-3 は各国の国際監査・保証基準の実施状況を示している。アメリカと日本などの国は第 4 分類にされて，コンバージェンスには消極的であることが示されている[8]。

③ 基準設定機関における国の競争優位と三極形成

　従来，IASB はその運営方針などの議論をリエゾン国会議（国際会計基準審議会とリエゾン国が行われる定期協議）において行ってきた。リエゾン国会議は，米国，イギリス，カナダ，ドイツ，フランス，オーストラリア，日本及びニュージーランドの 8 つの主要会計基準設定主体（リエゾン国）によって構成され，2004 年以降には EFRAG（欧州財務報告アドバイザリーグループ）がそれに加わった。しかし，2005 年 9 月以降はリエゾン国会議ではなく，WSS 会議（世界各国の会計基準設定主体が集まる世界会計基準設定主体者会議）で行うこととなり，リエゾン国会議は独自に主催する会議となった。しかしながら，WSS は「会計の国連」といわれたが，リエゾン国会議は常任理事国のような権限はない。

　このように，IFSR 財団（IASB の監視，資金提供などの上部ガバナンス組織）は評議員会を設置した。同評議員会は 20 名の評議員で構成される。国別の評議員は北米 6 人（米国 5 名，カナダ 1 名議長），欧州 5 人（ドイツ，英国，フランス，オランダ，スペイン），アジア・オセアニア 7 人（日本 2 名，中国 2 名，韓国 1 名，オーストラリア 1 名，インド 1 名），南米 1 名（ブラジル），アフリカ 1 名（南アフリカ）である。

　また，その下部組織の IASB は 15 名の構成員で構成される。国別委員の内訳は欧州 5 名（英国 2 名，ドイツ，フランス，スウェーデンの各 1 名），北米（米国 4 名），アジア・オセアニア（日本，中国，インド，オーストラリアの各 1 名），南米 1 名（ブラジル），アフリカ 1 名（南アフリカ）である。この組織の場合，専門性のある会計士実務家が主役であるため，国際会計士業界に競争優位を維持している世界の会計事務所ビッグ 4 の議席は依然として多い[9]。

　そのほかに，IAASB は各国の会計士，大学教授 18 名メンバーで構成される。現在，アジア出身の構成員は日本と中国の各 1 名である。

　このように，EU は，これまでの国際会計ルール作りにおけるアメリカの一極支配を打開するため，新興国を取り込んで，アメリカから主導権を取り戻そうとしている。コンバージェンス以前に中国はこれらの国際組織で議席がゼロであったが，今日いち早く EU を支持し，多くの議席を獲得し発言力を拡大している。

　中国は，2006 年 2 月 15 日に国際監査・保証基準審議会長などを招いて，中国北京の記者会見でコンバージェンスが完成したことを世界に宣言した。

　2010 年 11 月 10 日にはマレーシアの第 18 回世界会計士大会において，再び国際

図表 8-3　会計・監査基準作りの三極

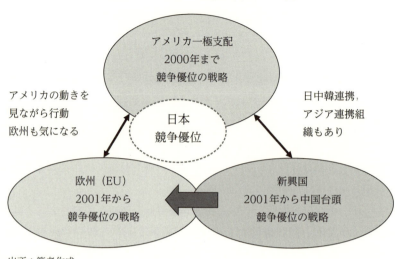

出所：筆者作成

監査・保証基準審議会長と共同声明を発表した。その内容は，国際監査基準のクラリティ・プロジェクト（明瞭性プロジェクト）完成後，中国もいち早く国際監査基準審議会を支持して，継続的コンバージェンスが完成したというものであった。

このように，会計・監査基準作りにあたって，第2大戦以降，米国は会計・監査基準作りをリードして，欧州諸国は脇役の立場にある。2001年以降，EUはアメリカの一極支配を打開するため，新興国を自分の見方にしてアメリカから主導権を取り戻そうとしている。新興国の中国にとってはそれがチャンスと考えて，いち早く欧州を支持し，自国の基準作りと制度の改革を同時に行い，同等性評価を獲得した。そして自国の議席（地位）と発言権を拡大し，競争優位を勝ち取ろうとしている。その結果，現在の会計・監査基準作りの国際構図としては，欧州（EU），新興国等，アメリカ等の三極という見方も考えられる。

（2）中国政府が主導する5大戦略

図表 8-4 で示すように，第1章で検討してきた人材育成戦略，第2章，3章の会計・監査基準コンバージェンス戦略，第4章の中国会計事務所強大化・国際化戦略，第5章情報化戦略，第6章新保証業務の開発と展開戦略，第7章共産党組織

の役割の中で検討した戦略の提案,実施,評価プロセスは,すべてまず国の戦略的提案または政府部門(国務院または財務部)の戦略意見,そして中国公認会計士戦略へ移行するトップダウン方式である。

図表 8-4　政府が主導する中国会計士 5 大戦略

5大戦略 中国	人材育成	コンバージェンス	事務所拡大	情報化	新保証業務
国家	人材工作会議 朱鎔基第十六回世界会計士大会で提唱した3大価値観 第11次5カ年計画 第12次5カ年計画				
国務院・財政部	56号通達「より早く我が国公認会計士業界を発展させる若干意見」 会計改革発展"十二五"計画綱要 コンバージェンスの4つの原則 中外合作会計事務所条例の改訂				
公認会計士協会	人材育成30条	監査基準関連法規の整備と継続的整備	会計事務所の強大化戦略に関する意見	中国会計士業界における情報化全面構築計画	中国会計士業界における新業務開発戦略実施意見
具体的成果等	中国次世代リーダー会計人養成プログラムの創設	財政部とIAASB等との共同宣言	事務所の合併拡大	協会,会計士事務所の情報化	会計士業務指導目録,会計サービスモデル基地の建設

出所:筆者作成

第4節　分析結果と要約

(1) 中国型ダイヤモンドモデルと支配的決定要因

図表 8-4 で示したように,国の戦略から部門への戦略が展開されている。すなわち企業等,公認会計士協会,大学,政府というガバナンス主体の候補の中で,中国の場合は政府ガバナンスが支配的決定要因となっている。とりわけ財政部の56号通達「より早く我が国公認会計士業界を発展させる若干意見」が,5大戦略の直接の源である。政府のガバナンスが競争優位を左右するゆえに,強力なリーダーシップと迅速な意志決定が問われる。中国のパターン及び支配的な決定要因は,以上で検証してきた結果によって支持されている。

(2) 仮説の分析結果と要約

中国の政府ガバナンスについては，国務院及び財政部が行政命令で会計戦略の実行を下している。例えば，上述した財政部 56 号通達で示された「より早く我が国公認会計士業界を発展させる若干意見」,「次世代リーダー会計人養成戦略」,「会計・監査基準コンバージェンス戦略」などの 5 大戦略は，みな内閣府令，省令または通達である。次の分析・要約した結論によって，本章の仮説が支持されている。

① 要素条件としては人的資源，物的資源，知識資源，資本資源，インフラストラクチャーが必要な資源としてあげられる。中国財政部は，会計司(財務省会計局)会計・監査基準制定委員会，公認会計士協会，大学会計研究教育部門，国家会計学院，研究機関，会計事務所，企業など，あらゆる資源を統括し，競争優位のための会計戦略実行のガバナンスを行っている。北京 (教員：清華大学)，上海 (教員：上海財経大学)，アモイ (教員：アモイ大学) にある 3 つの国家会計学院に対する投資総額は約 21 億元 (土地を除く) にのぼる。その土地総面積は約 82 万㎡ (建築面積は 21 万㎡) で，同時に 3,000 人以上 (2004 年時点) の研修生を受け入れることが可能な規模である。それらの研修施設を中心として，6 年間で延べ 50 万人に対して研修を行った。これは中国政府のガバナンスなしではできないことである。

② 需要条件については，中国の国内市場において上場企業，大企業，中小企業，行政機関など，会計業務に従事する人数は約 1,350 万人である。会計士 15.7 万人，7,800 の会計事務所が 350 万社の企業に対して，監査業務，コンサルティングサービスを提供している。会計市場における年間売上高は**図表 4-10** で示すように，2005 年度の 183 億元から右肩上がりに増加し，2014 年度には 604 億元 (1 元 = 約 20 円の場合，約 12,080 億円) にのぼり引き続き上昇する勢いである。また，国外進出のニーズに応じて，50 の会計事務所が香港，シンガポール，日本，オーストラリア，アメリカ等において 62 の支社または事務所を設けている (CICPA [2011] 1 号 13)。

③ 関連・支援産業としては多角化，クラスターの形成 (展開)，すなわち教育関連産業を中心としたクラスターを完成したことがあげられる。大学会計教育のほか，会計人の研修，資格受験，出版社による会計教材の出版，3 つの国家会計学院，また大学会計学専攻，専門学校(毎年会計士資格受験者平均 55 万人以上，高級会計師，中級会計師，初級会計士の受験も別にある) など，様々な教育関連のクラスターが

④ ライバル間の競争としては，中国公認会計士協会の会計事務所の合併拡大・国際化戦略がビッグ4に対抗するものである。約6年間のこの戦略を実施した結果は，ビッグ4を除いた年売上高が1億以上の会計事務所が2006年の10社から2010年には34社に増えた。中瑞岳華会計事務所の2010年度の売上高ははじめて10億元を超えて，世界主要会計事務所の年間売上高ランキング14位の会計事務所と肩を並べた(CICPA[2011]8号18)。

⑤ 第1章で述べた次世代会計人材養成戦略の成果は，何よりも国の「次世代リーダー会計人」という資格を創設したことである。次世代リーダー会計人資格は既存の博士学位，大学教授，公認会計士，高級会計師などの資格以上のエリート資格である。その差別化戦略の導入によって，会計に携わる人々の間で競争が引き起こされ，勉強，探求，実務能力向上の気風が中国の会計業界には満ちている。

⑥ チャンスの役割は，予測不能な客観的な決定要因である。ポーターによると，かつて戦争が産業にチャンスを与え，現在の中国では平和が中国の発展をチャンスととらえられている。

また，先述したアメリカのエンロン事件，とりわけ2008年のリーマンショック金融危機をチャンスとして，中国は政府による経済介入が多大な効果を挙げ8％前後の成長率を維持し，世界経済の牽引役となった。世界構造が変わって新興国を含むG20の役割が増し，とりわけ中国の存在感が日々増大している。

それに並行して，アメリカ金融自由化の会計思想から形成された会計基準は金融危機の一要因であるという批判とともに，金融取引に対する規制の要求も世界中で広がっていた。その気運の中で，EUを中心とする会計基準作りの国際会計基準委員会などの存在感も増している。当初，EUは中国の市場経済を「完全市場経済」として認めなかった。その理由の1つとして，中国会計・監査基準の国際コンバージェンスの問題があった。それに応えて中国政府は迅速に対応し，自国の会計・監査基準のコンバージェンスを行った。

続いてEUが指摘したのは，新会計基準・監査基準を実施した際の，中国会計人の実務能力の問題である。それに対応して，中国政府はリーダー会計人育成プログラムを創設した。さらに，中国企業の海外直接投資が増えるにつれて，それに伴う会計・監査・コンサルティング業務も増え，中国会計事務所の拡大化，国際化をもたらした。

⑦ 国際政治と外交の面から，中国政府が理念と原則を主張しながら数多くの積極的な「会計外交」で国際的な承認を求めていることがそれにあたる。代表的な例は，前述した2つの共同声明の発表前後における外交交渉，そして世界において中国の会計・監査基準が認められたことである。

金融危機以降，G20首脳会議によって高品質の国際会計基準が要請されたことを受けて，中国は基準制定の途上国として世界の最先端を走り多大な成果を得た。その成功の要因を，本章は次のように分析している。

中国政府は国内外に4つの原則を主張しながら，自国基準を出来る限りコンバージェンスを行うが，自国の独自基準も発展途上国の特殊性と必要性を主張しつつ，IFAC，IAASB，EUなどを説得して理解を求めた。その上でCICPAは2005年から2011年にかけて会計監査制度の発展に関する「5大戦略」を発案，4つの原則積極的な外交で国際的な承認を求めた。

中国は常にIFAC，IAASBなどと緊密な情報交換と連携関係を保持している。とりわけ制定プロセスの終了後，中国政府は必ずIFAC，IAASBの指導者達に呼びかけて協議し，それを共同声明という形で公表して国際的な承認を求めた。近年，財政部長王軍をはじめ，公認会計士協会会長，事務局長などは頻繁にEU，アメリカ，オーストラリアなどを訪問し，さらに香港，台湾，日本，韓国などとの相互理解と共同利害関係を調整している。

⑧ エリート及びリーダーの役割

中国の長い歴史において政治は中央集権がその特徴であった。エリートは政府官僚組織に集中している。長い農耕文化の歴史を通じて育まれた儒教を中心とする価値観は，国民が政府官僚（エリート）に服従，依存している。それらの特徴に依存した現在の会計領域でもいまだエリートが支配している。リーダー会計人育成戦略，国際会計基準・監査基準のコンバージェンス戦略，会計事務所の国際化戦略はいずれも政府のエリート集団が策定し，実行を監視している。基準そのものは，アメリカと日本よりいち速く策定ができた。

また，中国ではこの30年，経済高度成長しながら様々な問題を抱えつつも政治的安定性があり，とりわけ図表8-5で示すように，会計領域の管轄官庁並びに監督官庁としての財政部（財務省）において部長謝旭人，李勇，王軍，CICPA会長などは長年政治，官僚ポストに務め，政，官，党を一括して高度権利集中しながら政治，政策，外交などの意志決定が行われている。政府が主導権を取りガバナンスを

図表 8-5　中国財政部，公認会計士協会のリーダーの専門性評価

氏　名	生年月	現　職	最終学歴	備考欄
謝旭人	1947.10	財政部長（90年から財政部）	浙江大学（高級経済師）	共産党第17回中央委員
李　勇	1951.10	財政副部長・会計士協会会長（99年から財政部）	財政部研究所（経済学修士）	国連秘書，世界銀行課長，副部長，CICPA事務局長等
王　軍	1958.11	財政副部長・会計士協会常務理事（87年から財政部）	北京大学（法学博士）	CICPA事務副局長
陳毓圭	1961.	会計士協会事務局長（86年から財政部）	中南財経大学（会計修士），財政部研究所（博士課程指導教授）	英国留学，米国FASB研究，国連機関，IASC会計基準設定担当等

出所：中国公認会計士（http://www.cicpa.org.cn/2014年2月23日）

行い，民間と一丸となって5大戦略を策定し推進している。そして社会的資源を集中して人材（人），教育施設（物），予算（金）などのあらゆる面において，これから世界をリードできる人材，国際的な会計事務所，高品質の監査基準を作るシステムの競争優位性が最大の特徴である。

　この戦略の総設計者は中国財政部である。財政部は人的資源，物的資源，資金などあらゆる資源を集中し，効果が出やすいというメリットがある。一方，デメリットとしては，合併後の会計事務所における人事，企業文化の調和などの面において競争力をつけるまで時間がかかる点などがあげられる。また，国内的にも国際的にも世界のビッグ4会計事務所に追いつくのは今後の課題である。現在，欧米モデルはまだ世界の主流であるが，今日の中国成功モデルを無視することはできない。とりわけ，会計人材育成戦略の面は前例のない試みで参考になるところであろう。何よりも多くの新興国，途上国の実行可能な会計・監査制度モデルを示したことは大きいといえる。

第5節　展望と課題

　本章では，先行研究を踏まえ，仮説1：支配的な決定要因と仮説2：中国型ダイヤモンドモデル（会計業界の競争優位）を立てて，2005年から今日にかけて中国政府のガバナンスで実施してきた5つの会計戦略を考察し，先の分析，要約と結論で

示唆したように2つ仮説の存在が立証された。

　前述したように，強力なリーダーシップの存在も競争優位戦略の成功する一要因である。とりわけ，財政副部長の王軍（**図表8-5**）は1958年11月生まれ，北京大学政府管理政治学院において政治理論博士課程を修了し，法学博士学位を取得し1987年から1992年にかけて財政部の局長級幹部となり1993年から1994年にかけてCICPA副事務局長，1994年に財政部に戻り，2005年10月から現職の財政部副部長に就任し財政部，中国公認会計士協会，北京，上海，アモイ国家会計学院などを主管する副部長である。つまり，王軍は長年，会計制度，基準制定などの国家会計戦略の策定に携わってきた第一人者である。上述した2005年12月の北京共同声明と2010年11月の共同声明も王軍によるものである。王軍は，財政部副部長と中国監査委員会長などの役職を歴任し，会計政策，国際政治，外交などに精通するリーダーである。

　しかしながら，中国における問題がないわけではない。例えば，会計基準・監査基準コンバージェンスに対して，中国では政府と一部エリート研究者により急スピードで進められてきたため，自国の会計・監査基準は「欧米色」に染められ，果たして経済発展段階が異なる中国では，実務上支障なく実質的に機能するのか，また，何よりも仮説1の支配的な決定要因について，本章は中国のみで考察したが，複数の国による比較分析，立証の必要があると認識している。それらについての検証は今後の課題である。

■注

1) 日本総研（http://www.jri.co.jp/2015年8月25日）のResearch Focus『日本の国際競争力No.2』西崎文平・藤田哲雄「"国際競争力"ランキングから何を学ぶか」（2015年6月29日）。
2) IMD World Competitiveness Center(http://www.imd.org/wcc/2015年9月1日）。
3) G20（ジートウェンティ）は，"Group of Twenty"の略で，主要国首脳会議(G8)に参加する8カ国，欧州連合，新興経済国11カ国の計20カ国・地域からなるグループである。構成国・地域は，アメリカ合衆国，イギリス，フランス，ドイツ，日本，イタリア，カナダ，欧州連合，ロシア，中華人民共和国，インド，ブラジル，メキシコ，南アフリカ，オーストラリア，韓国，インドネシア，サウジアラビア，トルコ，アルゼンチンである。正式名称は「金融・世界経済に関する首脳会合」（Summit on Financial Markets and the World Economy）であるが，金融サミットとも呼ばれる。議長は各国持ち回りで担当し，任期中は議長国が事務局機能を果たすため，恒久的な事務局や常勤職員などは存在しない。
4) この中央集権構造分析は李［2005］19頁を参照すること（https://ja.wikipedia.org/wiki/2015

5) 日本経済新聞(2011 年 6 月 20 日夕刊, 21 日朝刊, 7 月 4 日朝刊)参照すること。
6) 『日経金融新聞』2003 年 4 月 2 日による。
7) 『日本経済新聞』2011 年 7 月 4 日による。
8) データについて IFAC の URL (http://www.ifac.org/) で公表されている (2011 年 1 月 29 日検索)。
9) IFRS (http://www.ifrs.org/), 日本公認会計士協会 (http://www.hp.jicpa.or.jp) で公表されている(2013 年 1 月 10 日)。

■ 参考文献

菊澤研宗 [2008]『戦略学』ダイヤモンド社
中国公認会計士協会編(CICPA) [2006]『中国注冊会計師』1 号 , 中国公認会計士協会編輯部
中国公認会計士協会編(CICPA) [2009]『中国注冊会計師』10 号 , 中国公認会計士協会編輯部
中国公認会計士協会編(CICPA) [2010]『中国注冊会計師』1 号 , 中国公認会計士協会編輯部
中国公認会計士協会編(CICPA) [2011]『中国注冊会計師』8 号 , 中国公認会計士協会編輯部
中国公認会計士協会編(CICPA) [2012]『中国注冊会計師』1 号 , 中国公認会計士協会編輯部
中国公認会計士協会編(CICPA) [2012]『中国注冊会計師』8 号 , 中国公認会計士協会編輯部
中国公認会計士協会編(CICPA) [2013]『中国注冊会計師』7 号 , 中国公認会計士協会編輯部
千代田邦夫 [1994]『アメリカ監査論』中央経済社
千代田邦夫・李文忠 [2011]「中国の監査基準コンバージェンス戦略の成功要因」『熊本学園会計専門職紀要』第 2 号, 熊本学園大学大学院会計専門職研究科, pp.13-22
M.E. Porter(土岐坤・中辻萬治・小野寺武夫訳) [1985]『競争優位の戦略』ダイヤモンド社
M.E. Porter(土岐坤・中辻萬治・小野寺武夫・戸成富美子訳) [1992]『国の競争優位』ダイヤモンド社
マイケル・E・ポーター・竹内広高・榊原磨理子 [2000]『日本の競争戦略』ダイヤモンド社
森宗一 [2007]「競争優位に関する先行研究の整理と検討」『広島大学マネジメント研究』No.8, 広島大学マネジメント学会, pp.69-77
李文忠 [2009]「日本と中国における監査基準コンバージェンスの動向」『立命館経営学論集』第 47 巻第 5 号, 立命館大学経営学会, pp.47-69
李文忠 [2005]『中国監査制度論』中央経済社

第9章

公認会計士制度の社会的依存性

第1節　問題の提起

　周知のように，現代公認会計士制度(監査制度)は欧米発の制度であり，特定の国が導入した際，その国の歴史，文化，政治などに依存しながら，独自の形で形成されていくと考えられる。すなわち，会計監査制度の形成は社会的依存性が存在している(李 [2005b] 331-340)。本章では，会計監査制度の歴史的依存性と政治的依存性を中心に論じるものとする。これらの依存性を立証するために，まずいち早く欧米監査制度を導入した日本の歴史を検討して，日本の公認会計士制度は歴史的先進国依存性が特徴であることを明らかにする。次に，中国監査制度の検証，とりわけこの10年間の成長，成熟の歴史を検証して，その制度の形成過程が中国の政治，経済，社会に依存しながら形成していることを明らかにし，中国の監査制度形成の特徴は，歴史的政治依存性が根強いことを示唆したい。

第2節　日本の監査制度における歴史的先進国依存性

(1) 日本の監査制度における歴史的先進国依存性

　日本の監査制度における歴史的先進国依存性とは，歴史的に過去よりも現在の先進国の制度を採用し，常にその制度を忠実に学んで，模倣し，日本化することである。歴史的先進国依存性は日本の監査制度発展歴史の特徴である。本節では，①監査制度形成の歴史視点から見る依存性，②会計領域における政治と外交から見る依存性の視点から，日本の監査制度の歴史的先進国依存性を立証し明らかにする。

① 歴史的視点から見る監査制度の依存性

a. 日本監査制度の歴史段階

本節では，日本の監査制度の歴史段階を次の3段階を分ける。第一の歴史段階では農業先進国である中国を模倣とした，すなわち中央集権国家による統治機構の内部監査である。当時の先進国の唐の律令制を模倣し律令制（701年～1850年）を導入し，大宝律令が制定・施行された。大宝律令は，日本史上最初の本格的律令法典であり，これにより日本の律令制が確立することとなった。律令の中には明治維新まで有効とされていたものもある。例として太政官制があり，1885年（明治18年）に廃止されるまで続いた。

第二の歴史的段階は明治維新から1945年の第二次大戦終了までで，欧州を模倣して，欧州工業革命以降，日本は明治維新で「脱亜入欧」当時の先進地域の欧州に依存している。制度の特徴として，英国会計士監査よりもドイツの商法監査，すなわち内部監査を重要視していた。

第三の歴史的段階は1945年から現在までで，米国を模倣して，制度の特徴としてはドイツの商法監査も残しつつ会計士による外部監査を重要視している。

b. 農業先進国の中国への依存

原によると，西暦460年ごろ，朝廷の財政は，斎蔵，内蔵，大蔵の部署があった。当時においては，会計監査のために特別の役職を設置したという痕跡は見られないが，出納，保管，記録の正確性を確保するために各職位にあるものが相互に牽制するにとどまっていた。694年，郡司，国司等の租税の徴収等について，不正不当の有無を確かめるために，巡察使の制度が設けられた。しかしながら，実質的には全く機能していなかった。徳川幕府における監査として注目されるべき勘定吟味役の誕生は，日本監査史上，象徴的なものであった。その後，徳川幕府における勘定吟味役の職責をこの時代において担ったのは，会計検査院であった。1871年には大蔵省検査寮に名称を変更した。しかし，大蔵省の一部局として職権の効力に限界（中央官庁に及ぼない）があったことから，1880年，太政官内に独立の官庁として会計検査院が創設された。続いて1889年，「大日本帝国憲法」が発布され，その付属法として「会計検査院法」が公布された（原[1989]）。

c. 近代欧州先進諸国への依存

原によると、日本における近現代監査制度は明治14年(1881年)、ドイツ人ヘルマン・ロエスラーに対して商法草案の起草を命じた後、明治23年(1890年)に商法の公布(監査役監査、当時の先進国欧州依存)、明治6年(1873年)英国銀行をモデルとして日本に銀行会計制度を導入して、その後の企業会計制度の出発点となっていった。そして銀行法によって、財務ディスクロージャー制度が制定された。また、明治23年の商法は、債権者保護の目的でドイツ商法をモデルとして財産目録の開示が法定された。その後、大正5年(1916年)の会計士法が衆議院で可決された。昭和2年(1927年)の計理士法、及び昭和17年(1942年)の税務代理士法の制定は、ドイツの影響を受けた日本独特の法制である(原[2001]11)。これらの法律も、行政主導であったことを色濃く反映している。

d. 戦後監査制度の米国依存性

戦後、昭和23年(1948年)に証券取引法と公認会計士法を導入して証券取引法監査が始まった。

その後の法整備、監査基準の設定及び改正なども米国に追随して米国型の監査制度を見ながら、次のように制度を作っている。いずれも米国が先に進んで日本は後塵を踏んでいる。

  1948年　証券取引法の導入
  1950年　監査基準及び実施基準の制定
  1951年　上場企業に対する監査開始
  1964年　山陽特殊鋼連結財務諸表制度の導入
  1999年　中間報告書と中間監査
  2000年　米国エンロンの破綻とアンダーセンの解体
  2003年　四半期決算短信の制度化
  2003年　公認会計士法の改正ローテーションルール(7年)
  2008年　内部統制基準・実施基準・四半期報告書とレビュー

とりわけ、2000年ごろ、米国のエンロン事件などで、アーサー・アンダーセンは信用が失墜し2002年8月解散した。そのため、米国は企業改革法を制定し2007年7月に成立して内部統制監査を導入、監査制度を強化した。それを模倣して日本は証券取引法を改めて、金融商品取引法と会社法を法整備し、内部統制監査を導入

した。
　このように，現在では金融資本主義先進国の米国に依存している。

② **監査制度における政治と外交の米国依存性**
a. 国際会計・監査基準設定の政治化
　前述したように，国際会計・監査基準のコンバージェンスの潮流は，2000年EUが域内上場企業に対してIFRSの採用を義務づけてから世界中に波及した。2002年，国際会計士連盟（IFAC）が国際監査基準（ISA）の設定主体を国際監査・保証基準審議会（IAASB）に改組，2005年EU，域内上場企業にIFRSを義務づけ，会計基準と監査基準のルール作りの主導権争いは国際の舞台において展開された。リーマン・ショック以降G20では金融商品に対する規制の強化や会計基準の整備などが要求され，会計というシステムは一国のものではなく，国際組織の枠組みのなかで各国が自国利益を考えながら行われ，激しい国際政治と外交の駆け引きの場となっている。

b. コンバージェンス開始から現在までの米国依存性
　前述したように，2001年に改組されたIFRS財団（IASBの監視，資金提供などの上部ガバナンス組織）は評議員会を設置し，20名の評議員で構成されている。2つの機関では，欧州がこれまで国際会計ルール作りにあたって，アメリカの一極支配を打開するため，新興国などを勧誘し，国際会計基準の導入を進めてアメリカから主導権を奪おうとしている。新興国としての中国などはいち早くEUを支持し，コンバージェンスを完成し自国の議席(地位)を獲得し，発言権を拡大した。その結果，現在の構図は，欧州(EU)，新興国等，アメリカ等の三極という見方がある。
　図表9-1で示すように，日本政府は米国の会計政治外交に左右され行動しているように見える。会計基準・監査基準という国際ルール作りの場では，言うまでもなく国連，WTO，IMFなどの国際組織のように，ルール作りは一国の問題ではなく，各国が自国の権益を強く主張しながら，賛否を投票するであろう。まさしく会計ルールを巡る国際政治と外交の問題である。2002年10月，IFRBとFASB（米国財務会計基準審議会）は両者の会計基準を統合する基本的な合意に至った（通称：ノーウォーク合意）。米国の動きに対応して，2007年8月に日本の会計基準に関与している企業会計基準委員会（ASBJ）と，IFRSを策定するIASB（国際会計基

準審議会)は，日本の会計基準をIFRSに近づけることを目指すコンバージェンス作業を開始し，2011年6月という期日目標を設定することで合意した(通称：東京合意)。2008年11月に，米国SECはIFRS採用に向けてのロードマップ案を公表し，2011年までに決定するとした。2009年6月に，日本もほぼ米国と同様のロードマップ案を公表した。リーマン・ショック以後，会計基準統一に対する日米欧の思惑は微妙に変化した。米国証券取引委員会(SEC)は2011年5月に，米国企業に国際会計基準を巡って欧米がどのように取り込むかを示す作業計画を公表した。これまで最短で2015年前後と目されていた導入時期を明示せず，判断を先送りする姿勢が鮮明になった。同年6月に，日本金融庁も米国のSECの後塵を拝する強制適用の時期を2015年ないし2016年に延期した[1]。現在では，米国PCAOBは監査基準(AS)の改訂を進めているのに対して，日本企業会計審議会もPCAOBの監査基準を模倣して自国の監査基準を改訂しつづけている。

図表9-1 日本のコンバージェンス開始から現在までの米国依存性

年度	米国の動向(政治と外交)	日本の動向(政治と外交)
2002	欧州，IFACが設定主体をIAASBに改組	日本会計基準設定主体はASBJに変更
	2002年IASBとFASBとの「ノーウォーク合意」でコンバージェンスが開始された	
	2002年サーベンス・オクスリー法成立，PCAOBの設立，監査人の独立性強化など	「監査基準」の全面的改訂 リスクアプローチの明確化等
2003		公認会計士法改正，監査人の独立性の強化，公認会計士・監査審査会の設置など
2007		ASBJとFASBとの「東京合意」，コンバージェンスが開始された
2008	SECが米国企業のIFRS適用に関するロードマップ案を公表	
2009		6月金融庁，15〜16年の強制適用を12年に判断するとした報告書を公表(ロードマップ)
2010	SECが2月IFRS適用に関する声明を発表し2011年までワークプランを公表	3月期から日本で上場企業の任意適用が認められる
2011	2011年5月，米国がIFRS導入の判断を事実上先送り	2011年6月，金融庁が企業会計審議会を開催，IFRS導入の時期を延期
2012	2010年〜現在，PCAOBが監査基準(AS)改訂	日本企業会計審議会ではPCAOBの監査基準を模倣している

出所：筆者作成

また，G20は会計基準・監査基準，とりわけ金融商品に関する会計基準の改訂を求めたため，EUがこのルール作りの主導権を米国から取り戻すため，欧州はIFACが設定主体をIAASBに改組し，新興国を自分の味方にし，現在120カ国以上，国際基準監査基準のコンバージェンスまたはアドプションを完成し，米国と日本を少数派の第3グループにしたと分析している(**図表3-3**)。

　このように，政治外交の領域でも，日本は自国の視点から見る会計の先進国米国の動きに注目し政治決断をしていると考えられる。

(2) 分析結果の要約

　本節は，日本監査制度の歴史的先進国依存性に着目し，①監査制度形成の歴史視点から見る依存性，②会計領域における政治と外交から見る依存性について実証的に検討し，いずれも証明される結果を得た。結論として，日本監査制度の先進性は日本の社会・文化的特徴による行動パターン，すなわち政治，外交，制度モデル，基準設定，研究，価値評価などあらゆる面で現在一番先進的な国に依存する行動パターンが，日本の制度的先進性を維持している理由といえる。

　日本の監査制度は欧米先進諸国の制度を模倣して形成されたものであったが，その導入・移植過程の特色は常に現在の先進国を模倣する点にある。そして歴史的に中国，ドイツ，欧州諸国，米国を中心に複数の国の影響を受け，それらの制度の優れた点を素直に受け入れて多様な制度を形成した。日本における監査制度の歴史的先進国依存性という仮説は，歴史的に，日本が現在主義に偏る傾向があるためと考えられる。現在主義は歴史主義と対立する概念である。すなわち，現在主義は過去の先進国よりも現在の先進国の制度のほうが先進的であるとする進歩史観であると思われる。

第3節　中国の監査制度における歴史的政治依存性

　イギリスの学者マーティン・ジャークス(Martin Jacques)は「中国の成功は，中国の国家モデルが必ず全地球範囲に，とりわけ発展途上国のなかにおいて巨大な影響力を発揮するであろう。それゆえに将来の経済論争の課題すら変わりつつある。サブプライムローン等の金融危機のなか，アングロ・アメリカモデルが崩壊しはじめ，中国モデルは多くの国に適用することを証明している」と述べた (Martin

Jacques [2009]）。マーティン・ジャークスは，経済成長モデルへの道が決して一つではなく，数多くの道が存在すると分析している。約2,200年以上の中国型モデルの政治的特徴は，中央集権である。その栄えた各時代における政治システムの最大の特徴は政治主導である。この歴史を踏まえて，中国監査制度における歴史的政治依存性とは歴史的に政治革命とイデオロギーの変更によって，政治のトップダウンで欧米の監査制度を導入し，ダイナミックな発展戦略を策定して実行し，そしてこの制度を中国化することである。

(1) 中国における監査制度発展の歴史の時期区分

　中国会計発展の歴史の時期区分について，筆者は以前分析したように，1911年辛亥革命以降の歴史から今日までの時期区分には7時期区分説，5時期区分説，3時期区分説などがある。また，3時期区分には郭道揚の3時期説と筆者の3時期説がある。筆者の3時期区分説は中国の政治，思想，歴史，文化に依存する視点から第1時期（19世紀末～20世紀初頭）は会計改良の時期，第2時期（1949年～1976年）は計画経済における旧ソ連型会計と中国式簿記並存の時期で，この時期では会計検査が存在した。第3時期（1977年～現在）は，市場経済を導入しながら中国会計と国際会計基準とが調和する時期であると述べている（李 [2005b] 66-70）。これらの会計歴史の時期区分説は，学者の主観的な要素が多く，国際的に，政治，経済的，市場などにおける客観的な要素をもって検証するのが望ましい。

　一方，中国公認会計士制度の誕生は，1918年，北洋政府農商部が公布した「会計師暫行章程」に基づいて，謝霖に第1号会計師（士）証書を交付したのを端緒に始まったといわれている。その後，緩やかに成長したが，1949年中華人民共和国の成立によって制度が廃止された。いわゆる会計士制度の回復は1970年代後半，中国が改革開放政策を実施して外国資本を導入したことによって，外国投資関連企業法及び外国投資企業法人税法の制定である。その法人税法によると，外国投資企業の財務諸表は中国公認会計士の監査を受けなければならないと規定されている。それに応じて1980年12月，財政部が「顧問会計士事務所設立に関する暫定規定」を公表したことが歴史的転換点となった。それゆえに，制度の「回復」という歴史的認識が存在している。しかし，この認識に関する検証も不十分である。

　そこで，中国公認会計士制度の誕生，成長，成熟のような歴史発展の過程が中国の特定の政治，経済，社会に依存して自己形成していく歴史経路を有するという分

析ができる。分析は①政治の認知度（主権国家），②法規の有無，③市場規模（会計士数と会計事務所数，売上高），④制度の国際的な認知度，⑤制度の連続性等の，5つの要件から総合的に行った。その結果，1980年以前には中国公認会計士制度が存在しなかったという結論に至った。この結論からいえるのは，中国公認会計制度の発展は，歴史の変遷のなかで，政治的な要因によって決まることである。

(2) 先行研究と仮説の設定

① 中国における会計史に関する先行研究

2009年に財政部が編著した会計年鑑のなかで，付磊の「会計史研究30年」の総括（財政部［2009］27-30）によると，改革開放政策が実施された以降の30年間では，会計史に関する研究は，主に次のような成果があったと述べられた。

a. 中国会計通史の研究（監査を含む，財務管理）

主として，中国の歴史を辿って会計の発展，変遷を検討した研究成果である。その研究成果は，郭道揚の『中国会計史稿』(1982)，高治宇の『中国会計発展簡史』(1985)，趙友良の『中国古代会計審計史』(1992)などの著書及び李宝震が雑誌『財会通訊』に連載した『会計史話』(1982-1983)である。

b. 近現代中国会計史研究

近現代中国会計史とは，すなわちアヘン戦争以来今日までの会計歴史をいう。この時期の会計史は中国会計発展にとって，非常に重要な時期であり，その後の中国会計発展にあたえる影響も大きい。それゆえに，この時期の研究は中国会計史研究の重点となり，研究成果も多い。趙友良の『中国近代会計審計史』(1996)，黄菊波の『新中国企業財務管理発展史』(1996)，丁学東・李国忠の『中国企業財務改革』(1996)，項懐誠の『新中国会計50年』(1999)などの著書及び郭道揚の「20世紀的中国会計改革」などの論文がある。

c. 世界会計通史の研究

世界会計通史の研究は，中国会計史と外国会計史ともに影響を及ぼしている。研究成果としては，郭道揚の『会計発展史網』(1984)，郭道揚の『会計史研究：歴史・現時・未来』(第一巻，第二巻，第三巻) (1999, 2004, 2008)，文碩の『西方会計史（上）—会計発展的五次浪潮』(1987)，文碩の『世界審計史』(1990)，王建忠の『会計発展史』(2003)などの著書がある。

その他に，会計思想史研究，会計専門史の研究，業種会計，地区会計史の研究，

人物伝記，会計史比較研究，会計史翻訳書，その他の会計史研究などがある。

付磊は，中国会計学会第7回会計史及び会計史国際学術フォーラムの総括にあたって，次の5つの領域に関する研究を行った。すなわち①会計基準の発展及び会計改革の動向，②会計思想の歴史研究，③歴史人物及び会計方法の歴史研究，④1949年を起点とする中国会計の歴史研究，⑤会計史に関するその他の課題研究があったと述べた（中国会計学会[2012]1-5）。

このように，それらの研究成果の共通点は，中国の長い歴史のなかで，農業経済を中心とした政府会計（租税を目的とする会計）システムに焦点をあてて，この政府会計の横領，不正，汚職などの犯罪行為をチェックするために，政府内部の監督機関（現代でいう会計検査院）が設置された。すなわち会計史研究を主題として，併せて会計と関連した政府会計検査（中国では「国家審計」ともいう）に関する研究が行われた。現代の独立第三者の公認会計士による外部監査（中国では「民間審計」ともいう）についても言及されたが，内容は非常に乏しい。そのようななかで，項懐誠編著の『新中国会計50年』は1949年以来の中国会計史を検討した初の著書である。そのなかで，項は1980年12月中国公認会計士制度の回復再建から1999年までの発展歴史を概観した（項[1999]458-505）。

このように，単独の中国公認会計士制度の歴史に関する研究は極めて少ないのが現状である。

② 中国における公認会計士制度の発展史に関する先行研究

以上述べたように1918年以降の会計師（士）の発展について，趙によると，1925年までには約160人に増加して，1946年現在2,619人となり，会計事務所数について上海における会計事務所は約82社にのぼったと記述されているが，中国全土において会計事務所数に関する史料が残っていないとも述べられている（趙[1996]262, 269）。

また，李金華は，1949年中華人民共和国が成立した当初，上海，天津，重慶，武漢，広州，杭州等の都会では会計事務所及び会計士監査活動が行われ，全国会計士と実務従事者は3,000人弱であり，上海では100以上の会計事務所が開業し，そのなかで，立信，公信，正明，正則の4大会計事務所が有名であった。1956年以降，資本主義工商業が社会主義化に改造されたことによって，会計事務所が相次ぎ閉業してしまった。会計事務所による会計監査は市場のニーズがなくなり，完全に廃業

し中断されたと述べている（李［2005a］140-206）。このように，会計士数については1940年代後半までに3,000人弱と，会計事務所数についての2人の研究はともに上海における会計事務所数は100前後しか存在しないと結論している。

中国会計学会は，現代中国公認会計士の発展の歴史を，回復再建段階（1980年12月～1986年7月），基礎確立段階（1986年7月～1993年10月），規範発展段階（1993年10月～2006年2月），コンバージェンス国際化段階（2006年～2009年現在）の4段階に分けて分類してきたとされている（中国会計学会［2009］94-116）。その歴史的発展の特徴は，会計士制度の自己規制，自己管理，自己強化のプロセスを踏んで発展し，今後もその方向に進んでいくことが予想される。これは政府が主導するトップダウン，強制的な制度改革であり，制度そのものは計画経済体制から脱皮した特徴があるとされている。すなわち，政府官庁に属する会計事務所が民間会計事務所への「民営化」の道を歩んできたといえる。

さらに，1980年以降の歴史は，前述したように中国公認会計士協会の事務総長陳毓圭によると，中国公認会計業界の発展歴史的を4段階として分類できる（CICPA［2009］54-62）。それは中国公認会計士協会によって支持されている。

③ 日本における中国会計史及び公認会計士制度に関する先行研究

日本における中国会計の歴史に関する研究は，津谷原弘が翻訳した郭道揚の1984年の著書『会計発展史綱』（津谷原弘訳［1988］『会計発展史綱』文真堂）及び津谷原弘の『中国会計史』（1998）がある。しかし，それらの研究のなかでは，公認会計士制度の歴史についてはほとんど言及されていない。

1978年12月に中国共産党第十三期中央委員会第三次全体会議において改革開放政策が決まり，1979年「中外合弁企業法」，1980年「中外合作経営企業法」，「外国投資企業法」が相次ぎ全国人民代表大会（衆議院に相当）で可決された。それと同時に「中国外商投資企業と外国企業所得税法（法人税法に相当）」も可決された。この税法によると，外資関連企業（909社，1982年現在）が税務署に提出する納税申告書と財務諸表には中国会計士の監査報告書を添付しなければならないとされている。すなわち，これが実質的に法定監査の始まりであると李（［1997］115-139）は述べている。

また，筆者は，中国会計士に関連する法規整備の面について次のように明らかにした。それは，1980年12月に中国財政部が「会計顧問事務所の設置に関する暫定

規定」を公表し，1981年1月に，改革開放をリードしていた上海市にはじめて「上海会計士事務所」が設立された。1985年，公認会計士監査は「会計法」に明記され，つづいて1987年「中国公認会計士条例」が公表された。その後1988年に中国公認会計協会が設立，1991年公認会計士試験が実施され，1993年10月には「中国公認会計士法」が公布された。続いて1995年，「独立監査基準」も公表されたと述べた（李[2005b]84-94）。

さらに，上場企業の財務諸表監査にあたって，証券市場に関連する法規整備も重要である。1990年12月に開業した上海証券取引所と1991年7月に開業した深圳証券取引所では，国務院が公表した「証券発行及び取引に関する管理条例（準証券法）」が適用されることによって，国債発行，株式発行，社債発行による取引のニーズがあったため，上海と深圳を中心に証券市場における取引が始まった。のちに1993年に会社法が制定され，その175条には「会社は会計年度の終了する際に，計算書類を作成しかつ法規に基づいて監査をうけなければならない」と定められている。1998年末に，1991年の準証券法を改訂して正式に証券法が可決された。

④ 仮説の設定

本節では，現代中国公認会計士の生成と発展の歴史に焦点をあてて，中国における会計通史などの先行研究を検討した。監査理論で見ると，長い間中国が農業経済を中心としたエージェンシー関係を持ち続け，1949年に中華人民共和国が成立した後1980年までの歴史，いわゆる社会主義計画経済でも依然として農業経済を中心とし，統治機構の租税及び納税者との利害関係が主なエージェンシー関係である。統治者が同じ統治機構のなかで，検査機関の設置及び会計検査人を指名し，いわゆる予算執行の状況を検査する会計検査制度が存在していたため，すなわち統治機構内部における監視監督制度が存在していたといえる。

近代的な公認会計士監査制度は，中央監査法人によると，公認会計士制度の発端はイギリスである。産業革命に伴う資本投資の拡大，さらには金融業の発達に伴う発生主義会計が重視されるようになり，19世紀に至ると会計士の組合「会計士協会」が形成された。1853年にスコットランドのエディンバラで成立したエディンバラ会計士協会が，1854年10月23日に国王より勅許（Royal Charter）を受け，ここに世界最初の公認会計士が誕生した。その1845年から1900年の間が，イギリス会社法による最初の監査及び報告基準の制定による法定監査の始まりともいえよう

(中央監査法人訳[1993]9-15)。

その後，公認会計士がアメリカにわたり，アメリカの鉄道会社による内部監査人として活躍することによって発展した。1929年の大恐慌以降，1933年，34年の連邦証券法及び証券取引法の成立によって上場企業に監査済財務諸表を提出するように要求した。今日にいう公認会計士監査制度は，英米を中心に誕生，成長，発展し，そしてのちの世界各国の制度モデルとなった。このモデルに関する利害関係はエージェントである経営者，プリンシパルである株主，モニタリングである会計士というエージェンシー関係である。

このような英米型公認会計士

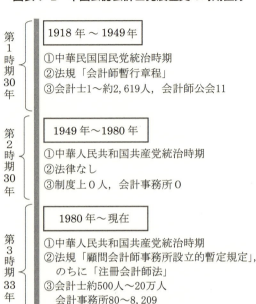

図表 9-2 　中国公認会計士発展歴史の時期区分

第1時期 30年
1918年～1949年
①中華民国国民党統治時期
②法規「会計師暫行章程」
③会計士1～約2,619人，会計師公会11

第2時期 30年
1949年～1980年
①中華人民共和国共産党統治時期
②法律なし
③制度上0人，会計事務所0

第3時期 33年
1980年～現在
①中華人民共和国共産党統治時期
②法規「顧問会計師事務所設立的暫定規定」，のちに「注冊会計師法」
③会計士約500人～20万人
　会計事務所80～8,209
　売上高604億元（2014年現在）
④中国監査監督制度の同等性評価(EU2011)

出所：筆者作成

監査制度を前提として，本節では**図表 9-2** で示すように中国近現代会計の歴史を3時期に区分して，それぞれの時期における中国公認会計士制度の実態についての検討をまず行った。それに際しては前述した5つの要件を基準に検討した。その結果，中国公認会計士監査制度は歴史的政治依存性が根強いという仮説が成り立つのである。

(3) 分析データ

図表 9-3 は「日中公認会計士制度の発展に関連する法規及び歴史的事件発生年度の比較表」であり，国際的には日中両国の国連加盟，国際会計士連盟の加盟，WTOの加盟，各法規の設定年度，監査基準の設定年度及び現状などを示すデータである。

図表 9-3　日中公認会計士制度の発展に関連する法規及び歴史事件の発生年度

項目	日本	中国
政治的要因または事件	1945年8月　第2次世界大戦終戦	1978年12月　改革開放政策実施
国連加盟または代表権取得	1956年11月	1971年10月(注)
国際会計士連盟の加盟	1977年10月	1997年5月
WTO加盟	1995年1月	2001年12月
証券法	1948年	1998年
会社法	1997年	1985年
公認会計士法	1948年	1993年
監査基準の設定年度	1950年	1995年
監査基準の設定機関	大蔵省，金融庁の企業会計審議会が設定し，公認会計士協会が実務指針などを作成する。	公認会計士協会を制定し財政部が許可し公表する。実務指針は公認会計士協会が作成する。
設定(制定)のプロセス	企業会計審議会等は意見書，公開草案等を公表し，社会において広く意見聴取と議論した上，設定する。	監査基準委員会等は意見書，公開草案等を公表し，社会において広く意見聴取と議論した上，設定する。
監査基準の性格	法律ではないが，遵守しなければならない。	財政部法規(省令に相当)
コンバージェンスの手法	項目ごとにプロセスを踏んで改訂または新設する。	草案と改訂草案を順次公表し，一斉に改訂または新設する。
コンバージェンスの進捗度	進行中	2006年2月16日完成を宣言
コンバージェンスの原則等	明確なものはない。	4つの原則と3つの指針
国際監査基準との対応	監査基準の項目別の対応	国際監査基準(米国のSASを含む)と同様，個々の項目別に対応
他の国等との相互承認	CESRによると，重要な差異は2008年まで解消	2007年12月，中国が香港と相互承認　CESRと2009年を目処に相互承認
公認会計士の人数	25,900人(2013年10月現在)	197,174人(2013年末現在)
会計事務所(監査法人)数	215法人(2013年10月現在)	8209法人(2013年末現在)
被監査の上場企業及び大企業の数	上場企業約5千社，資本金5億以上または負債200億以上の大企業と併せて約1万社	上場会社2494社(香港市場が含まない)，外資系企業446,487社，工業企業433,769社(年売上高2000万元以上，2011年現在)[2]など，合わせて約350万社(CICPA[2011]1号11)

出所：李 [2009] 66 より一部修正
注：第26回国際連合総会2758号決議によって中華人民共和国は「蒋介石の代表」が国連からの追放，並びに常任理事国の代表権を取得した。

(4) 仮説の検証と分析

ここでは，5つの要件を中心に分析する。

① 政治の認知度（主権国家）

ここにいう政治の認知度は国連に加盟し，独立国家として認められることである。先に**図表9-2**で示したように，まず第1時期にあたる中華民国成立の1918年から1949年までが国民党統治時代であり，その時期では中華民国が中国の主権を担っていた。会計士制度はその時期に誕生し，その後，国民党が中国共産党に敗れたため，中華民国政府が台湾に移ったことにより，以後の会計士制度の発展は中国の一地域の会計歴史として捉えるのが一般的である。同様に，1997年7月までイギリス植民地であった香港と，1999年までポルトガル植民地であったマカオの会計士制度も支配国の影響下にあり，中国本土における公認会計士制度の歴史を研究する際には，やはり支流にすぎず切り離して考えるべきである。

周知のように，第2時期にあたる30年の間，中国国内の経済制度は農業を中心とした社会主義計画経済体制下にあった。また，第2次大戦以降，中華民国が国連において常任理事国の代表権を有し，台湾の蒋介石が率いる政府であった。その後，中華民国が国連から追放され，中華人民共和国が国連において主権国家として承認されたのは，1971年10月であった。その後，中国がより多くの国に唯一の合法政府として認められた。

第3時期に入って，ようやく1980年代の改革開放政策によって農業を中心とする社会主義計画経済から工業を中心とする市場経済へ転換した。また，世界的な組織，すなわち国際会計士連盟，WTO等に加盟し，国際的に政治的な認知度は高くなりつつある。

② 法規の有無

公認会計士制度は，法規によってその市場経済，自由競争の正当性，公平性，秩序が保証される。すなわち強制的に経営者が利害関係者に対して，企業財務情報を開示する法定監査の制度である。この制度が機能するためには，数多くの関連法規の整備が不可欠である。第1時期には，1918年に北洋政府の農商部が「会計師暫行章程」を公表したが，それは省令にすぎず，その後1930年，国民政府が「会計士条例」を公表し，1945年にそれを修正して「会計士法」を公表した。また，北洋政府が

1914年会社条例（公司条例）を公布し，1920に上海証券取引所が設立されが，のちに1929年会社法（公司法）が公布された（趙[1996] 224-230）。この時期では，会計士法と会社法の2本の法律しかなかったため，公認会計士制度に必要な法律の整備とはいえない。

第2時期は，社会主義的計画経済を実施した時期であるため，市場経済に関連する証券法，会社法，会計士法などの法律は一切廃止された。社会主義体制下において，予算会計及び予算施行後の内部会計検査システムが機能していた。

第3時期においては，**図表9-2**で示したように，改革開放政策により市場経済システムを導入し，外資系企業関連法律をはじめ，税法，証券法，会社法，公認会計士法，監査基準等の法規が整備され，さらに国際的に会計基準，監査基準のコンバージェンスなども行われた。今日，公認会計士制度に関連する法規は，全国人民代表大会（衆議院に相当）法制工作委員会の審査を受けた会計関連法規集（立信会計出版社[2013]）としては，第一編：総合会計法規，第二編：企業会計関連法規，第三編：行政事業組織関連法規，第四編：会計士監査関連法規の，合わせて全22章229万字がある。

③ 市場規模

市場規模については，第2時期において公認会計士制度が存在しないため，検証する余地はない。したがって，ここでは第1時期と第3時期のみ検証する。

第1時期において，検証する指標として会計士人数，会計士事務所数，売上高などがあるが，前述したように，1918年から1946年までの会計師総数は3,000人未満であり，会計事務所公会（団体組織，現在の地域会計師協会に相当）は上海市，北京市，天津市，重慶市，江蘇省，浙江省，安徽省，西省，広東省，雲南省，貴州省など11地域に集中していた（趙[1996] 262-269）。正確な会計事務所数，売上高などの統計史料はなかった。

第3時期では，筆者によると，公認会計士数は1980年約500人，1988年末約3,000人，1993年末約10,000人，1996年末約55,000人，2002年末には55,898人となり，その後上昇しつづけ，2014年末現在，会計士数は202,611人に増加した。会計事務所数は80から増え続け，2004年までに5,565，そして2014年末には8,295まで増加した。年度売上高については，前述したように，2002年の売上高は110億元であった。その後，右肩上がりに増加を続け，2014年度の売上高は

604億元(約12,080億円，1元＝20円の為替レート)であった(李[2005b] 246, **図表4-10**)。

1990年から2014年までの上海と深圳の証券取引所に上場した上場会社数については，2012年まで2,494社が上場していた。上場会社に対する公認会計士監査は必須であり，さらに**図表9-3**の項目「被監査の上場企業及び大企業の数」で示すように，中国では外資件企業，株式会社，国営大企業などの公認会計士監査が必須で，公認会計士が監査などのサービス業務を行っている会社数は350万社に上ると言われている。2002年現在，中国の行政区域，30の直轄市，省，自治区の全域に，会計事務所と公認会計士が存在し，公認会計士制度が全土に普及している(CICPA [2002])。

④ 制度の国際的な認知度

公認会計士制度の国際的認知度については，第1時期と第2時期では，まだ企業がグローバル化しておらず，公認会計士制度の国際化による相互承認という動向もないので，検証の余地はない。ここでは第3時期のみを検証する。

前述したように，今日，市場経済のグローバル化によって，公認会計士の業務は全世界で展開されつつある。それ故に，各国の公認会計士制度も国際的に相互承認という傾向があり，いわゆる制度の同等性評価である。ここでは，EUの第三国監査制度及び監査監督体制の同等性評価を制度の国際的な認知度として捉えている。

中国公認会計士協会によると，2006年5月17日にEUが「年度財務諸表法定監査指令」，すなわち第8号指令を改正した。第8号指令の内容として，加盟国が欧州連盟の上場会社の監査業務を受けた第三国会計士と会計士事務所に対して，監査監督部門に登録し，並びにその加盟国の監査監督体制に適応するとした。2007年から，部分第3国監査監督体制の同等性評価が始まった。2008年7月29日に「第3国会計士と会計士事務所に関する監査業務の過渡期」という決議が承認され，監査制度及び監査監督体制の同等性評価にあたって中国を含む部分第3国に2年間の過渡期を与えた。

同等性評価の手続を行った欧州連盟は中国監査制度及び監査監督体制の同等性評価を行い，2011年1月19日にEUは「部分第三国の監査制度及び監査監督体制に関する同等性評価及び部分第三国会計士と会計士事務所が欧州連盟国におけ

る業務過渡期の延期に関する決議」(通称 2011/30/EU 決議) が承認された (CICPA [2011] 4 号 112-113)。

したがって，欧州連盟の 28 カ国 (2013 年 7 月現在) に中国の監査制度及び監視監督体制が認められ，これにより中国公認会計士制度は国際的に認められたといえよう。

⑤ **制度の連続性**

図表 9-2 で示したように，明らかに第 1 時期と第 2 時期ともに，制度の連続制はない。つまり，歴史的に第 1 時期では，1949 年以降国民党の政治舞台が台湾に移された。第 2 時期では，1956 年以降，社会主義計画経済によって会計士制度が廃止され，1980 年まではその歴史が停滞したままであった。

第 3 時期では，1980 年から始まって，今日まで 34 年間発展し続け，歴史的な連続制がある。

⑥ **日本の制度発展の自己形成から見る仮説の検証**

図表 9-3 で示すように，アメリカの制度をモデルとした日本公認会計士制度の誕生，成長，発展から見ると，日本は政治と経済の面，国際機関の加盟，法規の整備などによる制度の導入は，中国よりおおよそ 30 年進んでいた。その自己形成された歴史経路をたどってみても，日本独自の経路に依存している。つまり，第 2 次大戦終戦後，アメリカ GHQ による政治及び経済的な決定要因によって，1948 年から今日まで法規の整備，監査基準の設定及びコンバージェンスなどによって，日本公認会計士制度が誕生，成長，発展してきた。また，日本は多くの場合，国際公認会計士連盟などの国際組織の創立国として加盟し，監査制度も EU の第 3 国監査制度及び監査監督体制の同等性評価によって広く認められている。日本の特定の政治，経済，歴史，社会に依存して自己形成していく歴史経路を有することが明らかである。しかし，日本における監査制度の発展の特徴は前節で分析したように，歴史的に政治革命とイデオロギーの変更に依存した発展よりも，むしろ歴史的先進国依存性の方が適切であると思われる。

(5) 分析結果と要約

以上で検証した結果を，**図表 9-4**「中国公認会計士制度に対する 5 要件の評価」

にまとめることができる。そのなかのそれぞれの要件に対して，記号「○」は「有する」という評価であり，記号「×」は「有しない」という評価であり，記号「△」は「どちらでもない」という評価であることを示している。

第1時期では，①政治の認知度だけ有すると評価し，②法規の有無，③市場規模，④制度の国際的な認知度については「どちらでもない」，⑤制度の連続は「有しない」という評価であり，すなわち，制度の一部は存在したが，ほとんどの部分は不完全である。

第2時期では，5つの要件のなかで，政治の認知度（国連の加盟及び会計関連国際組織の加盟）以外ほとんど「有しない」という評価である。

図表9-4　中国公認会計士制度に対する5要件の評価

	第1時期 1918年～1949年	第2時期 1949年～1980年	第3時期 1980年～現在
①政治の認知度	○	△	○
②法規の有無(法定監査)	△	×	○
③市場規模	△	×	○
④制度の国際的な認知度	△	×	○
⑤制度の連続性	×	×	○

出所：筆者作成

第3時期では，5つの要件はすべて満たされている。よって本章の仮説が支持されている。つまり，1980年以前は中国公認会計士制度が存在しなかった。

また，政治革命とイデオロギーの変革については，**図表9-2**の3時期を1つの歴史的な連続性がある前提として捉える場合，政治経済的にはおおよそ1912年から1949年までの中国国民党支配下の資本主義初期の市場経済，そして政治革命とイデオロギーの変革の結果，1949年から1978年までの中国共産党支配下の社会主義計画経済となった。1978年から現在までの中国共産党支配下の社会主義市場経済と区分することができる。この区分の根拠は政治革命とイデオロギーの変革によって，公認会計士制度の不連続性が生じたことである。つまり政治的な要件が，その他の経済的要件，法規有無の要件，市場規模の要件より中国公認会計士制度の誕生，成長，発展の経路にとって決定的な要件であるといえる。それゆえに，中国監査制度の発展は「歴史的政治依存性」が特徴であるといえる。

第4節　本章の結論と課題

　このように，日本の監査制度形成の歴史から見ても，中国の監査制度形成の歴史から見ても，それぞれが歩んだ道が異なるのが確かである。とりわけ中国公認会計士制度発展の歴史，すなわち制度の誕生，成長，成熟の歴史を5つの要件を用いて，多くのデータに基づいて検証を行い，その結果，1980年以前は中国公認会計士制度が存在しなかったともいえる。また，中国では中華民国時代に1918年に初めての会計士が誕生した当初，いまだ農業を中心とした経済であったため，制度的にニーズがなく，あまり成長しないまま，1949年に政治革命により中華人民共和国となり，社会主義計画経済に移り替わり，制度が廃止された。換言すれば政治革命にとって，現代監査制度の導入時期は1980年であることが歴史の事実である。すなわち，1980年代の改革開放政策の実施によって「社会主義市場経済」に変化したことで，公認会計士制度が必要とされるようになった。中国の特徴は，国内から改革開放の革命が起こったように，イデオロギーと政治に左右されやすい歴史の道を歩んできた。それに対して日本の特徴は，国外から，すなわちアメリカが公認会計士制度を日本に取り入れて発展させた歴史的経緯がある。この検証でも，本章の仮説が支持されているといえよう。

　一方，本章は次の限界も有している。まず，政治的に香港，マカオが中国に帰属したことによって，それらの地域では，中国の関連法規が適用されず，独自の法規が適用され，中国公認会計士協会はそれらの地域を本土の統計データから除外している。また，本章は1980年以前には中国公認会計士制度が存在しなかったという結論に至ったが，1918年から1949年の中華民国政府の統治が，その後，台湾に移り替わったことによって制度が受け継がれていたこと，もう一つの連続性で示す歴史経路もあるという議論に対して，つまり政治的に台湾の問題が残されている。本章はこれらの政治的な問題を避けて，単なる中国大陸（台湾，香港，マカオを除く）を中心に公認会計士制度の歴史を検討したが，それらの地域の公認会計士制度が中国本土における公認会計士制度との相互影響はどうなのか，とりわけ国民党政府が1949年から台湾に移り，今日まで続いている会計士制度の歴史が明らかにされていない。この点は今後の課題としたい。

■ 注
1) 日本経済新聞（2011 年 6 月 20 日夕刊，21 日朝刊，7 月 4 日朝刊）参照。
2) 中国国家統計局（http://www.stats.gov.cn/tjsj/）より 2014 年 12 月 30 日検索，2013 年『中国統計年鑑』によるものである。

■ 参考文献
項懐誠[1999]『新中国会計 50 年』中国財政経済出版
財政部（中華人民共和国財政部）[2009]『中国会計年鑑（2009 年）』中国財政雑誌社編輯出版
中国公認会計士協会編（CICPA）[2002]『中国会計事務所名録』中国財政経済出版社
中国公認会計士協会編（CICPA）[2011]『中国注冊会計師』4 号，中国公認会計士協会編輯部
中国会計学会編[2009]『中国会計改革三十年』中国財政経済出版社
中国会計学会編[2012]『会計史専題（2010）』経済科学出版
中国注冊会計師協会編 [2009]『行業発展研究資料』経済科学出版社
中央監査法人訳[1993]『モンゴメリーの監査論』中央経済社
千代田邦夫・李文忠(2011)「中国の監査基準コンバージェンス戦略の成功要因」熊本学園大学『会計専門職紀要』，第 2 号，pp.13-22
趙友良[1996]『中国近代会計審計史』上海財経大学出版社
津谷原弘[1998]『中国会計史』税務経理協会出版
津谷原弘訳[1988]『会計発展史網』文真堂，郭道揚 1984 年の著書『会計発展史網』中央広播電視大学出版社
原征夫[1989]『わが国職業的監査人制度の発達史』白桃書房
原征夫[2001]『株式会社監査論』白桃書房
李金華[2005 a]『中国審計史』中国時代経済出版社
立信会計出版社編[2013]『中華人民共和国現行会計法律法規汇編』立信会計経済出版
李文忠 [1997]「中国における財務ディスクロージャー及び監査制度の社会的考察（1979 年～1996 年）」立命館大学経営学会『立命館経営学』，第 36 巻第 4 号，pp.115-139
李文忠[2005b]『中国監査制度論』中央経済社
Martin Jacques,When [2009] China Rules the World:The Rise of the Middle Kingdom and the End of the Western World（Allen Lane,2009）p.185）

初出一覧

　本書の各章の執筆にあたり，下記の既発表論文を利用した。本書の基調に合わすために，大幅に構成の組み換え並びに加筆・修正をした。

序　章　李文忠 [2015]「中国における現代公認会計士制度の発展に関する歴史的研究」，社会環境学会『社会環境学』第4巻第1号，pp.25-35
第1章　李文忠 [2012]「中国における次世代リーダー会計人養成の動向」，社会環境学会『社会環境学』第1巻第1号，pp.41-49
第2章　李文忠 [2009]「日本と中国における監査基準コンバージェンスの動向」，『立命館経営学』第47巻第5号，pp.47-69
第3章　千代田邦夫・李文忠 [2011]「中国の監査基準コンバージェンス戦略の成功要因」，熊本学園大学大学院会計専門職研究科『会計専門職紀要』第2号，pp.15-20
第4章　李文忠 [2012]「中国における会計事務所の合併拡大・国際化戦略」，福岡工業大学情報科学研究所『環境科学研究所所報』第6巻，pp.11-17
第5章　新たに書き下ろした。
第6章　新たに書き下ろした。
第7章　新たに書き下ろした。
第8章　李文忠 [2014]「中国の会計戦略 ― ポーターの競争優位理論を中心に ― 」，社会環境学会『社会環境学』第3巻第1号，pp.55-65
第9章　李文忠 [2013]「日本監査制度の歴史的先進国依存性」，社会環境学会『社会環境学』第2巻第1号，pp.65-72，李文忠 [2015]「中国における現代公認会計士制度の発展に関する歴史的研究」，社会環境学会『社会環境学』第4巻第1号，pp.25-35

あとがき

　本書は，2008年度に科学研究費補助金（基盤研究C課題番号20530433，課題名「日本と中国における監査基準の実質的コンバージェンスの比較研究」）を取得して以来，書き下ろした論文をまとめたものである。この課題は恩師の千代田邦夫先生（現在金融庁公認会計士・監査審査会長）との3年間の共同研究であった。

　その間，恩師と一緒に，中国の公認会計士協会，国家会計学院，大学などを訪問し，多くの研究者と交流し意見を交わした。その際，時々中国の本屋も訪れ，本屋では多く並べていた本は，いわゆる中国の「国学」といわれる諸子百家の著作や，歴代名家が編纂された中国文明と思想を代表する著作などであった。そのなかで『道徳経』，『荘子』，『易学』はよく目についたことに対して，中国の知識人が再び歴史から何かを探し出して現代中国人の精神を支えようとしていると直感した。また，大学の教育機関等では，中国文明の宝庫から哲学，思想，政治，文化，社会などの真髄を探し出して研鑽するブームが再び引き起こされている。これはまさしく文化繁栄の時代の到来の象徴であり，中国人が30数年間の改革開放と市場経済を実施し，多くを得て多くを失ったことに関して，歴史から何かが求められていると思った。

　それから数年経った最近では，中国本屋を覗いてみると，『歴史的慣性』，『中国人趨勢』等々，すなわち中国政治，経済などの成功実績を賞賛する本が多く並んでいる。これは，工業革命以来の市場経済がヨーロッパをはじめ，大英帝国時代の資本主義市場経済の繁栄期を経て，第2次世界大戦の終戦から1970年代初期までの期間ではアメリカ資本主義の黄金時代に転換された。その後，世界経済成長のエンジンがアジアの日本に移り，日本は，高度成長期に迎えて1960年代から1980年代まで，そしてバブル崩壊して今日までに至った。それから「アジア四小龍」の韓国，シンガポール，香港，台湾の経済成長は世界経済成長を牽引していた。そして今日の中国では，30年間平均10％経済成長率を用いて世界経済のエンジンとなっているという世界経済史の縮図を見たものともいえる。おおよその結論として，これらの経済成長パターンは今日の先進国，新興国，途上国などが歩んだ道としては，いずれにも成長，成熟，停滞，衰退というサイクルの運命から脱出することができないであろうと思った。

一方，それぞれの国ではそのサイクルのなかで，市場経済システムの欠かせない公認会計士監査という制度もこの経済史に伴っている。公認会計士監査制度は英国発で，その後アメリカに渡り，大きく発達した。その間，アメリカは1930年代に証券法による法定監査の導入から，2007年に企業改革法（SOX法）による内部統制監査の導入まで，監査制度のあらゆる面において世界を牽引してきた。その間，その他の先進国などは脇役にすぎず，新興国，発展途上国では，英米監査制度のキャッチアップで，そのパターンがそれぞれの国と地域に引き継がれている。中国もその国々の中の一つの国にすぎない。しかしながら，各国はキャッチアップで引き継いた制度は，さらに自国の理念と原則をもちながら，独自の制度モデルが形成されてきた。

　この意味で，監査制度が果たすべき社会的な機能は各国の実状とあった改革と創造がなければ，もちろん発展はしないであろう。また，監査理論と実務の両面でも，欧米の学者と実務家が主導しているのが現状である。この監査制度及び理論と実践は，上記に述べた経済成長のサイクルと同じプロセスを踏むのか，そして中国公認会計士が，監査制度及び理論と実践に世界的に貢献ができるのか，本書の研究はいささかなりともこの答えの探究に寄与しているのではないかと思う。

　本書の上梓にあたって，筆者は，恩師である千代田邦夫先生に感謝を申し上げなければならない。先生には大学院時代から，そして共同研究の3年間，今日に至るまで，公私にわたる多大なご教示とご指導をいただいている。

　また，国内研究調査では，日本公認会計士協会「企業会計・監査・保証グループ」長，児嶋和美（公認会計士），同グループ副長千葉正起，グループメンバー渡邉早太からお世話とご指導をいただいた。

　中国の現地調査では，中国公認会計士協会唐建華（2009年当時基準部副主任），総合部主任李杰，継続教育部主任倪鵬翔，研究開発部主任白暁紅，国際部梁晶，丛暁華及び事務室主任韓偉煒，上海市公認会計士協会事務局長任方方，事務局長代理陳明旺，総合部主任張又模，北京中喜会計師事務所長王栢琳（公認会計士），立信会計事務所長李徳淵（公認会計士），上海経隆会計事務所長李敏（公認会計士・高級会計師），上海宏大東亜会計事務所朱震宇所長（公認会計士・高級会計師），王柏棠所長（公認会計士・高級会計師）に深く感謝の意を表したい。特に李敏公認会計士は，公私ともに大変お世話になり数々のご厚誼とご指導をいただいた。

また，財政部直轄の上海国家会計学院管一民副院長（教授），謝栄副院長（教授，公認会計士），同学院院長室主任郭永清（副教授，公認会計士），北京国家会計学院教務部副主任鄭洪濤教授，教務部副主任馬永義教授，同教務部副主任斎雁，事務室張琳，アモイ国家会計学院副院長黄世忠（アモイ大学会計学部教授，財政部会計基準委員会諮問委員，中国公認会計士監査基準委員会委員）にご教示をいただき深く感謝の意を表したい。

　さらに，中央財経大学の丁瑞玲教授，上海財経大学会計学部副部長藩飛教授，同学部共産党書記長唐家乾，謝少敏博士，中南財経法政大学会計学部唐本佑教授，武漢大学経済管理学部廖洪教授，唐建新教授，余苗教授，劉啓亮教授，田娟講師，周亜栄講師，アモイ大学経営学部陳守徳教授(財政部会計準則委員会諮問委員），桑士俊教授，東北財経大学王春山教授，西安交通大学会計学部副学部長張俊端教授，田高良教授，北京科技大学国際学院楊勇副院長，同国際学院陳建平教授に深く感謝の意を表したい。特に楊勇副院長と陳建平教授には公私ともに大変お世話になり数々のご厚誼とご指導をいただいた。

　末筆ながら，本書の出版をご快諾いただくとともに多大なご尽力を賜った青山社野下弘子様，ならびに本書の完成に至るまで筆者のわがままを実に忍耐強くお聞き届け頂いた編集長と校正担当の諸氏にここに深く感謝の意を表す次第である。

2015年12月

福岡市東区 福岡工業大学研究室

李　文忠

付　録
中国公認会計士年表(2005年～2014年)

日　付	財政部省令・通達・CICPA通達・その他の部局の通達等
2003年12月19日～20日	中国共産党中央,政府国務院は北京において中国史上初の「全国人材工作(戦略)会議」を開催し「人材強国戦略」の方針を策定。
2005年4月6日	中国公認会計士協会劉仲黎会長がイングランドとヴェルス特許会計士協会のブルセル会議において講演をした。
2005年5月17日	第2回中国公認会計士フォーラムが杭州市にて開催され、中国財政部副部長王軍、国際会計士連盟主席Mr.Graham Ward、アジア太平洋地域会計士連盟主席Mr.Robin Hardingと事務局長梁釗朋(Mr.Chew-PoonLeoing)などが出席した。
2005年5月19日～20日	アジア太平洋地域公認会計士連合会(CAPA)第65回理事会は杭州市で開催された。
2005年6月8日	CICPAは「会計士業界における人材育成プロジェクトを強化する意見」を公表し、人材育成戦略が開始した。
2005年6月28日	王軍副部長が英国勅許会計士(ICAEW、イングランド・ウェールズ)設立125周年のフォームに参加した。
2005年11月	CICPAは監査基準の国際コンバージェンス構想を公表した。
2005年12月8日	中国監査基準委員会長王軍と国際監査・保証基準審議会理事長John Kellasとは共同声明を発表し、中国監査基準(2007年1月1日施行)のコンバージェンスが完成したことを宣言した。
2006年2月15日	中国財政部は北京において記者会見を開き、39の会計基準と48の監査基準を公表し、初期コンバージェンスの完成を宣言した。
2006年5月20日	初回公認会計士リーダー会計人コースが開講された。
2006年5月29日	中国公認会計士第3回フォーラムが開催され、同時に国際会計士連盟(IFAC)理事会は北京で開催された。中国公認会計士業界の強大化・国際化について検討された。
2006年9月30日	CICPAは「公認会計士継続的専門教育制度」を公表した。
2006年11月	「中国公認会計士監査基準実施基準」を公表した(2007年1月1日施行)。
2006年11月3日	CICPAは「会計事務所総合評価方法(試行)」を公表した。
2006年11月14日～16日	第17回世界会計士会議はトルコ国のイスタンブール市で開催され、中国財政部の王軍が講演した。
2007年5月26日	CICPAは「中国会計事務所の合併拡大及び国際化の推進に関する意見」と「会計事務所内部統治ハンドブック」の通達(会協[2007]33号)を公表し、会計事務所強大化・国際化戦略が始まった。
2007年7月1日	中国証券監督管理委員会主席会計士、中国会計基準委員会委員張為国が国際会計基準審議会理事に当選し、任期5年である。
2007年8月3日	CICPAは「財務諸表監査調書作成ハンドブック」を公表した。
2007年10月11日	「中国公認会計士職務能力ハンドブック」を公表した。

2007年11月26日	中国サービス業貿易協会は上海で設立された。
2007年11月30日	「中国公認会計士協会企業倒産清算業務に関する指導委員会の業務規則」及び委員名簿(会協[2007]100号通達)が公表された。
2007年11月30日	CICPAは「中国公認会計士協会職務責任鑑定委員会暫行規則」及び委員名簿(会協[2007]101号通達)を公表した。
2007年11月30日	CICPAは「公認会計士と会計士事務所情報開示制度」(会協[2007]102号通達)を公表した。
2007年11月30日	「中国公認会計士協会会員登録管理委員会業務規則」(会協[2007]103号通達)が公表された。
2007年12月	中国公認会計士協会，商務部，財政部などの9部局(省庁)は共同で『会計事務所業務の拡大及び海外進出の推進に関する若干意見』を公表し会計事務所の合併拡大・国際化戦略を推し進めた。
2008年1月7日	CICPAは「企業倒産案件に関連する業務ハンドブック(試行)」(会協2008]1号)が公表した。
2008年2月13日	財政部副部長，中国会計基準委員会事務局長王軍が英国勅許会計士(ICAEW)の招待講演をし，会計監査基準の国際同等性評価の推進を提唱した。
2008年6月28日	財政部，証券監督管理委員会，会計検査院，銀行業監督管理委員会，保険業監督管理委員会の5部門が共同で「企業内部統制基本規範」(中国版法SOX法)を公表した。
2008年8月5日	CICPAは「中国監査基準(英語版)」を出版した。
2008年9月9日	IFAC理事会はマレーシアのクアラルンプールで開催され，CICPA事務局長陳毓圭が中国公認会計士人材育成状況を紹介した。
2008年10月29日	CICPAは「小企業財務諸表監査調書作成ハンドブック」を公表した。
2008年11月	CICPA事務局長陳毓圭が「我が国公認会計士業界発展の4段階」という論説を発表した。
2008年11月5日	財政部副部長，中国会計基準委員会事務局長王軍がスイスのジュネーヴで国連第25回国際会計・報告基準に関する政府間専門家会議において講演をした。
2008年12月5日	CICPAは「中小会計事務所の規範と発展に関する意見」(会協[2008]98号)が公表した。
2009年1月15日	CICPAは「公認会計士試験制度改革案」(会協[2009]5号)を公表した。
2009年3月19日	財政部長謝旭人が中華人民共和国財政部第55令「公認会計士全国統一試験方法」を公表した。
2009年6月11日	IOSCOはIAASBの国際監査基準明瞭性プロジェクトの承認に関する声明を発表した。
2009年9月11日	「公認会計士非実務従事会員の登録方法」(会協[2009]51号通達)を公表した。
2009年9月27日	CICPAは「職業倫理準則委員会の業務規則」と「職業倫理準則委員会名簿」(会協[2009]58号通達)を公表した。
2009年10月3日	国務院(総理府)は56号府令を下して財政部が会計士業界の発展に関する「若干意見」を賛同した(国弁発[2009]56号通達)。

2009年10月14日	CICPAは「中国公認会計士職業倫理準則」と「中国公認会計士非実務従事会員の職業倫理準則」(会協[2009]57号通達)を公表した。
2009年10月14日	中国共産党中央組織部，中国財政部党組「公認会計士業界における共産党組織を強化する通達」(組通字[2009]49号)を公表した。
2009年10月15日	中国財政部共産党「党組」は「中国公認会計士協会における中国共産党委員会設立」に関する通達を下した。
2009年11月24日	CICPAは「業界品質管理とレビュー委員の管理方法」(会協[2009]66号通達)を公表した。
2010年1月5日	国家副主席習近平をはじめ，財政部長謝旭人，副部長廖暁軍，王軍が会計事務所における共産党組織の新設に重要な指示をした。
2010年1月24日	国務院副総理李克強が会計事務所における共産党組織の新設に重要な指示をした。
2010年1月27日	CICPAが国際監査基準明瞭性プロジェクトにより，継続コンバージェンスを行い38項目の監査基準を改訂し，公開草案を公表した。
2010年1月27日	財政部は，「会計事務所業務(監査)報酬管理方法」を公表した。
2010年2月10日	CICPAは「経済社会への貢献—会計事務所における新業務領域開発案」を作成し各省，自治区，直轄市に下した(会協[2010]10号通達)。
2010年4月1日	財政部は，「中国会計基準と国際会計基準との継続的コンバージェンスに関するロードマップ」を公表した(財会[2010]10号通達)。
2010年4月26日	財政部，証券監督管理委員会，会計検査院，銀行業監督管理委員会，保険業監督管理委員会の5部門が共同で「企業内部統制総合ガイドライン」(中国版SOX法)を公表した。
2010年4月30日	CICPAは「2001年~2009年中国公認会計士及び会計士事務所統計表」を公表した。
2010年5月13日	CICPAは「会計事務所合併手続ガイドライン」を公表した(会協[2010]26号通達)。
2010年5月13日	CICPAは「公認会計士業務指導目録(2010年)」を公表した(会協[2010]38号通達)。
2010年6月26日~27日	IFACがカナダトロントG20への提案(IFAC TO 20)を公表した。
2010年7月2日	CICPAは，新業務開発サイト (http://www.cicpa.org.cn/New-Services)を開設した。
2010年8月13日	CICPAは，第4回公認会計士フォーラムを開催した。
2010年8月24日	CICPAは，中国監査基準(38項目)の第2回公開草案を公表した(会協[2010]58号通達)。
2010年10月31日	中国監査基準委員会では，国際監査基準明瞭性プロジェクト以降，中国監査基準(38項目)の改訂案を承認した。
2010年11月10日	第18回世界会計士大会はマレーシアのクアラルンプールで開催し，中国監査基準委員会とIAASBは共同声明を発表し，クラリティ以降，中国監査基準の継続的コンバージェンスが完成したと宣言した。
2010年11月25日~26日	北京で中国公認会計士協会第5次全国会員代表会議が開催された。

2010年12月6日	CICPAは公認会計士協会所属13の専門委員会業務規則及び委員名簿を公表した。
2011年1月19日	欧州連盟は中国を含む10カ国の国家監査管理体制と欧州連盟の監査監督体系と同等性評価をした。
2011年4月10日	CICPAは「中国公認会計士業界会計サービスモデル基地の構築案」を公表した(会協[2011]19号通達)。
2011年4月11日	財政部は「大中型会計事務所が特殊普通パートナー社員制組織の改組に関する実施細則」を公表した(財会[2011]7号通達)。
2011年4月13日	CICPAは「中国会計士業界発展計画(2011～2015)」公開草案を公表した(会協[2011]21号通達)。
2011年7月16日	CICPAは「会計事務所品質管理レビュー制度の改革案」,「会計事務所品質管理レビュー制度」,「中国公認会計士協会会員に対する違法・犯則行為に関する懲戒方法」を公表した(会協[2011]39号通達)。
2011年7月29日	CICPAは20011年度を「制度建設年」とした通達を公表した(会行党[2011]18号通達))。
2011年8月23日	CICPAは「企業内部統制監査ガイドライン」の公開草案を公表した。
2011年9月4日	CICPAは「中国会計士業界発展計画(2011～2015)」を公表した(会協[2011]21号通達)。
2011年10月1日	CICPAは「企業内部統制監査ガイドライン実施意見」を公表した。
2011年10月18日	財政部は「小企業会計基準」及び指導意見を公表した(財会[2011]17号通達)。
2011年11月	中国会計士協会第5回全国会員代表会が開催され,会議では今後5年の会計士業界の5大発展戦略を打ち出して会計士業界の情報化戦略はそのなかの一つである。その具体的な戦略目標は「中国会計士業界における情報化全体構築案」で示されている。
2011年11月18日	CICPAは「会計事務所特殊普通パートナーモデル協議書」を公表した(会協[2011]104号通達))。
2011年12月1日	CICPAは「中国公認会計士業界における人材発展計画(2011～2015年)」を公表した(会協[2011]111号)通達)。
2011年12月9日	CICPAは「会計士業界における情報化の構築案」を公表した(会協[2011]115号)通達)。
2011年12月14日	IFACは「中小規模の監査法人及び会計士事務所に関する実務管理ガイドライン」を公表した。
2011年12月15日	CICPAは「中国会計士業界における新保証業務開発戦略の実施意見」を公表した。それは「中国会計士業界における発展計画(2011-2015年)」に基づいて作成された戦略である(会協[2011]64号)通達。
2011年12月27日	CICPAは「会計事務所設立申請における社員または出資者の証明書類に関する指導意見」を公表した(会協[2011]22号)通達)。
2012年1月	CICPAは「公認会計業務指導目録(2012年)」を公表した(会協[2011]11号通達)。
2012年1月	CICPA共産党委員会は2012年を「情報化建設年」と定めた。

2012年1月20日	CICPAは「中国会計士業界におけるサービス・貿易発展報告(2010年7月～2011年7月)」を公表した。
2012年2月21日	CICPAは「中国公認会計士業界情報化の構築に関する役割分担表」、「中国公認会計士業界情報化の応用構想」、「中国公認会計士業界情報化構築のハンドブック」を公表した。
2012年4月25日	CICPAは「2012年度業界情報化構築の重点課題に関する実施意見」を公表した。
2012年5月2日	財政部、証券監督管理委員会などの5部門が共同に「中外合作会計事務所の改組及び中国本土化に関する方法」を公表した。
2012年6月1日	第1回中国北京国際会計サービス・貿易会議が開催され、CICPAは「会計事務所強大化・国際化の再度推進に関する若干政策措置」を公表した(会協[2012]164号)通達)。
2012年6月8日	CICPAは「会計事務所総合評価方法」を公表した(会協[2012]132号)通達)。
2012年7月9日	中国公認会計士業界では、共産党青年団委員会が設立された。
2012年7月23日	財政部は、「拡張可能な事業報告言語(XBRT)技術の規範システムに関する国家標準規格テストの通達」を公表し、XBRTの国際適合性テストを開始した。
2012年8月28日	財政部公認会計士試験委員会は、「公認会計士全国統一試験に関する試験免除管理方法」など、5つの試験に関する法規を公表した。
2012年9月19日	財政部、証券監督管理委員会は共同で「我が国の国内外上場会社が2011年度、企業内部統制規範を実施した状況に関する分析報告」を公表した。
2012年9月21日	CICPAは「中国公認会計士協会における若干事務事業のモデル化に関する通達」公表した(会協[2012]209号)通達)。
2012年9月22日	CICPAと中国公認会計士業界共産党委員会は、中国会計士業界における省以上共産党組織の代表名簿を公表した。
2012年10月8日	IAASBは「監査報告書」に関する改革の公開草案を公表した。
2012年10月8日	CICPAは、財政部の「国家中長期人材発展計画綱要2010－2020年」に基づいて、中国公認会計士協会の実施意見を公表した(会協弁[2012]19号)通達)。
2012年10月18日	CICPAは「中国公認会計士協会の会計士業界の法律法規データベース整備(配置)に関する実施工作」(会協弁[2012]215号)通達)
2012年11月30日	CICPAは「ファンド会社に関する財務諸表監査ガイドライン」を公表した。
2012年12月1日	国務院は、「サービス業の15カ年計画」を公表した(国発[2012]62号)通達)。
2012年12月17日	公認会計士業界管理情報システム2期工事は完成し、運行開始(http://cmis.cicpa.cicpa.org.cn)、同日に中国公認会計士協会専門家データベース(http://cwbb.cicpa.orgcn)が運行された。
2013年1月	「中国公認会計士業界共産党組織構築の工作計画(2013～2017年)」が公表された
2013年1月1日	中国公認会計士業界法律法規データベース運行開始(http://cicpa.wkinfo.com.cn)

2013年3月25日	CICPAは、「2013年公認会計士業界における情報化構築に関する主要業務役割分担表」(会協[2013]20号)通達)を公表した。
2013年3月26日	財政部は、「全国リーダー会計人(次世代)育成プロジェクトに関するフォローアップ実施方案」を制定した。
2013年4月19日	中国公認会計士協会共産党委員会は「公認会計士業界における"誠信文化建設年"活動実施案」(会行党[2013]6号)通達)を公表した。
2013年6月6日	CICPAは、「会計事務所品質管理のレビューに関する規律規定(改訂)」を公表した(会協[2013]42号)通達)。
2013年8月29日	財政部、証券監督管理委員会は共同で「我が国の国内外上場会社が2012年度、企業内部統制規範を実施した状況に関する分析報告」を公表した。
2013年10月14日～18日	IFACは工商業職業会計士委員会(PAIBC)会議が北京で開催された。
2013年11月1日	財政部等は、「拡張可能な事業報告言語(XBRT)ソフト認証に関する実施意見」を公表した。
2013年12月10日	2013年度には、「全国リーダー会計人(次世代)育成プロジェクトに関するフォローアップ実施案」に基づいて公募された。リーダー会計人コース修了者のなか、16名が応募し、8名が選抜された。
2014年3月10日	財政部は全国金融証券業監査資格を有する会計事務所40社を公表した。
2014年3月19日	CICPAは、「公認会計士業界における経済データベースの配備に関する実施通達」(会行党[2014]10号)通達)を公表した。
2014年3月31日	中国公認会計士協会共産党委員会は「公認会計士業界における"人材部隊建設年"活動に関する指導意見」(会行党[2014]3号)通達)を公表した。
2014年4月23日	財政部は、「"公認会計士全国統一試験方法"の改訂に関する規定」(財政部省令第75号)を公表した。
2014年5月19日	CICPAは「公認会計士業務指導目録(2014年)」を公表した(会協[2014]28号通達)。
2014年7月	中国では、国際統合報告委員会(IIRC)が起草した「国際統合報告フレームワーク」の中国語版が公表された。
2014年7月3日	CICPAは、「移動通信バージョン(携帯電話バージョン)の法律法規データベース運行に関する通達」を公表した。
2014年7月15日	CICPAは、「公認会計士業界における情報化実施に関する業務委員会の設立の通達」を公表した(会協[2014]40号)通達)。
2014年7月31日	CICPAは、「中国公認会計士協会品質レビュー人員の管理方法」を公表した(会協[2014]37号)通達)。
2014年10月13日	CICPAは、「公認会計士職業判断ガイドライン」を公表した
2014年11月1日	CICPAは、「中国公認会計士職業倫理規則に関するQ&A」を公表した
2014年11月12日	第19回世界会計士大会がイタリアのローマで開催された。
2015年2月5日	CICPAは「企業内部統制監査Q&A」を公表した。

2015年2月16日	中国公認会計士協会共産党委員会は「公認会計士業界における"国際化建設年"重点活動に関する実施案」(会行党[2015]2号)通達)を公表した。

出所：CICPA『中国注册会計師』各年度の雑誌，財政部『中国会計年鑑』各年度版等より筆者作成

■著書紹介

李　文忠（り ぶんちゅう）
1954 年上海市生まれ
立命館大学大学院経営学研究科博士後期課程修了
現在　福岡工業大学大学院社会環境学研究科・社会環境学部教授　経営学（博士）

主要著書・訳書
李文忠『中国監査制度論』中央経済社 2005 年
千代田邦夫著・李敏校閲・李文忠訳『日本会計』上海財経大学出版社 2006 年

中国公認会計士の戦略（2005 年～ 2014 年）

2016 年 4 月 21 日　第 1 刷発行

著　者	李　文忠	©Ri Buntyu, 2016	
発行者	池上　淳		
発行所	株式会社　青山社		

〒 252-0333　神奈川県相模原市南区東大沼 2-21-4
TEL　042-765-6460（代）　　FAX　042-701-8611
振替口座　00200-6-28265　　ISBN　978-4-88359-344-6
URL　http://www.seizansha.co.jp　　E-mail　info@seizansha.co.jp

印刷・製本　モリモト印刷株式会社

落丁・乱丁本はお取り替えいたします。　　　　　　　　　　　　　　Printed in Japan
本書の内容の一部あるいは全部を無断で複写複製（コピー）することは
法律で認められた場合を除き、著作者および出版社の権利の侵害となります。